# 實用歷史叢書

親切的、活潑的、趣味的、致用的

遠流出版公司

# 拷問歷史

作　　者——周　非
主　　編——游奇惠
責任編輯——陳穗錚
發 行 人——王榮文
出版發行——遠流出版事業股份有限公司
臺北市10084南昌路2段81號6樓
電話／2392-6899 傳真／2392-6658
郵撥／0189456-1
法律顧問——董安丹律師
著作權顧問——蕭雄淋律師
2009年10月 1 日　初版一刷
行政院新聞局局版臺業字第1295號
售價新台幣 350 元（缺頁或破損的書，請寄回更換）

ISBN 978-957-32-6536-8
YLib 遠流博識網
http://www.ylib.com　　E-mail:ylib@ylib.com

實用歷史叢書

# 拷問歷史

《實用歷史叢書》

# 出版緣起

王榮文

## ·歷史就是大個案

《實用歷史叢書》的基本概念，就是想把人類歷史當做一個（或無數個）大個案來看待。

本來，「個案研究方法」的精神，正是因為相信「智慧不可歸納條陳」，所以要學習者親自接近事實，自行尋找「經驗的教訓」。

經驗到底是教訓還是限制？歷史究竟是啟蒙還是成見？——或者說，歷史經驗有什麼用？可不可用？——一直也就是聚訟紛紜的大疑問，但在我們的「個案」概念下，叢書名稱中的「歷史」，與蘭克（Ranke）名言「歷史學家除了描寫事實『一如其發生之情況』外，再無其他目標」中所指的史學研究活動，大抵是不相涉的。在這裡，我們更接近於把歷史當做人間社會情境體悟的材料，或者說，我們把歷史（或某一組歷史陳述）當做「媒介」。

## ·從過去了解現在

為什麼要這樣做？因為我們對一切歷史情境（milieu）感到好奇，我們想浸淫在某個時代的思考環境來體會另一個人的限制與突破，因而對現時世界有一種新的想像。

通過了解歷史人物的處境與方案，我們找到了另一種智力上的樂趣，也許化做通俗的例子我們可以問：「如果拿破崙擔任遠東百貨公司總經理，他會怎麼做？」或「如果諸葛亮主持自立報系，他會和兩大報紙持哪一種和與戰的關係？」

從過去了解現在，我們並不真正尋找「重複的歷史」，我們也不尋找絕對的或相對的情境近似性。「歷史個案」的概念，比較接近情境的演練，因為一個成熟的思考者預先暴露在眾多的「經驗」裡，自行發展出一組對應的策略，因而就有了「教育」的功能。

## ·從現在了解過去

就像費夫爾（L. Febvre）說的，歷史其實是根據活人的需要向死人索求答案，在歷史理解中，現在與過去一向是糾纏不清的。

在這一個圍城之日，史家陳寅恪在倉皇逃死之際，取一巾箱坊本《建炎以來繫年要錄》，抱持誦讀，讀到汴京圍困屈降諸卷，淪城之日，謠言與烽火同時流竄；陳氏取當日身歷目睹之事與史實印證，不覺汗流浹背，覺得生平讀史從無如此親切有味之快感。

觀察並分析我們「現在的景觀」，正是提供我們一種了解過去的視野。歷史做為一種智性活動，也在這裡得到新的可能和活力。

如果我們在新的現時經驗中，取得新的了解過去的基礎，像一位作家寫《商用廿五史》，用企業組織的經驗，重新理解每一個朝代「經營組織」（即朝廷）的任務、使命、環境與對策，竟然就呈現一個新的景觀，證明這條路另有強大的生命力。

我們刻意選擇了《實用歷史叢書》的路，正是因為我們感覺到它的潛力。我們知道，標新並不見得有力量，然而立異卻不見得沒收穫；刻意塑造一個「求異」之路，就是想移動認知的軸心，給我們自己一些異端的空間，因而使歷史閱讀活動增添了親切的、活潑的、趣味的、致用的「新歷史之旅」。

你是一個歷史的嗜讀者或思索者嗎？你是一位專業的或業餘的歷史家嗎？你願意給自己一個偏離正軌的樂趣嗎？請走入這個叢書開放的大門。

【導讀】

# 一部文化反思的奇譎之作

從明代中葉以後，中國歷經四次文化大反思（即李贄到黃宗羲時期、鴉片戰爭後、新文化運動、上世紀八〇年代至今），其中尤以當今舉國的國學熱、歷史熱為甚（盛）。可時至今日，仍然沒有人能系統而令人信服地告訴我們：中國文化的真精神在哪裡？儒學的實質是什麼？中國封建社會為什麼會延續那麼長時間？中國傳統文化中的道德觀和價值觀取向為什麼有偏差？中國為什麼沒有出現現代意義上的民主與科學？我們應該復興怎樣的文化？

本書作者認為：我們如今所處的時代，是人類文明史的又一個轉捩點。中國首先要跟上全球時代的步伐，然後，與全人類一同邁向一個嶄新的時代。但是，當今中國人在進行傳統文化大反思時，容易進入誤區：中國文化因長期受以儒學為主的傳統影響，對歷史的敘述主觀性的東西太多，以現代化眼光看過去，不僅謬誤甚多，而且矛盾百出，已經不僅僅是不能自圓其說的問題了。因此，今天人們在對傳統文化進行批判時，不知道捨棄什麼、弘揚什麼。以錢穆為代表的一批國學家們高度褒揚中國文化，而以柏楊為代表的文化學者又狠批中國文化。結果，我們講復興，仍然不知道復興什麼！其實，現在很多人，批儒也好、尊儒也好，首先就說不清「儒」的實質，甚至對「儒」不能下一個公認的定義。按照「存在就是合理」的說法，則中國兩千年封建統治，自有其合理之處，但「合理之處」到底在哪裡？合什麼樣的「理」？這「理」又從何而來？等等。所有這些問題，歸根結底，需要我們梳理清中國歷史的脈絡。否則，以中國五千年文明史的博大幽深，很多人先事前定一「說法」，再找「資料」來佐證，自然是眾說紛紜，莫衷一是。因此，有必要對中國歷史——嚴格地說是文化史——進行一次重敘。文化的總結、創造和傳承，傳播者是知識分子，中國的知識分子關於人生的意義和歸宿是「三不朽」——即「立德、立功、立言」。而解讀傳統文化，首先是看傳下來的「書」，即看古人所立的「言」；再考察一些歷史事件，即古人所立的「功」；最後總結出中國傳統的道德觀、價值觀等文化核心問題，即古人的「德」。而我們批判中國文化，恰恰要尋著這條道上溯。即先看德，再看功，因為德影響了功，最後看言，言只是一種記錄、見解。

作者提出，他研究中國歷史和文化，是「賦有天命的」，他要以獨特的表達方式、獨到的時代眼光、獨有的思想體系，一開新說，以達到「究天人之際，通古今之變，成一家之言」之目的。他決定創造性地開創歷史文化大散文的另一種寫法：選取若干個被中國人塑造起來的偶像人物，以批判中國傳統的道德觀、價值觀；再選取影響中國歷史發展的若干大事件，以理清中國文明進程的脈絡；最後，選取若干本代表中國文化成果的書，以說明中國文化的真正價值所在。《拷問歷史》就是這樣的第一本書。

《拷問歷史》由大陸的中國言實出版社於二〇〇八年一月出版後，曾引起較大迴響，周非因此也被出版界譽為「思想臥龍」。在這本書裡，我們會看到作者稟屈原《天問》的探索精神、仿但丁《神曲》的博大體系、揚王充《論衡》的真知卓識、揮莊周《莊子》的如椽巨筆，穿越時空，以頗具時代性和系統性的歷史觀和價值觀，借中國傳統文化中最有代表性的十二位被神聖化或妖魔化的歷史人物之口，對中國文化的道德觀和價值觀作系統的批判。其中：

因黃帝而談中國文化之源，他說：黃帝實際上是中華民族文化意義上的先祖，反思中國文化必須從黃帝開始，才能找到源頭。從黃帝在被後人神化的過程中，可以看到中國文化的精華是怎麼被歪曲、喪失的。比如黃帝時代形成的四大制度雛形，就很好：領袖的推舉制、諸侯的分封制、官員的選拔制和經濟的自由制。但，所有這些制度，後來都是一代不如一代，比如，黃帝那麼下大力氣推廣新技術，後世有幾個朝廷或帝王那樣做了？相反，後世的人都根據自己的需要，隨意曲解黃帝。所以，黃帝說：我無愧為始祖，是子孫有愧於我！

因西施而談對女人和美的態度，書中寫道：你看過《荷馬史詩》吧，為了一個絕色美女海倫，特洛伊戰爭打了十年。可是，當元老院的元老們看到海倫時，他們說了什麼——一個字：值！這就是西方人對美女的態度。而我們呢？《二十四史》裡，充滿了「禍水」的字樣。這樣的審美觀、價值觀、史學觀，難道不是病態的嗎？文章分析了西施各種傳說的歷史心理文化背景，特別是為什麼中國人會讓西施嫁給范蠡，發人深省。

因魯班而談中國為什麼沒有產生現代科學技術，層層剖析了哲學關注、沒有真正的私有制、尚古、邏輯方法、地域等五大原因，可以說是當今關於「李約瑟難題」的一篇最完整的解答。文章從張衡的遭遇說起，結論卻是「中國文化有科學精神」，讓人感歎又振奮。

因孔子而談儒學的由來和演變，追述了中國儒學產生及演變過程，即產生於「亂世裡的夢」，經過了由貴族子弟的修養之學到統治者的治國之學再到政教合一的大一統教義三次演變過程，分析了形成儒學占統治地位的中國文化之哲學基礎和社會背景。系統批判了儒學教義中的「仁義禮智信」倫理道德規範。將孔子對中國文化的意義高度概括為一句話：中國五千年歷史，前半部由我改纂、後半部因我改變。

因華佗而談生命意義，提出了重視、熱愛生命為人類最高道德。中醫現代化只是一個偽命題，並指出了當今「中西方文化對比」中的重大誤區——將中國傳統文化與西方現代文化進行對比。

因關羽而談中國文化之崇文抑武，關羽為什麼會成為中國人的「武聖」，特別是成為中國的「財神」？這和中國儒文化太弱有關。孔子是很英武的，他其實是武士的後代。孔子的「六藝」裡，就有「射」，他培養的學生是朝德智體美方向發展的，但後來，他好的思想逐漸被丟棄，到明代以後，文人的形象已經完全演變成一個「文弱書生」了。中國從「崇文抑武」的宋代以後，一直挨打，因此，人們的精神上，在文聖孔子之外，需要一個「武聖」。而在明清以後，中國東南沿海工商業興起，私有財產得不到保護，朝廷一紙令下，富可敵國的大商人如沈萬三不僅會傾家蕩產，還有性命之虞。所以，中國的財神，不是送財的，而是保財的。保住財產是中國人的首要需求。

因諸葛亮而談智謀，提出了中國最發達的文化是「智謀文化」，知識分子為了當謀士、為了功名，而喪失了獨立性。

因楊廣而談帝王命運，為楊廣的「四宗大罪」做了有力的辯護，基本上為「千古第一暴君」隋煬帝徹底翻案，並從史學角度告訴人們，歷史往往不可信，〈楊廣傳〉是一部「敵人寫的歷史」——李唐王朝為了證明自己奪取江山的正確性，必須把對手寫成一個十惡不赦的大壞蛋。所以，歪曲歷史成了很自然的事。

因李白而談文學及文人的命運，發現了李白的痛苦之源，即中國知識分子深陷於追求自由與追求功名的矛盾痛苦之中，本篇還提出振興當今文學的「大文學觀」。

因王安石而談改革，對比了中國歷史上最為著名的三次大變法運動——商鞅、王安石及戊戌變法，還對比了二王（王莽改制），提出了「宋代是中國歷史發展的轉捩點」，而「王安石的新法基本上都是倒退」，原因是「國有化」代替「私有制」。

因包拯而談官本位，列舉了「當清官的八大條件」，從而反證出在封建帝國制度下，不可能有清官。對中國產生官本位原因，進行了深入的探討。

因秦檜而談歷史上政治人物的下場，文章從《聖經》中「亞伯和該隱的故事」說起，認為「忠、奸都是天定的」，南宋滅亡以及岳飛、秦檜的結局也都是歷史注定的。

全書處處閃爍著思想的火花。其中一些立論，已經不僅僅是給人耳目一新，而是發人深省、讓人頓悟！它徹底地、系統地顛覆了中國傳統社會兩千多年來受儒學統治下的歷史觀、道德觀和價值觀！

該書不僅採用了「穿越時空的對話」新方式，而且文章集描寫、敘事、抒情、議論於一體，熔思想性、藝術性、知識性和趣味性於一爐，如果歸類，實在不好說是文學、史學還是哲學。

# 目錄

最後的成功策劃

## 8. 楊　廣：你們回頭看看，哪個帝王比我偉大

選擇隋煬帝楊廣做代表
中國歷史上最荒涼的帝王陵
他更像一個抒情詩人
作為千古暴君的四宗大罪
敵人寫的歷史
秦漢、隋唐的「驚人相似」
要憑邏輯看出歷史的真相
大運河是人類歷史上最偉大的工程
開挖大運河決非為個人的荒淫享樂
發展城市和商業經濟的思想
征高麗有著複雜的歷史背景上的原因
這些殺人的事歷朝歷代都有
我比李世民偉大
隋朝滅亡的真正原因

王莽的改制也是變法

經濟上的新法其實就是國有制

教育改革也沒有重大突破

變法失敗的根本原因

變法的惡果

應該從思想大解放運動開始

## 11. 包　拯：你知道做清官的條件嗎？

「出污泥而不染」

一個「清」字包含了一切美好品德

一個盡善盡美的清官

做清官的第一個條件：高尚的品德

做清官的第二個條件：大智慧

做清官的第三個條件：大智之外，還要有大勇

做清官的第四個條件：時代背景清明

做清官的第五個條件：強有力的後台

做清官的第六個條件：齊備的幫手

# 拷問歷史

# 1 【黃帝】

黃帝（約生於公元前二十六世紀之初），姓公孫，本為神農氏部落群下的一個部落首領，因發明了車輛，故名「軒轅氏」。他曾統率各部落對外打敗炎帝、對內平定蚩尤之亂，遂代神農氏被尊為中原地區的共主，自命為「天子」，又自稱「黃帝」。黃帝統治時期，農業生產技術應用與推廣很快，同時，有許多發明和製作，如文字、醫術、音樂、曆數、宮室、舟車、衣裳和指南車等。相傳黃帝子孫很多，後來的堯、舜、禹、湯等均是他的後裔，因此，他被奉為中華民族的共同始祖。《史記》第一篇〈五帝本紀〉就以「黃帝」為開篇。

本篇我們將借黃帝之口，談中國文化之源，中國文化的真精神。

【軒轅黃帝訪談錄】

# 我無愧為始祖，是子孫有愧於我！

●採訪人物：軒轅黃帝
●採訪地點：黃帝陵
●採訪時間：二〇〇〇年二月五日（龍年大年初一）

## 世界上無與倫比的始祖

世界上沒有任何一個國家、一個民族，把自己始祖的陵園建設得像黃帝陵一樣規模宏大、氣勢雄偉；也沒有任何一個國家、一個民族的始祖能像黃帝那樣的受到歷朝歷代潮水般不斷的祭拜。我走進黃帝陵時，正遇上新世紀的祭祖大典，那種波瀾壯闊、喧天動地的場面，非揚馬之才（像司馬相如寫〈上林賦〉、揚雄寫〈甘泉賦〉一樣的才華），不能狀敘其萬一。是的，在眾多的中華兒女心目中，黃帝不僅是我們血緣上的始祖，還是我們華夏文化的開創者、是天地間最聖明的統治者、是擁有天縱之才的發明家、是能讓人類健康長壽的神醫、是戰無不勝的軍事家、是上天入地與神仙共舞的萬能者……黃帝是盡中華民族的想像力而將一切本領加於其上的人神一體化的偶像。

我既沒興趣加入觀眾行列，也無心游覽陵園，而是直奔黃帝面前，因為我有太多太多的疑問。

見到黃帝，我像屈原問天一樣，對他提出了一系列的問題：

為什麼成為我們始祖的是你而不是別人？

你為什麼被神化？是怎樣神化的？

我們的祖先為我們開創了什麼樣的文化源頭？

這樣的文化源頭形成的根本原因是什麼？

應該怎樣正確地進行中西文化對比？

相對於西方，中國文化到底是優是劣？

中國歷朝歷代的制度是進步還是倒退？

華夏文明的真精神何在？有民主和科學精神嗎？

為什麼是「龍圖騰」？龍是怎麼創造出來的呢？龍的象徵和精神是什麼？

……

黃帝微笑著說：你別性急，聽我慢慢說來——

# 人們都喜歡美化自己的祖宗

首先我要告訴你的是，我不是神！我和你一樣。因為我要是神，你不也是神了？你是我的後代呀，你忘了？中國有句俗話叫「龍生龍，鳳生鳳」啊?!

當然，《史記》上面寫得很明白——「黃帝者，少典之子，姓公孫，名曰軒轅。生而神靈，弱而能言，幼而循齊，長而敦敏，成而聰明。」——那是何等了得的人啊！所以，被認定為神也有一定的道理。

但是，《史記》這種寫法，是中國人慣用伎倆。為了證明自己了不起，就去說自己的出身了不起。如果不好吹噓自己，就吹噓自己的老祖宗。反正老祖宗很遙遠，誰也見不著，任你吹！

中國的歷史記錄並非都是可信的。作為中國第一部正史的《史記》，雖然被公認為「信史」（魯迅就說過《史記》是「史家之絕唱」），但歷史畢竟是人寫的，寫歷史的人，自然有他的目的。魯迅評價《史記》是「史家之絕唱」之後，又加了一句「無韻之《離騷》」。而你們知道，屈原的《離騷》裡全是神話。屈原就把自己的老祖宗寫成神，他第一句話不就是「帝高陽之苗裔兮……」嗎?!「帝高陽」就是一個被神化了的人物。當然，你可能會說，屈原是個詩人，可以這樣天馬行空地寫作；但你可明白，司馬遷本質上也是一個詩人，《史記》可以當一本「史詩」來讀，和《荷馬史詩》（《伊利亞特》和《奧德賽》）沒什麼區別。所以說，《史記》不僅是史，也是詩，有虛構、有幻想、有主觀意志的摻雜。

知道司馬遷為什麼要把我列為中華民族第一人嗎？第一，因為他是奉行道家學說的。漢初的道家之學，又叫「黃老」之學，把我和老子奉為大教主，或者說，我相當於上帝，老子相當於耶穌。因此，他當然要抬高我。吹捧、神化我，就是吹捧、神化他們自己。第二，我把炎帝打敗了，一統天下，成了中原地區的頭；漢高祖把項羽打敗了，也一統天下，成為中國的頭。講我，也是為了講劉邦。吹捧、神化我，就是吹捧、神化劉邦——他還記錄了劉邦是龍的兒子的神話傳說。

## 我爲什麼成爲中華民族的始祖

當然，現在你們也自稱是「炎黃子孫」，甚至這裡還把「炎」放在「黃」之前，但炎帝在人們心中，多少不夠完美。關於炎帝，就有兩種說法，一種說法是：炎帝本來是中原（或者叫黃河流域）的統治者，但後來被黃帝打敗了，黃帝取而代之成為中原地區各部落的首領。那麼，按「敗軍之將，安敢言勇」的邏輯，則這「敗軍之帝」，就更不應該稱祖了。另一種說法是，炎帝就是神農，神農也是當時中原各部落的首領，但他的本領不夠大，統治的力度和抵抗外敵的能力都不夠強。我黃帝——開始叫軒轅氏——只是神農統治下的一個小部落，我因為能幫助神農抗擊外敵，平定內部叛亂，並且大力推廣生產技術，最後得到各部落的擁護，取代了神農，成為大部落或者叫部落群的首領。更重要的是，我大大地開闢了疆土，而且給自己定名為「天子」、「黃帝」。——《史記》就是按後一種說法寫的。所以，神農也沒有資格做始祖了。

中國又有盤古開天地、女媧「摶黃土造人」的說法。為什麼不說盤古、女媧是始祖呢？因為盤古開天地，創造的是萬物，而不僅僅是人，他怎麼能算人類的老祖宗？只能算是天地間萬物之宗，是造物主。相當於西方《聖經》裡說的上帝。

女媧「摶黃土造人」，說明她本身不是「人」——她應該是「神」或上帝的化身。她不是人，怎麼能算「人」的祖宗？要說祖宗，只能說是她造出的第一個「人」，那個「人」，從理論上講，可算作是人類的始祖，就像《聖經》裡說的上帝耶和華造出的亞當和夏娃一樣。但她造人時，沒有「只造一胎」的計劃生育政策，她造了很多人。這麼多人，奔赴到世界各地——或者中國各地，然後生下各自的後代，各人也就有各人的祖宗。因此，就很亂：假定女媧造了一百個人，我們就應該有一百個始祖；如果造了一萬個人，就應該有一萬個始祖。誰也不知道她那黃土一摶，到底造了多少人。但人的思維習慣是一切都是從「一」開始的，這就是道家的名言「一生二、二生三，三生萬物」。所以，始祖一多，反而不能叫始祖了。那麼辦法只能從這眾多的人中，選出一位來做始祖。

那麼，選誰呢？當然是選最有本事的人了，確切一點說，應該叫「選最有力量的人」。

你看《史記》中記載我的文字，跟著剛才那段話後面是：「軒轅之時，神農氏世衰，諸侯相侵伐，暴虐百姓，而神農氏弗能征，於是軒轅乃習用干戈，以征不享，諸侯咸來賓從。而蚩尤最為暴，莫能伐。」從這段記載裡，你可以看出，那時當「頭」的很多。什麼叫「諸侯」？就是「好多頭」的意思。他們誰最厲害，可能就是將來的始祖。就像春秋戰國，諸侯爭雄，秦國的「頭」最有力量，他征服了其他各國的頭，他就成了「始皇帝」。我就是那時候的秦始皇。再往前，沒有歷史記載了。傳說都沒有了。司馬遷不得不選我，因為只有我，才有很多史料記載和傳說來讓他寫。

如果說炎帝是當時另外一位很有本領的諸侯，他其實也應該有史料和傳說的。但我把他打敗後，他的史料就慢慢湮滅了。

這種湮滅，並不是靠「焚書坑儒」來完成的。我不會，也不需要。會有人幫我幹。我的臣民、部下不用說了，就是炎帝的故臣、部下，也會幹。他們不願做「敗君」的臣民、後代，那樣多沒面子。他們要證明他們也是我的臣民、後代。我們那時沒有書，只是口頭傳播。修改起來很方便，改個口就行了。所以，他們就改口稱我為老大，他們的後代當然也就認我為祖宗了。有人是有意的，有人是無意的。大部分後代，根本就搞不清，真以為是。比如司馬遷，也許就是共工、炎帝、蚩尤的後代，鬼知道呢?!反正統統認我為始祖了。

關於神農，還有一些傳說和史料，那完全因為他曾經是我的前任、我的領導。按《史記》的說法，我一開始只是他的一個部下，相當於他統治下的一個軍區司令，或者一個歸屬於他領導下的一個小部落首領。只是他後來傳位於我——怎麼傳的呢?是見我本領大，讓賢的;還是無奈何了，被迫讓位的;還是死了後指定由我為繼承人的?這些我們沒必要追問了——我就該記住他。記住他也好有個比較。他的歷史功績就是組織農耕生產、推行農業新技術，還親自嘗百草，以尋求好的食物和藥物。

我想說說我們那時的組織制度，以澄清一些歷史的誤解。那時的諸侯，實際上是部落。每個部落都有首領，一些部落因為利害關係密切、首領氣味相投，就聚在一起，我們可以稱之為一個部落群，相當於你們現在的聯邦共和國。然後推舉一個大頭領，神農就是這樣的大頭領。我們這個部落群，主要是從事農耕的，所以，大頭領叫「神農」。我們共同的利害關係就是治水、抗擊游牧部落的侵擾。

我父親可能是個小部落首領，但被神農召去，給他做些管帳管數字的會計、統計工作。我就成了一個小部落的首領。但我比別人聰明一點的地方是，我發明了車輛。在砍伐、推運大樹木時，我觀察圓木在地上滾動，產生了靈感，發明了車輪，然後就製造出了車輛。我這個部落因此被人稱為「軒轅」氏。軒轅就是車子的意思。這車子開始是為了運輸的。但在軍事上，這玩意兒就更有用了，因為打仗的時候，可以讓士兵把很多武器放在上面，裝運到前線與敵人作戰。這樣，戰鬥力就大大加強了。所以，後來那個炎帝侵略諸侯的時候，各路諸侯都來投奔我們。我就趁機會，操練軍隊、打造武器;同時，提倡講信用，因為要有號召力，信用就是最有號召力的「德」治。我把各路諸侯安頓好，為他們劃分明確的界線，制定一定的行為準則，讓老百姓按時令好好種莊稼。等我們兵強馬壯、糧草充足的時候，我就帶上軍隊、駕著戰車，和炎帝開戰了。那一戰是在阪泉之野打的。為了嚇唬對方，我們訓練了好多野獸，驅趕到戰場。當然，也只有我們有戰車的軍隊才能做到這一點。這些熊、貔、貅、貙、虎等猛獸，可把炎帝那夥人嚇壞了。開了三次戰，就把他們徹底打敗了。

蚩尤本來是屬於我們這個大部落群的，但他自以為戰功大、人馬強，不服管，不聽我調用。於是我就率領其他小部落們征討他。這一戰的戰場是在涿鹿之野展開的，打得很慘烈，因為他們那個部落不僅人凶悍，還學了我們不少戰術，也會用戰車了。但我人多，最後還是消滅了他們，捉拿到了蚩尤，將他處死示眾。

通過這一外一內的兩次大戰，我的威信已經是大得不得了了。各路諸侯當然都尊奉我為老大了，也就是代替神農做了大頭領。

你現在明白什麼是我前面說的「力量」了吧。你們現在有句話叫「知識就是力量」；而我們那時，力量就是武力！當然，武力也靠知識，比如我發明了戰車。誰有力量，誰就獲得了支配權，這就是人類歷史。戰爭是力量較量的最集中的表現形式。

我當了老大後，就開始想一個問題：我和神農氏是完全不同的。他管轄的土地、人口、部落以及控制權，與我完全不能相提並論。為了和他有所區別，我想，我不該再叫什麼「氏」了，因為這樣是與其他部落平起平坐的關係，你也「氏」，我也「氏」，最多是老大老二老三到老N的兄弟關係，太沒有威嚴了。沒有威嚴，怎麼能顯示力量？怎麼能保證不再出蚩尤這樣的叛逆？我的謀士和一群想拍馬屁的人也在為我出點子。最後，我為自己定了一個名：「黃地」，又叫「天子」。這個名字太好了。你知道，我們是農耕部落群，按四季種莊稼，是天給了莊稼陽光、雨露，讓它們生長在大地上。天是至高無上的，地是廣大無垠的。天是條件、地是根本。我們的老百姓在蒼天面前都是無限恭敬的，因為他們要向它祈求風調雨順；在黃土地面前，都是心存感激的，因為它給了他們的衣和食。而我，正是讓他們有了土地的保證，所以，我就叫「黃地」；我代表天，我要讓他們像敬天一樣敬我，因此，我又號稱「天子」。至於叫「黃帝」，把「地」改為「帝」，那是後來人做的事。

有了這個名號以後，我幹一切事情，都順理成章了。從此，天下有不聽我話的，我就說他違背天意，然後帶領人馬去征伐他。為了我行動方便，我把我能統治到的地方，都開山、架橋地交通起來。那一段時間，除了打戰，就是修路，一刻也沒安寧過。後世竟有人說我是「無為而治」，真是天大的笑話！

我那時的疆土面積有多大呢？大得很啊！東面到海，就是泰山那邊；西到空桐，就是天山之邊，在青藏高原邊了；南到長江兩岸，過了湘江了；北到蒙古草原。都城是建在涿鹿平原上的。但我和我的人馬是東奔西走、沒有固定的住地，我的軍隊成天跟著我。我既然叫黃地、叫天子，我的官也就叫「雲」什麼的，表示他們在我之下，為我行雲播雨。我還專門設立了監管各部落的官，讓他們監督各部首領，這樣，我這個聯邦共和國比神農那個時代，集體意志要強得多。用你們現在的話來說，他那只算是鬆散型的，我這是緊密型的。

可以這麼說，我用我的智慧、武力征服了各部落，又以天子自居，擔負著保護萬民的職責。這一點，前無古人，所以，我成了始祖。也就是說，我是我們中華民族中原地區或者叫核心地區最早的統一者或創立者。

更重要的是，我這樣做，實際上創立了一種文化，如敬天畏天、天下一統、農耕而食等等。

再說，人們都怕不明不白地來到人間，古人也知道尋根，於是，我就當仁不讓地成了中國人的始祖。

## 集權只是為了治水和抗擊外敵

你可能會說，我就是一個獨裁者，一個絕對集權的統治者！

但不獨裁、集權，行嗎？能抗擊游牧人的侵擾？能萬眾一心地去治水？能讓各部落不去爭奪土地？能在河東受災時調河西的糧食去救濟？能把一個部落的發明創造推廣到各處讓所有人都能享用？有利於社會進步、生產力發展，就是對的，這是歷史的選擇。可見對當時而言，集權是一種進步。

在我統治下，各部落之間，再也沒有征戰了，生產就開始發展了。我的任務就是組織有才能的人，去選擇、推廣好的糧食品種；去治水；去給人治病；去馴服各種鳥獸；去觀察天象，以預測風雨、災異；還有，去發明、創造文字，以作記錄之用。我那個時代，在這方面的成果，太大太多！

## 用權威推廣新技術

所以，在歷史記載上，我又是最大的發明家，好像我們那個時代的一切，都是我黃帝發明的。

我們那會兒沒有知識產權這概念，所有的發明成果都可以無償佔有、推廣、使用，當然，那要靠力量，我是最有權勢的人，所以，許多發明成果自然歸到我名下。但你別忘了，歸到我名下有兩種必然性：一是無可爭議，誰用了，發明者也不敢說話；二是便於推廣，因為老百姓相信我，也畏懼我，新東西，因為說是我發明的，他們就樂意用或不敢不用。

不過沒想到，後人都以我為例，誰權勢最大，誰就是發明家，中國沒有了知識產權的概念。特別是推而廣之，在思想上，文人都成了應聲蟲和附和者，整個國家只有一個人在思想、或者一個人的思想管用。

最有代表性的是醫藥，我肯定不是一個醫學家或藥學家，但我在中醫藥界的地位，比扁鵲、張仲景、華佗、孫思邈、李時珍都高，可以說是中醫第一人，原因是那部《黃帝內經》。你們今天看到的《黃帝內經》，可並不是我那時的版本哦。再說，我那時還沒那麼多的文字嘛。但即便如此，你翻開這本書看看，我並不是醫學家，也不是藥學家，醫藥學家是岐伯。這書裡的一切醫藥知識，都是他講的。我問、他講，就像今天我們倆的關係，也是一篇「訪談錄」吧。所以，它應該叫《岐伯內經》。但為什麼要說是《黃帝內經》呢？因為我的權威大，不僅對當世大，對後世也大，後世人的東西，為了讓人信服，也假借我的名。

所以，與其說我佔有別人的發明權，不如說是別人假我之名，實際上是侵佔我的署名權。呵呵，始祖不好當啊，責任大著呢。

你們不要認為，歸功於我，就是好事都落在我頭上，我這樣說是討了便宜又賣乖。這要用「大歷史觀」看問題了。什麼叫好事？我人都死了，還要那虛名做甚？但你可知道，沒有了知識產權，怎麼能激發人的創造力？還以醫學為例，中醫給人的感覺就是：我是第一人，所有後來者，是一代不如一代，反正沒人超過我。這是多麼嚴重的事！我的後代難道越來越倒退？說來，這正是我的子孫們的悲哀！

## 不肖子孫是怎麼僞造我的

這是一種惡果啊！我每想到這一點，就很自責，自責得心碎！知道嗎？我們這個勤勞智慧的民族，為什麼缺乏創造力？根源就在這裡。我那時發明的車輪子，他們用了幾千年，也不知道裝上個軟圈，更不用說是現在的充氣輪胎了。總是說「祖宗之法不可變」，但祖宗之法又怎麼來的呢？都是變來的！

你可能還不明白：如果說後世的統治者為了便於自己的統治，把很多規矩說成是我定的，還能理解；可有些技術性發明，為什麼要往我頭上放呢？為什麼不自己拿去撈取名利呢？是不是說明中國人很善良？——答案正好相反！

還說這醫學吧，正是那些醫生，為了證明自己的醫術高明，就說是我說的。我說的，當然是絕對真理，一句頂一萬句，萬一弄錯了，罪也在我，當然，也沒人敢定我的罪，因為我的功太大了，功過之比，九千九百九十九比一吧，太陽還有黑子嘛！

接下來，更嚴重的問題就發生了：他們為了自己的目的，特別是不可告人的目的，就開始偽造我、曲解我。

比如道教，就把我打扮成了一個無為而治的大教主。你看，在他們的那些經文裡，把我描寫成了一個不食人間煙火的神仙似的帝王。我總結了從莊子一直到你們這個時代的所有道家典籍，我有十種形象：

一是十分聰明。生而知之，無所不知，《史記》也是這麼記載的；

二是功勞巨大。與萬能的上帝差不多了，發明成果成千上萬，不說是愛迪生，簡直就是造物主，而且絕對是無與倫比的軍事家；

三是神力無比。可以呼風喚雨、騰雲駕霧或騎馭白龍；

四是路子極多。與各路神仙交往密切，其中與王母娘娘更是特別曖昧的關係；

五是整天遊山玩水。天上人間，四荒八表，沒有去不了或沒去過的地方，那號稱「天下第一山」的黃山就是我修煉的地方；

六是長生不老。開始說我活了一百歲，因為這個年紀對我們那個時代已經十分了不起了，但後來想像力就越來越豐富了，加到一百五十歲、五百歲、八百歲一直到成仙不死！

七是權力極大。雖然不管天上的事，但人間全是我管的了，玉皇大帝也把權力全部下放給我；

八是醫學大師。沒有看不好的病，更重要的是會養生，讓人根本就不生病，防患於未然；

九是天下統治者。我統治的疆域十分寬廣，其實應該是全世界，希特勒稱霸的野心，我在幾千年前就實現了；

十呢，呵呵，那就更神奇了，就是「泡妞」的功夫。可以一夜御十女，而且全部是處女，全部是絕代佳人，全部是無比柔順的。還說，這叫「採陰補陽」，我會因此而長壽，而健身養顏，這是所有凡夫俗子的夢想，但在我身上變成了現實。

不要以為這只是道家的一家之說，講現實的「入世主義」傑出代表的儒家，在基本精神這個層面上，也和道家差不多，他們不說我長生不老、成仙，但他們承認我活了一百多歲，是一個常人不可企及的高壽；他們說我治下的社會和時代，是最好的時代，說明我治國治民的本事是最高最大的；他們說我是大發明家，而且全都是為國家、為黎民百姓的；還有更重要的一條：後來所有聖明的皇帝，都是我的後代，而且譜系十分清晰，特別是最聖明的三代之主堯舜禹以及湯武、文王。不信？你看看歷史記載，正史哦，《史記》中的〈五帝本紀〉就是這樣說的。

他們的這些說法，是矛盾百出的。比如，一方面說你發明那麼多，另一方面又說你無為而治。

可沒人敢提出非議。

我是被他們利用了，他們不是我想像的那麼個樣子，至少，他們不完全像我。不像我還做我的子孫，那就是「不肖子孫」啊！

## 世襲制是第一件壞東西

我對子孫後代所做的事中，最反感的是世襲制。

權位的世襲，比如天子之位。

當年，神農把位子讓給我，我也沒傳兒子。要憑本事嘛！因為這麼多人，都要靠你的道德、才能，你的不肖子即了位，怎麼行？秦始皇花近三十年時間統一天下，他兒子不到三年就垮台了。這種情況還隨著歷史發展，越來越壞，而不是越來越好。後世不僅是傳兒子，而且一定要傳長子，像楊廣、李世民這樣能幹的老二，只有把哥哥殺了，才能繼位。明朝那些腐儒們，為了讓皇帝的長子繼位，不惜以性命相爭。你說這制度是不是越來越壞?!

## 一代不如一代的四大制度

時代應該是不斷進步才對。其中包括制度。

但我的子孫們並非如此啊。他們是一代比一代差。有四個大制度，在中國歷史上，不是發展，而是倒退，是一代不如一代。

第一是權力制度。

我的獨裁、集權，主要表現在抗擊外部侵略和鎮壓內部叛逆上，實際上是為了安民、為了政令統一。所以，我的集權實際上主要是軍事的集權。我一生多數時光主要耗在三件事上：征戰、推廣農耕方面的好品種和好技術、為了有好收成而祭天祭地。其他事務，是請有能力的人，各司其職地去管理的，比如有風后、力牧、常先、大鴻、蒼頡，他們去治理水災、預測天時、研究技術、管理財務、創造文字。大事，我召集各路諸侯來商量，我只是個召集者和最後的裁判。可後世則不然，漢朝還有丞相總管政務，和皇帝平坐著說話、議政；而到了宋朝，這個制度就推翻了，中央政府分六個部，讓皇帝獨斷；明清則連六部都不相信，全靠皇帝一人，他當然幹不了，於是就用秘書。就是家天下，也不能這樣搞，還有大管家呢。更何況我們前面說了，有許多昏庸的皇帝、殘暴的皇帝、只知淫樂的皇帝，他們能幹得了、幹得對、願意幹那些事嗎？這些人，一旦大權獨攬，天下能不亂嗎?!

第二是官吏選拔制度。

諸侯推薦，本來是個好辦法。你看我們那時的那些能人，都是諸侯推薦出來的。如舜時代治水的大禹，包括他父親鯀。鯀沒治好水，方法不對，諸侯馬上免了他的職，然後另選一人，鯀也為此付出了生命的代價。禹成功了，眾人就擁戴他，最後當了天子。但到漢朝，就不行了，官吏的選舉是地方官「舉賢良」，怎麼個「舉」法呢？按儒家經典說的那些忠啊孝的標準。這很靠不住的，因為道德這東西，是可以偽裝的。這方面出了很多笑話，你都知道。據說東漢有個人，父親死了，自己躲在墳墓下不見天日地守孝好幾年，因此而孝名遠揚。人們就向太守推薦。太守去他家看他時，卻發現他有好幾個小孩，從幾歲到幾個月都有。說明什麼？說明他根本沒好好守孝。守孝的規矩不僅是不見客，還要免除一切快樂的活動，包括夫妻做愛。所以，一般人守孝，最多也就三個月。於是，他露餡了。這人為了做官，太虛偽了。太守於是殺了他。其實像他這樣虛偽的是大有人在，只是沒他那樣張揚得大，或者沒有那麼明察秋毫的太守去發現罷了。話又說回來，即使道德好的人，能力也未必強，沒有能力，怎麼能勝任分內工作呢？再退一步說，能力也還有各種各樣的，你會搞城市建設規劃，未必會搞稅賦徵收；會打仗，未必會斷獄。

隋朝開始用科舉考試的辦法。其實考試是個好辦法，最大的優點，是平等。機會平等。可這個辦法後來用了一千多年，不是越來越完善，而是越來越壞，特別是到了明朝、清朝，壞得臭名遠揚。為什麼？因為考試本身只是個手段，平等競爭的手段，而要用好這個手段，關鍵是方式和內容。隋唐科舉還設有很多科目，唐朝最多時，據說達到三十多個，因為治理國家要各種人才嘛；但宋朝以後，這種科目就越來越少了。像國家最需要的工程建設、江河治理、農業生產、稅賦徵收和管理，為什麼不設考試科目來選拔此等人才？最後考什麼呢？考做文章，誰文章寫得好，誰來當官治理國家。這真滑稽。文章只是用來表達思想的。作為官員，我們要看他怎樣觀察問題、發現問題以及解決問題的能力。到了明朝，更加荒唐透頂，只考對儒家經文的理解——這本身是王安石變法時的一種辦法。文章格式也定好了，八個部分，一點也含糊不得。試問，這樣的人，只會儒家經典的人，怎麼能治理好國家？可是，從皇帝到文武百官，還就真信這一套。儒家為了吹噓他經典的重要性，這樣宣傳，是可以理解的。但為什麼那麼多現實中的執政者就信呢？他們自己原本就多數不是儒生出生啊。這樣一來，讀書人都不要關心國家大事，更不能有自己的思想，只把「四書五經」讀好，就行了。什麼「書中自有黃金屋」，這「書」只是指「四書五經」，絕對不是指四大名著、不是指《九章算術》，也不是指我的那本《黃帝內經》。結果當然很慘。從那時，中國的發展急轉直下。而歐洲正是從那時開始扶搖直上的。

第三是經濟制度。

中國那麼大，後來的疆土更比我那時大多了。這麼大的疆域，就靠一個集權的朝廷來發號施令，而那些百官們又僅僅是讀聖賢書的底子，根本不懂經濟，怎麼能管好財政？

中國大凡好一點的朝代，恰恰是朝廷對經濟不怎麼管或管得很寬鬆的時期。如漢代的文景之治，那時他們信奉無為而治；如唐朝貞觀和開元之治，那時，他們都忙於宮廷鬥爭；如宋朝初年，那時他們主張藏富於民。為什麼一管，就不行？因為地方太大，差別太多，官僚們又多數不懂經濟，全按道德標準來管經濟。道德講理想，經濟講實惠，二者相距甚遠，價值觀是完全對立的。他們看到國家、官府缺錢了，就去收稅費，也不算算老百姓的承受力；他們看到有人做生意發大財了，就去沒收他的財產，也不懂財富可以成為資本，從而創造出更多的財富。他們這樣做，實際上是殺雞取卵。

從儒家道德觀出發，商人天生是牟利的，見利就忘義，這種人當然不是好人。所以，為國家財富做最大貢獻的人，被列為「壞人」，不僅遭受各種制度的擠壓，而且生命財產還隨時有被剝奪去的可能。私有財產得不到任何法律的保障。

你們現在光以為西方是海洋，要通商；殊不知我們泱泱中華，地大物博，各地特產豐富多彩，更需要通商。沒有商業的發展，就沒有國家收入的增長。我那時沒有可能做這一點，後世人為什麼不做呢？啊？為什麼沒做？我也不知道。你去問後世的人吧。

第四個制度，我想說一說的就是「封建」制度。

秦以後，就沒有真正意義上的封建制了，而且是越來越不封建。

我那時統治下的各部落之間，實際上相當於聯邦制，或者是聯邦加封建。因為大部分部落是加入我的統治的，但也有功臣被分封的。後來一直到夏商周三代，大體如此。秦統一中國後，實行郡縣制，中央高度集權，這是對東周混戰的一種反動。漢初又分封，但不徹底。其實項羽實行的是和我們差不多的分封；劉邦開始是，但後來就不是了。以後兩千年，是以郡縣為主的。有的分封，是有名無實。

關於封建之說的優劣，爭議了一千年，唐朝有個很有見解的文學家叫柳宗元，他寫了一篇〈封建論〉，認為三代封建是有道理的，是時勢使然；秦廢封建也是有道理的，防止諸侯割據。「封建」為人攻擊最厲害的缺點正是割據；而郡縣受人攻擊的缺點是秦的迅速滅亡。但柳文論述了秦的滅亡不是不封建的理由，從而被蘇東坡讚為「千古定論」。而我認為，這是絕對錯誤的！

中央集權，當然是每個當政者即皇帝所偏愛的。但問題是，這樣的制度存在著難以克服的缺陷，這就是我在第一個制度問題裡說到的，大一統，太大了管不好。怎樣解決呢？我的經驗是，要「統一軍隊，統一大法令，實行諸侯議事制」。這三點，我們那時都做到了。可我們的後代沒有做到。漢初的分封，諸侯可以養兵；明朝初年也是，如燕王朱棣就養了兵，當然做得有些隱蔽；郡縣制的唐朝，那個節度使的官，還是集軍政大權於一身，所以才有安史之亂。這怎麼行。諸侯管地方法令制定與施行，主要是行政。還有就是諸侯議事制，我那時做得很好，堯舜禹的時代，做得也很好，但後來就沒有，皇帝上朝叫百官議事。我這裡說的議事，是大政，大法令的制定，包括國家大的政策。百官只是行政的、操作的，決策權應該是諸侯集議。因為他們各有領地、各治一塊，他們是國家的代表、地方百姓的代表。我那時，大事都由部落首領會議定。重要官員的任命，都由大家定。你們都說西方有羅馬的貴族元老院元老議事的民主傳統，才有後來的民主制度。殊不知，我們也早已有之。這一點，可不是傳說、不是神話、不是自吹自擂啊！但你們恰恰忘了這一點。如果後世像我這樣，封建制是不是最好的制度啊?!

## 中西方文化差異的由來

接下來，我想站在民族始祖的角度，談談中西方文化差異的由來。

自從一八四〇年國門被打開，我們華夏民族有一百年屈辱挨打史，以後，這段歷史成了中國人一道難以彌合的心靈傷痕。現在都把問題歸結到中西方文化上來，說我們的文化，雖然極其優秀、光輝燦爛，但重德不重利，所以器械發展不如人，最後被人侵略。但我們為什麼會有這樣的文化呢？很多人說，這是儒學為主的內斂式文化思想內核形成的後果。我想進一步再問，為什麼這種文化，會占主導地位呢？還有，為什麼我們三千年封建社會，進化那麼慢，特別是民主進程那麼慢，等等。現在還有「地理決定論」的解釋，說我們是黃河文化，西方是海洋文化。問題很多、很複雜，真可謂是眾說紛紜。但我想說的是：由來是什麼，或者說是根源是什麼。我只談問題發生的源頭。

本質上，人首先為了吃穿住行，這一點，各地方的人類是一致的。人類智慧開化以後，就有了私有制，這也是共通的。但因為獲得生活物品的途徑不同，生活習慣便分化得厲害，這就是生產方式決定了生活方式，從而形成了文化。以吃為例，總體上說，我們的食品是植物型的，大米和麵粉，西方是動物型的，牛羊肉奶。這樣，我們靠天收的成分就大。比如，要治水，前面說過，所以，要相對集權一些。由此而上升到統治層面，即所謂的上層建築，必然是要集權的。但我們這種集權是很有意思的，不知你們注意到沒有。我們的生民，男耕女織，一個人家，如果有幾十畝地、幾頭牛、幾百棵桑樹，那他們就「日出而作、日落而息、耕田而食、織布而衣」了，統治對他們是無所謂的，他們沒有國家的概念；但另一方面，國家又是高度集權，從上而下，十分嚴密，因為一條大河從西往東地穿過，又連起無數的支流。就光治水一項，不統一是不行的。抗擊外敵也是這樣。而西方則不然，他們以牧業為主，如果一個人家養很多羊，肉夠吃了，皮就多了；皮毛正好，肉就不夠吃；因此，就要交易。人人有交易的觀念，一家一戶是不能自給自足的。但國家不要治水；領土四面是海，也不要造什麼長城。國家是一種契約組織。這既是生產論，也是地理論。

以你們現在學術的辭彙來說，他們是「商業文明」，我們是「農耕文明」。這樣的定義，本身也沒多大的錯。現在很多學者在進行東西方文明對比時，常說西方的商業文明優於我們東方的農耕文明，這是錯誤的。我認為：這二者並無優劣之分。優劣是後來的事。比如器械的發展。他們為了航海，要研究天文、地理，以及動力、機械；難道我們治水，就不要這些知識？再比如前面說的通商交易，難道我們就不要？我們的農耕，也有各種地方產品，也要交易。問題出在他們是真封建，各國之間，無論是一統的各國，還是分封的諸侯國，都有一個競爭。我們在秦以後，就沒有了。我們就一個國家，四周都是蠻夷小國，文化、制度、器械都不如我們。中央做對了，全國大治；中央出錯了，全國遭殃。王安石變法，全國都變；司馬光恢復舊式，全國都恢復。這怎麼行呢？

我深以為然道：你這樣說，真是與現在的學者們各執一詞，完全不同。現在有許多學者，觀點、說法都有一定道理，但形成今天的差異，至少在微觀層面上，不是諸如地理、生產方式等因素造成的。比如，你剛才說的競爭，政治學家說是因為諸侯競爭，但生物學家還有種說法，說人家吃牛肉、喝牛奶，天生就有闖勁；而我們吃大米、豬肉，相對當然就懶散，缺乏鬥志。

黃帝說：也算一說吧。還是要綜合。你看我說了這麼多，其實，器械也好，地理也好，制度也好，文明也好，文化也好，從我們上古時期開始，並沒有不如人家的地方。

但後來呢？我的那些所謂的子孫們，可以封建的不封建，可以發展器械的不發展，可以民主的不民主。尊我為始祖，尊來尊去，尊的都是虛的、假的，什麼皇權啦，什麼天子啦，什麼長生啦，什麼泡妞啦，從《尚書》、《史記》到後來的各種正史、野史、經文、傳說，描寫的全是垃圾！我真正的東西還有多少?!是的，中華民族的第一把交椅坐的永遠是我。但在千古以來、億萬人的心裡，我的形象和精神實質，卻是各不相同的。我希望，你們看到真正的我，看到我們文化真正的精神內核！那才不辜負為中華民族之人，不愧為黃帝子孫！

在進行中西方文化對比時，現在還有一個最大的誤區：把現代文化和傳統文化相混淆。我認為，如果進行東西方文化對比研究，就應該把文化分為三大類：西方傳統文化、中國傳統文化、現代文化。現代文化，就是現代化的文明成果。西方在文藝復興時就步入了現代化時期，所以，在十九世紀以前，現代文明成果主要是西方人創造的。中國還停留在傳統文化層面上。而二十世紀，中國現代文明取得長足發展，但主要是受西方影響的。西方傳統文明的實質可以歸結為「商業文明」，中國傳統文明可以歸結為「農耕文明」，而現代文明，其實質可以歸結為「工業文明」。我前面說了，商業文明和農耕文明各有優劣，我們要進行東西方文明對比，就是這兩者的對比。

然而，西方在文藝復興之後，特別是啟蒙運動之後，就已率先進入了現代文明。中國在明朝之後，則反其道而行之，向傳統文化的黑暗面越走越深。

現在，很多人在對比中西方文化時，竟然把中國傳統文化和西方現代文化相類比。於是，問題來了：褒揚中國文化者，很容易被反對派駁倒！因為無論如何，你已無法拒絕大機器生產、你已無法脫離現代城市生活方式。反之，工業文明，也使文明異化，即人性的淪亡，人淪為機器的奴隸。人間溫情越來越少，在此種情形下，西方有人提出要用中國農耕文明中的溫情主義來糾西方工業文明之偏。而中國一些學者遂以為這就是中國傳統文化優於西方文化的地方！

大謬也！概念不清！

當今，中國首要的任務是現代化。西方現代化先行了一步，你們就要向別人學習。學習過來了，嫁接在自己傳統文化精華上，就成了現代的中國文化。學習人家好的、對的地方，學習者最大的優勢是不再走別人的彎路。

現在，在文化建設上，你們最要緊的第一步，是對中國傳統文化的批判，批而判之，找出它的精華所在，這樣，才能嫁接出現代文化來。西方人當年也這麼做的，他們棄神學文化之糟粕，揚希臘、羅馬文化之精華，是謂「文藝復興」，後來又繼之以「思想啟蒙」；中國應該棄儒教思想之糟粕，揚先秦兩漢文化之精華。我們傳統文化中的精華是：民主、科學！和他們一樣！真精神是一樣的。這是人類文明共同的精華。

中國現代文明，也和西方現代文明相一致，只能說是互有優劣，不能說是誰優誰劣。但實質是一樣的，都是工業文明，將來還有數字文明！

這些東西，非三言兩語所能說盡，希望你以後有時間，可以就此寫出專著來論述。

## 龍圖騰與龍的精神

最後，我來談談龍的精神。

中華民族又號稱「龍的傳人」，而為什麼有這樣的稱呼、以及龍的精神是什麼呢？

從神農到我那個時代，是中國農耕文明形成時期。在農耕時代，最關係民生問題的是旱澇問題。誰在呼風喚雨？誰在興風作浪？上古之民，憑想像，將自然界的許多事物人格化，神話便因此誕生。龍，可能就是根據天上的「虹」、江河中的波濤，想像出來的。甚至它的讀音，也是和「農」一致的。因為它的作用和意義，龍有時竟是可以與天帝並列的，甚至就可以是天帝本身。因此，天子為了提高自己的威信和確立神聖不可侵犯的地位，也就以「真龍天子」自居了。

龍的形象是逐步演化而來的，從其最終形象特點，很能看出中國人的思維特點。

第一，龍的飛騰是騰雲駕霧的，而不像一些神鳥一樣是靠翅膀的。這是中西方思維特點最大的區別。西方人依靠邏輯的想像，認為飛行是需要翅膀，所以，他們神話裡的能飛行的神，一般都是長翅膀的，如邱比特，就長著一雙讓人喜愛的小翅膀；但中國神話裡的神仙，都是靠騰雲駕霧、平步青雲的。中國古時候也有把成仙飛升叫做「羽化」的，但至今流傳下來的神話人物，除了《封神榜》中周文王的養子雷震子，幾乎沒有長翅膀的神仙。

第二，龍的飛騰，一般不能光靠自己，它是需要「風雲際會」的，就是說，時勢很重要，所以，還是要順天從命。這也是後世中國兩個影響最大的思想學派儒家和道家敬天思想的主要表現。「人定勝天」的說法，在中國向來不是主流。儒家講「三畏」，第一就是畏天命，他們最多的感慨就是所謂「時也、運也、命也。」不要以為這是迷信、是宿命，從哲學意義上講，也有客觀決定主觀的道理在。天、運，都帶有客觀規律的意思。

第三，龍也是很神奇的。它不僅是人格化的神，有時也是無形的自然規律，和「天」一樣，這就是所謂真龍無形。這本身並不是神秘主義，而恰恰是唯物主義的，但又很容易讓俗世將它引入神秘主義。所以，在中國，是沒有什麼哲學的思考，因為，中國人思考問題，總是大一統的辦法，無神論與有神論一統、宗教和政治一統、唯物和唯心一統、科學與藝術也是一統的。這從龍的形象也能看出來。

第四，龍的形象也是變幻莫測的。有形的龍，集所有獸類的偉大之處於一身，如它的角、鱗、爪，都是世間最凶猛動物所有的，而在它身上統一起來。另外，還有無形的龍、變化不定的龍、若隱若現的龍。龍的內質也是如此，它可以是凶狠、禍害人間的，也是可以行好為善的；可以是至高無上的，也可以是只統治一方或受制於更高統治者的；還有，它可以是永生不滅的，也可以是能死的——為人類的利益犧牲或作惡被處死、殺死。

從對龍形象特徵的塑造，我們可以總結出中國的民族精神特點。我理了一下，有下面四大條，不一定完整，供你們參考：

第一條，大一統。人是靈與肉的統一體，應該能集一切動物和神的品德於一體。

第二條，理想與現實可以相通。而且是直接相通，無須步驟，就像龍一樣，從平地或江海裡，可以直接騰雲上天。所以，不注重物理的研究和物質的創造，邏輯推理上，不重演繹。

第三條，敬天畏命。積極方面，是尊重規律、與大自然和諧相處；消極方面，是泯滅創造力，逆來順受，最多是祈求。

第四條，天人合一。包括物人一體、人神相類，把對自然規律的道理運用在人事上，以敬天神的方式敬統治者。

今天你們研究龍的精神，最重要的我以為是要研究它的「大一統」特性，就是說，既然要研究中國文化，就要講「大一統」，不能像西方的分類，什麼哲學、宗教、藝術、科學，這種分類法，就是西方化的中國文化，不是真正的中國文化。我看二十世紀中國出的一些國學家，絕大部分是西化的國學家，比如，他們用西方的學術體系，擬出一部《中國哲學史》來。其實，我們那些思想家，難道是西方意義上的哲學家嗎？

我聽後，連連點頭稱是。

訪談在愉快的氣氛裡進行完了，而我是懷著沉甸甸的思考，走出蒼茫的黃帝陵。

## 訪談啓示錄

採訪黃帝，收穫巨大。

首先，我明白了，中國傳統文化中，有一種真精神在，這就是「民主」與「科學」，今天要實現中華民族文化的偉大復興，就是要復興這種精神。

其次，我們看到，沸沸揚揚了一百五十年的中西方文化論爭，可以有一個句號了，因為這場論爭的前提，是根本的不成立。我們常常混淆了現代文明與傳統文明這兩個不同的概念。西方在文藝復興後，已經進入現代文明時代。在這場論爭的開始，即鴉片戰爭時期，我們還處在傳統文明時代。所以，所謂中西方文明的衝突，絕大部分是傳統文明和現代文明的衝突，是農耕文明與工業文明的衝突。

第三，我進而想到，漢以後，中國進入了儒教統治時期，有點相當於西方的中世紀。當然，只是「相當」。這個問題，黃帝沒有展開說，以後，我在採訪儒學創始人孔子時，要好好談談。這是一種歷史過程，經歷它並不可怕，可怕的是一直走下去。

第四，我們的始祖，或者說我們的先民，初步創立的制度雛形，是很好的，比如黃帝所說的五項制度：首領優選制、中央權限制、經濟私有制、官吏推舉制、諸侯分封制。但後來，正經被歪脖子和尚念歪了。西方有文藝復興、啟蒙運動，把歪經正過來。我們也能正過來。

# 2

# 西施

西施（約生活在公元前一世紀下半葉），名夷光，春秋戰國時期出生於浙江諸暨苧蘿村。那時，越國稱臣於吳國，越王勾踐臥薪嚐膽，謀復國，將西施、鄭旦等美女獻給吳王夫差，西施逐步成為吳王最寵愛的妃子。她把吳王迷惑得眾叛親離，無心國事，使吳國終被勾踐所滅。傳說吳被滅後，她與范蠡泛舟太湖，不知所終。後世把西施與楊貴妃、王昭君、貂嬋稱為中國古代四大美女，其中西施居首，是美的化身和代名詞。

本篇我們將借西施之口，談中國傳統文化中的情愛觀，傳統歷史中對女性的態度問題以及女人的命運。

【西施訪談錄】

# 我是名副其實的千古第一超女

●採訪人物：西施

●採訪地點：1.諸暨苧蘿村（少女時代）；

2.姑蘇台（國王老婆時代）；

3.太湖上（闊太太時代）。

●採訪時間：二〇〇〇年三月八日（國際婦女節）

## 村姑、王妃和富家太太

在我見西施之前，遇到一個難題：不知道見面時怎麼稱呼她——是「西施姑娘」，還是「西施娘娘」？因為喊她「西施姑娘」，才是我們心中美好的形象；但她畢竟是國王的老婆（當然，開始是小老婆，後來，可能升為大老婆或二老婆了。但在古代，小老婆和大老婆一樣，都是陽光下的、是有名分的），怕這樣稱呼不尊重她。然而，在我們的心中，喊她娘娘，才是最大的不尊重，因為這不僅有損她的美女形象，更重要的是在道德層面上有問題。中國歷來是個重道德的國度，美人不僅要有天仙般的外貌，更要有水晶一般的心。所謂「外在美」與「內在美」相一致，才能稱得上真正的美人，否則，只能被叫做美女蛇或狐狸精。而作為西施姑娘，她是一個美麗的少女，一個為了國家事業，犧牲個人愛情，慷慨赴義，深入虎穴，憑著姿色和智慧，從內部搞垮了敵人，完成了國家復興大業。而作為娘娘的西施，與妲己、楊貴妃並無區別，她讓她們身為國君的老公，沉溺酒色、聽信讒言，最終亡國。顯然是個禍水。

後來，這種難題竟輕易地迎刃而解。因為她和我約定了三個採訪地點：諸暨苧蘿村、姑蘇台、太湖舟上。這樣，在她的家鄉，我自然就叫她「西施姑娘」；在吳王宮裡，就喊她「西施娘娘」；而在太湖舟上，我則稱她為「西施夫人」了。

## 權力、金錢與美女、玩樂

西施的確非常美。這種美，不是用文字能描繪的，所以，我就不費筆墨了。西施一見我，就開門見山地說：我不希望你們見我時，就大談「紅顏禍水」、「美女亡國」一類的話題。為此，我專門先談一下我對這個問題的認識。

在帝王權貴的眼裡，女人不過是玩物。天生麗質、儀態萬方、多才多藝的女人，是最好的玩物。他們玩物喪志，最終導致他們所謂事業的失敗，怎麼能把責任推卸到玩物頭上？李後主喜歡填詞，宋徽宗喜歡作畫。他們都樂在其中，荒廢政務，導致亡國。詞和畫就是他們的玩物。以「紅顏禍水」的邏輯來推論，則詩詞書畫豈不也都成了「詩詞禍水」和「書畫禍水」了？所以，這類話題太淺薄，不值得談。

我看了古希臘《荷馬史詩》，就很感動。那些英雄們，為一個美女，打了十年特洛伊戰爭。當那些元老院的貴族們見到絕世美女海倫時，他們是怎麼說的——「這仗打得值！」要知道戰爭可是塗炭生靈的事，但他們沒有任何人嘴裡會蹦出一個「禍水」之類的詞來。

追求美，是人類的天性！

如果是為了愛情，那就更高尚了。亡國也值！天子值多少錢？李隆基開創大唐開元盛世二十多年，有多少人為他歌功頌德？相反，倒是和楊玉環的一場風花雪月，讓後人津津樂道得千年不倦。

至於說這樣愛情的結果是讓國家遭殃、百姓受難，同時，也造成他們個人的事業的失敗，那是制度的問題！因為沒有愛情，也會亡國，事業也會失敗。就如剛才說的，他們不玩女人，也會玩別的。你看英王室的愛德華，為了愛情，捨棄江山。不是他不想要江山，但他更想要美人。「魚，我所欲也；熊掌，亦我所欲也。二者不可得兼，捨魚而取熊掌者也。」關鍵是「二者不可得兼」。人家為什麼「不可得兼」？因為人家有制度約束。你要當國王，就要以國家為重，把治國當成是頭等大事。如果你把愛情、美人當頭等重要的事，那就不要當國王。你選擇了這個，放棄那個，很好，一點也不影響你的為人品德，你同樣很高尚，比那些明君一點也不遜色。怕的是你「二者兼得」，結果最終不僅誤國誤民，連美人也保不住，甚至連自己的身家性命也保不住，是「二者兼失」。唐明皇不正是這樣的嗎？

有很多傑出的人，為了事業，捨棄了美人、愛情，甚至終身不娶。他們一心撲在自己的事業上，心甘情願地做著苦行僧。比如大科學家牛頓、大哲學家康德。但國君很少如此，好像沒有人。富商巨賈也很少有這樣的人。這就是權力、金錢與愛情、玩物的關係，這種關係，是千絲萬縷，糾纏不清的。其實，也並不是所有的事業與愛情都是相抵牾的，很多時候，愛情會成為事業的動力。對權力、金錢與愛情、美女的關係，由於我曾置身其中，所以，體會很深。

我認為，任何慾望，都有物質和精神兩個層面。比如，吃，一般都將其納入物質需求。其實，吃到一定層面，就上升到精神境界。如吃什麼、怎樣吃，吃的環境、氛圍，即是所謂飲食文化了。愛情、美女也是這樣，滿足性慾、享受肌膚之親、甚至是聲色，開始都是物質層面的，但到了追求心靈感應、情感共鳴，就是精神境界了。追求權力、金錢，多被人稱作「物慾」，但為了安邦治國、造福民眾、建功立業而擁有權力，僅僅是物慾嗎？為了孝敬父母、安頓子女、解救窮人去賺錢，也僅僅可以稱之為物慾嗎？

眾所周知，談戀愛是有條件的。一個人追求的對象，永遠是他能力所及範圍內最心儀的對象，絕對不會追求他能力範圍之外的對象。這裡所說的「能力範圍」，是主觀的，即他對自己能力的評斷。有時，我們說某人在「癩哈蟆想吃天鵝肉」，是我們對他能力的評判，他自己並不認為自己是癩哈蟆，他認為自己是和對方一樣在美麗的湖水上跳舞的天鵝。相反，賈府裡的焦大就不去動林妹妹的心思。因為他們不是一路人。

權力、金錢，往往是能力的象徵。至少是能力的物化形式。因為所謂能力，比如智慧、膽量等等，是看不見的，只有物化了，才能讓人眼見為實。

最有權力的人是誰呢？當然是國王。所以，國王追求的對象，就是全國最優秀的美女。而且，因為慾海無邊，他找一個美女是不夠的，要幾個，很多個。他發現，沒有一個他得到的美女是天下最好的，他必須找到天下最好的，最好的沒找到或找不到，怎麼辦？他就找各式各樣的，然後把她們拼起來，聊以自慰。他們其實也很可憐，找那麼多，都不能滿足。真是多少次的希望，多少次的失望。從這一點上看，他們絕對比那些平民們更痛苦。因為平民找不到心儀的人，會歎口氣認命：誰讓自己就這點本事呢?!但他們始終相信：世界上某處還有個屬於他的女孩存在，只是他此生無緣罷了。國王則不然，他們找遍了天下，就是沒找到，那就是說，這世界上已經不存在他心中的人了。真是哀莫大於心死！

也有例外的，比如前面說到的唐明皇，他對楊玉環一定是百般滿意，所以才有千般寵愛。我在吳王夫差眼中，也是這樣的人。

他們一滿意，結果就亡國。

為什麼呢？比如一個小男孩，遇到一個特喜歡的女孩，他一定會千方百計地去討她歡心。討歡心難免要花些銀子了。如果這男孩存了壓歲錢，他會在買禮物時，毫不憐惜地掏出來；如果不夠，那就設法找父母要，動各種點子，找各種藉口，包括編織謊言。聽說你們這時代有個大學生，為了和女友在暑假上黃山，就扯謊說要搞暑假調研，他父親最後賣血籌錢寄給他去旅遊。當然，如果家境好，就沒什麼了。如果要不到，怎麼辦呢？最後，有的人就到父母口袋和抽屜裡偷。

國王也是。他為了讓我們高興，就大把地花銀子。朝廷有錢，當然好；如果錢不夠，就加重賦稅向百姓要。百姓如果有錢還好說，沒錢也只好賣血。如果遇上不要命的百姓，抗拒不給，則只有通過巧妙的糊弄的政策或強硬的稅賦法令來巧取豪奪。最終結果，當然是事業的破產：亡國。

## 愛情與事業

但夫差似乎不後悔，因為他玩了回「千古之愛」。江山算什麼？只是到最後，他知道我是個間諜，才悔斷腸子。他臨死時，似乎想問問我：我到底對他的感情是不是真的。也就是說，除了國仇家恨，我們的愛情是不是真的。

這樣的問題我是無法回答的。

我是一個人，而且首先是一個女人，然後才是一個滿懷國仇的臣民、一個忠於職業的間諜。我本來是捨棄愛情，承擔大任。與他正好相反。他是放下國家大事，來在我身上找愛情。從事業角度說，我是泰山，他連一個小土丘都算不上；但從愛情角度說，他是泰山，我則連一個小土丘也算不上了。

情感學家說，從人類的角度來看，愛情是最偉大的；政治家從家國的角度來說，愛國是最偉大的。但從大歷史觀看，家國只是一個時期的事，而愛情則是人類永恆的情感。比如吳國、越國，今天都在一個國家裡。沒什麼亡國不亡國，一個國家滅了另一個國家，還應該叫「統一」呢！

我是怎樣處理事業和感情的事呢？

這個其實很簡單，並不是你們後人想像的那麼複雜。因為嚴格說來，我的工作不是一個間諜。我只是作為一個美女、一個玩物，送給吳王玩樂，能讓他玩得開心、玩得忘乎所以，我就算是出色地工作了。所以，我所有的心思，都放在怎麼讓他高興、讓他沉醉在我的懷中這項事業上。

勾住男人的魂，這是女人的本性，誰都想這麼做。但我做這件事時，卻有著無與倫比的優勢：

第一，這是我的職業，也就是我的事業。別的女人在妖魅老公的時候，至少有兩個顧忌，一是道德感的制約，不能做迷惑男人的狐狸精，怕背上罵名；二是怕影響丈夫的工作和事業，就是又想他沉醉、又怕他沉溺。而我呢，則只有一個目標，因為我就希望他的事業垮啊。從這個角度出發，可以推論一條：做壞女人，比做好女人容易。既沒有道德的壓力，又不須為別人著想。所以，我不累，心不累。

第二，我是受過訓練的，即所謂「訓練有素」。我的訓練與那些妃子進宮時的訓練，是截然相反的。她們在進宮時，王室管理者肯定要對她們進行德育教育，告訴她們，不能讓君王沉溺。她們只是供他放鬆放鬆的一種玩物，而不是玩物喪志的玩物。所以，她們必須要把握好一個「度」。要知道，這「度」的把握，可是說起來容易，做起來難啊！教科書永遠寫不好這一個「度」的問題：又要讓君王高興、快樂，又不能讓君王沉醉在溫柔鄉。真是難於上青天了。我則不然，就是要讓他玩、玩、玩，玩死他才好！從此君王不上朝也好，從此朝朝暮暮也好，從此無心朝政也好，大興土木也好，寵信小人也好，哈哈，這全是我的目的呀。所以，我受的訓練，就是大展狐媚手段。因此，我工作起來，是一直向前跑，而她們，是要左顧右盼的。誰的速度快？你看電視上追捕鏡頭，總是被追的人慢，追趕的人快。因為逃跑的人，要一邊逃一邊看路，怕跑錯了地方，跑到死胡同或懸崖絕壁邊；而追的人，目標單一，勇往直前就行了。

第三，我有個人獨特的魅力。首先，我來自民間，與他其他小老婆比，顯得格外清純。就像我們越地的〈採蓮曲〉一樣，清新、自然、純淨。但我又不是後來那些皇帝們從民間選來的美女，因為她們沒地位。我是一個國家奉獻來的，有足夠的機會讓他來關注我。在這種情況下，如果我不能吸引他，只能說是我的能力不行，絕不是機會問題了。

## 最幸運的女人

後世很多文人、歷史學家說我是個悲劇人物，這是大錯特錯的。

事實是：不管從哪點看我，我都是幸運的。一個國王愛我愛得丟了江山，這是愛情的成功，女人魅力的成功；一介民間小女，來到王宮裡，錦衣玉食，夜夜笙歌，享盡了人間的榮華富貴，這是生活的成功；美名遠揚，垂名青史，既是第一美女，又是愛國、救國英雄，這是我人生的成功。這三個成功，千古以來，有哪個女人能勝出？

看看其他美女的下場：妲己、褒姒，罵名千古，估計當時也沒得到好死；陳阿嬌，開始被皇帝寵得要做金屋子來讓她住，但到了夫妻七年之癢，也就失寵，獨居在長門宮；王昭君遠嫁番邦，天天要吃那些腥膻的羊肉，自己被兩代人玩，至少後代的那個兒子單于不是很寵愛她了；貂嬋極其危險地周旋在兩個如狼似虎的惡男人之間，真是千古第一走鋼絲的人，更不用說那位大肥肚的老東西是多麼讓人噁心了；楊貴妃倒是讓皇帝鍾愛了近二十年，但結果當了亡國之禍的替罪羊，被勒死在他鄉，連君王也掩面救不得，兄弟姊妹們自然也跟著死於非命；李師師只能名不正、言不順地被皇帝包著，自己的職業還是脫不了妓院；陳圓圓則給那些暴徒們搶來奪去。至於那些民間女子，什麼哭嘰嘰唱〈白頭吟〉的卓文君啦，什麼「悔叫夫婿覓封侯」的閨中怨婦啦，什麼被人始亂終棄的崔鶯鶯啦，就更不用說了。他們最好的結局，也無非是嫁個好丈夫、有出息的丈夫，然後就老老實實待在家裡，相夫教子。什麼情愛，什麼個人價值，更不用說什麼美名了，都統統隨著一個「嫁」字，一次性地提前埋進墳墓了。

和你們這個時代的女孩比，我同樣幸運。比如那些「超女」吧，一舉成名天下知，然後，就是不盡鈔票滾滾來，應該是很幸運吧。從選拔程序上看，我們似乎差不多，都是一層層PK

出來的。但實際上，若論出人頭地的難度，她們可比我大得多。因為我們那時地方小、人也少。你們現在是十幾億人口、幾百個城市。超女這玩意兒，也只有你們現在的中國才能搞，因為大，才有轟動性。要是一個幾十萬人的小國家，選個超女，也就不出奇了。從次數上看，現在好像是一年一次，所以，這第一名，含金量也有問題，名聲保持是有時間限度的，就是說有「賞味期」。我那時，只選了一次，所以，我肯定是越國的第一美女；後來，我迷倒了吳國國王，從而就有了國際聲譽——我那時的「國際」——成了世界性美女；再後來，我被載之青史竹帛，又成了歷史性美女。但我現在還沒聽說過，哪位超女能超到國外去。韓國倒是有不少明星，閃耀在中國天空了，很亮很亮，同樣的等級，我們沒人吧。

從綜合素質看，超女好像只重唱歌，兼歌舞表演。但相貌肯定不行，因為不是選美。其他綜合素質也不是最好。我們則不同，首先是絕對的美，然後是綜合素質高，多才多藝。

還有，我們是國家大事，超女只是一種平民娛樂活動。

這樣說下來，很多事就不言而喻了。她們幸運什麼呢？她們要經過那麼多次折騰，每次PK的時候，都提心吊膽的；她們也只能紅一兩年時間，過後，一代新人換舊人；她們也僅是「超級女聲」，不是美女、不是明星；她們也只能發些廣告費、演出費的小財，純粹是辛苦錢，沒有一個富可敵國的人為她們大把地花銀子，更不要說君王為她們造歌舞樓台、宮殿龍舟了；我只要討一個人歡心，她們要面對那麼多的粉絲，累死人啊！她們最好的結果，是能成長為一個影視明星或歌星，但就是成了星，也還不是最終結果，她們中的有些人，最後只有選個富商去嫁，才能保障自己的下輩子；還有，她們的意義何在？我是愛國、救國，她們只是娛樂；至於說到流芳千古，那就更沒法比了。

所以，如果把超女全稱叫做「超級女生」的話，我才是中國五千年文明史上的最歷久不衰的超女，永遠是第一名。

## 當代女人有新三座大山

我忍不住插言道：現在的女人、女孩吧，她們可都有獨立的人格啊。不像古時候，受三重大山的壓迫。

西施搖搖頭：也不是你想的那樣。

現在壓迫女人的，有新三座大山：金山、名山、慾山。

她們或者為生活所迫，或者為富貴所誘，都要去追名逐利，為此，她們不得不捨棄心中很多的夢想，走那條滿是坎坷的山道。那首歌怎麼唱的：「許多的愛，可以拒絕；許多的夢，可以省略」。不是「可以」，是「必須」、是無奈而「不得不」！比如嫁人，那是不能不考慮生存的，因此，就不能不考慮男人的收入、地位等等。更有甚者，為了金錢不惜賣身，做小秘啊、當妓女啊。這都是「金山」壓迫的結果。

現在你們提倡男女平等，可男女在生理上、心理上，有著太大的差距，在工作、事業上，女人要與男人平等，一爭高低，談何容易！她們肯定要付出比男人多得多的汗水心血，才能取得同樣的成就。在家庭中也是這樣，平等地位，不是喊出來的。這些就叫「名山」，也就是所謂爭一個「名分」吧。

再就是時代在進步，有了戀愛自由和性解放。女人可以和男人一樣在一定範圍內享受自己的情慾、性慾。但由於男女有別，女人要滿足這種慾望，難度可比男人大得多，因此，付出的也多。比如，女人的黃金年齡短暫，青春經不起幾次折騰，就人老珠黃了。再有，女人稍不留神會懷孕，生與不生，身體的痛苦都是女人一方承擔。這些就是「慾山」的壓迫。

所以，總體上，自人類開化以後，女人與男人比，就是一個弱勢群體。

## 做小老婆與伴大款

現在有些女孩，為了減少奮鬥歷程，選擇了伴大款的路。因為做大老婆不成，做小老婆又不為法律所允許，於是，她們就走了這條非陽光的路。當然，她們最大的理想是：「嫁個千萬富翁，少奮鬥二十年」。我想就這個問題談點看法。

我們那時，窮人家的女孩為了過好日子，是可以嫁大款的，因為有做「妾」這條路，現在女孩不行了，也是不如我們那時幸運的地方吧。

雖然做小老婆，地位是很低的；但做二奶，地位更低，或者說，根本沒地位，見不得陽光。

好逸惡勞，人之常性。再說，成熟的男人，也自有其魅力，所以說「伴大款」也不是光為了金錢才「伴」的。他們更會欣賞美。有才幹的男人喜歡「知己者」，有貌的女人自然也喜歡「悅己者」嘛！成功的男人不僅有資本去製造浪漫，女孩還能跟他們學到很多東西。就是吳王夫差這麼一個荒淫的國王，也有值得我欣賞、喜愛的地方，比如他的自信、他的君臨天下的氣度、他果斷的決策力，等等，更不要說他的呼風喚雨的能力了。他是我國家的仇敵，要不然，這樣的人，你能不崇拜？崇拜也是一種愛，是對女人更有殺傷力的愛。

沒辦法，人類有太多的弱點，人類在解放人性的同時，也在備受人性的煎熬。不能一律地說小老婆、二奶就不好、不對，歷史存在的東西，自有其存在的合理性。武則天、慈禧，還有那位民國年間的趙四小姐，都是從小老婆做到大老婆的。畢竟是男人為主導的社會。如果人類社會是以女人為主導的，也未必不會有小丈夫、二爺之類的事。

呵呵，隨便說說。

## 人的非常之活與非常之死

我也笑起來，就問她：能談談你少女時代嗎？比如，那時對愛情的理想、追求。

西施說：我是被作為一個政治事件的砝碼寫進歷史的，所以，我少女時代沒有記錄。但人人都可以想像到，我是個典型的民間女子，和其他民間女孩子一樣地生活著。不同的是，我是個美女，有許多男孩對我好，也有很多官爺、款爺打我主意，只是他們還沒來得及染指於我，我就被國家選走了。我少女的夢也沒做完全。

如果讓我做完全，會是什麼樣的少女之夢呢？我想，應該是與所有的少女一樣：開始肯定是希望遇到一位白馬王子，再後來就紅馬、黑馬都行了，一直到也不要馬了，也不要王子了，好一點的男人就行。再後來，就是「嫁雞隨雞、嫁狗隨狗、嫁根扁擔也抱著走」地認命了。平凡的女人都這樣的。看看先輩、周邊人都這樣生活，你也就心態很平衡。

你或許要問：我對我命運的變化，有沒有發現它不好的地方呢？也就是說，對沒做完的少女之夢，有沒有留戀、遺憾呢？

對這個問題，你可以問問現在任何一個從農村走出來的白領女孩，更不要說是名人、明星了。她們在十多歲時的少女之夢，有幾個做完的？她們上高中時，就開始修正這個夢了，變成了上大學、到城市去，等等，這叫隨環境變化而變化。只是我這種變化，太大了，但道理是一樣的。

歷史上很多人說「紅顏薄命」，就是說，美麗，往往是一個人的禍根。曹雪芹在小說《紅樓夢》中借林黛玉之口吟出的〈西施〉：

一代傾城逐浪花，

吳宮空自憶兒家。
效顰莫笑東村女，
頭白溪邊尚浣紗。

那意思是說：東施雖醜，但老來還可以在水邊浣紗，而美麗的西施呢？已經不知所終了。言下之間，美麗的姿色，也給我帶來了禍患。

其實，曹老先生這種觀點是錯誤的。

關於人生的意義，是個哲學問題。我不是哲學家。但我以為，人生在世，輝煌是一種活法，平淡也是一種活法，本沒有高尚低賤之分。那些想讓你和他一道幹大事的人，為了號召別人跟他去冒險，故意提倡輝煌的活法；而那些幹不了大事業，怕別人說自己碌碌無為的人，就故意提倡一種平淡的活法。曹雪芹功名無望，所以說是後一種人。其實，東施也未必就能到老還浣紗溪邊，因為她很可能在水災之年餓死；也可能因為一直找不到婆家，變態了；還有可能積勞成疾，躺在病床上了。當然，我這不是咒她。我只是想說，我這種活法，有我的悲劇發生，其實，任何一種活法，都可能有悲劇發生。我們不能拿一種活法中不好的特例跟另一種活法裡好的特例來比較。

再退一萬步說，人生也不能用壽命來斷其優劣啊。還要看她活的品質。傳說神仙下一盤棋，是人間的一百年，那神仙活一百萬歲，才能相當人們的幾十歲，是不是啊。

只有非正常死亡，或者叫死於非命，才叫不好。但也不全對。因為對什麼叫「死於非命」，各人的理解是不同的。總之，活得要有意義，死得也要有意義。有非常之活法，就可能有非常之死法。人生就像旅途，看你選什麼樣的項目和路線。

我不禁讚歎道：西施姑娘真是個哲學家！說得非常對！

西施連忙說：哪裡談得上哲學家。畢竟，我從兩千五百前看下來，看得多了，也就看得清了。

## 三千年，人性在倒退

我於是跟著問道：你覺得我們這兩千多年，人性有什麼變化嗎？特別是男女之愛方面的。

西施說：倒退！中國到十九世紀為止，都是倒退，一代不如一代。

中國三千年文明，從根本上看，社會性的東西，都是倒退。因為文化倒退，所以，制度、道德觀都在倒退。我們那時是自由戀愛，有權有錢的人，是可以把女人當玩物。但貴族與貴族之間、平民與平民之間，男女戀愛是平等、自由的。你聽聽我們那些〈採蓮曲〉就知道了。

（西施就情不自禁地唱那首著名的〈越人歌〉來：）

今夕何夕兮，

搴洲中流。
今日何日兮，
得與王子同舟。
蒙羞被好兮，
不訾詬恥。
心幾煩而不絕兮，
得知王子。
山有木兮木有枝，
心悅君兮君不知！

（歌聲婉轉動聽極了！）

秦漢以前都是這樣，〈國風〉裡很多這樣的歌，可以做證。這裡的「王子」，就是白馬王子的意思。

可到了漢朝，就差了，搞了一套男尊女卑的東西來束縛我們，還造了一個低眉順首的孟光明星，做賢妻良母型的楷模。但那時，婚姻還是比較自由的，貞潔觀也不是很保守。

到了宋代以後，就不行了，女人完全被上了鐐銬，沒有一點戀愛、婚姻的自由，別說性保守，死了丈夫，再嫁都難。一個女人的手，甚至都不可以被除丈夫之外的人碰，沒過門死了未婚夫，也要守一輩子寡。真是吃人的禮教！

宋朝不僅國家弱，觀念也保守。大概就是在被動挨打裡，才產生了那種病態的理學文化吧。反正我也不是搞文化研究的，說一點，想供你們參考吧。

明朝以後，自然是越演越烈。

## 爲什麼安排范蠡做我的最終歸宿

我被西施那種沒有框框套套、十分活躍的思想所傾倒。於是問她：你能談談你的結局嗎？這是後人最關心的。現在這方面的傳說很多，比如說你和范大夫最後泛舟太湖，還有說他做大生意，是中國商人的祖師爺。這麼說，你離開了宮廷，到了民間仍然是闊太太啊。

西施燦然一笑道：我的後事，不是當時寫歷史的人所關心的，所以記載不詳。人們只能猜想。

作為正統服務於王朝的史官，根據他們的理論和經驗，我是應該被處死的，因為我是間諜，讓吳王亡了天下。所以，我的結局裡，有被勾踐「沉江而死」的說法。

但越國人不希望我死：這樣的救國英雄，而且是一個弱女子、如花似玉的美女，怎麼能就那樣死了呢？所以，他們就為我編故事。首先是為我選丈夫，女人最後的歸宿就是嫁個好老公嘛！選誰呢？最有權勢的，當然是越王勾踐，不過，大家覺得他這人人品有問題，如報仇之不擇手段，特別是最後殺功臣，逼死給他出計謀的文種大人，范大夫也嚇得辭職而去。選來選去，最後就選了范大夫了。他是「勾踐復國」這場大戲的主要人物之一，幾個正派男生中，他的地位僅次於越王，與文種並列。他是個讓後人羨慕不已的人，因為他的智慧，能看透世事，急流勇退，所以能善終，走了一條所謂「功成—名就—身退」的道路。所以，大家覺得我跟了他，一定是最幸福的。中國還有個「男才女貌」的婚戀觀，他是絕對的智慧，我是絕對的美麗，這樣才最般配。也是對范大夫這種能拋棄功名的人的一種獎賞吧。一舉兩得。

至於說范蠡後來經商，也有可能。因為那時還沒有佛教、道教這玩意兒，所以，他不會出家的。完全地務農，像陶淵明那樣躬耕隴畝，對他這貴族青年也不合適。再說，還有我在，人們總想讓我過好日子吧。那時，越國商業算是最發達的，自古以來及以後，吳越一帶都是商業活動很活躍的地方。所以，就讓他做了大商人。還有一個原因，商人的地位在中國歷史上一直不高，商人們就要選了一個才德都很了不起的人來做祖師爺。從邏輯上講，名利二字，除了名，就是利，官當不了，有本事的人就去經商，你們這個時代不正是這樣嘛。

范蠡的名聲很好，所以，以「信用」為核心的商業規則，傳說都是他定的。可惜，他沒有寫一篇像亞當．斯密那樣的《國富論》、或者像盧梭那樣的《契約論》來。後人也沒個有能耐的人借他之名寫一本出來，這是我們民族商業文化不發達的一個悲劇之源吧。要不然，兩千年前，在我們吳越一帶可就早進入了資本主義時代了。

## 愛情、情人以及性解放

聽到西施談到西方，我趁機提了最後一個問題：說說中西方在婚戀觀上差異形成的原因吧。

西施說：愛情，是發自人類天性的一種男女之情，婚姻是所有私有制形成後的一種組成家庭的制度。東西方本來沒有大的區別，至少在我們那個時代沒有。也同樣是男權社會，一夫多妻。國王都娶很多老婆，天經地義的。從理論上講，可能是要讓優秀品種得到更多的遺傳。這些有權有勢的人當然認為自己優秀了。那是個男人的時代，男尊女卑也都一樣。當然，也有例外，女人也可能掌權，但她們不是像其他當官的一步步爬上來的，而是靠與君王特別的關係，如母親、大老婆、女兒，等等。從古埃及，到中國春秋戰國、到歐洲希臘羅馬時代，都有這樣的人。但只是少數，特例，偶爾玩一下例外，也許是歷史故意跟人們開開玩笑。

婚姻制度，中西方總體上沒什麼大差別。但婚戀觀，中國後來與西方的差異很大。對女人人身限制得特別厲害，基本上沒有「愛」的權力，更談不上「嫁」的權力。這種婚戀觀實際上是一種貞潔觀，就是女人必須為一個男人奉獻「性」。另一個特點是，不承認性愛是美好的，這一點，對男人限制也很厲害。男人可以娶很多老婆，還有丫頭，還可以嫖娼，甚至官府裡還可以養官妓。但反對正常的愛戀。

我不知道這是什麼原因。可能與中國三大宗教有關。佛教是禁慾禁色的，就不說了。道家從養生角度出發，反對淫慾。但「淫」是過度的意思，不能否定正常的，更不應該否定發之於情的男女之愛吧。他們是自相矛盾。歪心思的道士就想出採陰補陽的歪理邪說，來為那些有錢人玩女人提供理論根據。儒家也是這樣，克己復禮，包括在這方面的克制。先是說「發乎情，止於禮」，後來連「發」也不給發了。可能是他們的祖師爺孔子沒說清楚。整個一本《論語》上，除了一句「惟女子與小人為難養也」之外，沒說到女人。這老先生好像與女人有什麼過節，要不就是變態。因為他除了這一句，也再沒罵過女人，就是說，好話壞話都沒說過。怪不怪？為什麼？他也結婚生子的呀。還有，他要娶兒媳婦啊，還有他的學生，也有母親、姊妹、老婆啊，為什麼都沒有？儒家提倡的「三綱五常」，就有夫婦一項。這方面，應該有個什麼「禮」，但他也沒具體的說。他喜歡音樂，又修改刪定《詩經》，那裡有好多情歌，這麼智慧的人，心靈就沒被打動過？這老先生肯定有問題。當然，作為他，不說可以；可是作為被後世奉為國教的儒學祖師爺不說，後人怎麼辦呢？怎麼「為生民立命」、「為往聖繼絕學」呀？結果可想而知：程朱那一夥人，就擅自做主，定了很多規矩。要「滅人欲，存天理」！他們不知道，男歡女愛，不僅是人欲，更是天理！孟子說過：食色性也，飲食男女，聖人不禁啊。真是很奇怪。很奇怪的東西、充滿矛盾的東西，被拿來當道德標準，進而又當了法規禁律，結果可想而知，可想而知啊！你以後有機會採訪孔子時，一定要問問他這件事，不要和他光談哲學。

前面說，我的結局是嫁給商人范蠡，可能也有這原因。因為後來的那些腐儒們認為「好女不事二夫」，我因為是為了國家的事，就是他們所謂的「忠君愛國」的大義，因此，他們不好罵我「失貞」，但決不能讓我再嫁給一個社會主流職業的人了。商人嘛，就不一樣了，那麼多後來的風塵女子，走得都是「老大嫁作商人婦」的路嘛！

再說說情人這事吧。情人，就是婚外的情愛對象，這是我們這個民族最不容許的。歐洲中世紀後流行過幾百年，有的國家和地區，還有法律規定，女孩在結婚三年後或生了孩子後，可以有情人，而且是公開的。你看伏爾泰就能安心地住在情人家寫書，她丈夫對他也很好。這很有意思。這種現象，就是開放，感情的開放，它可能是出於對「父母之命」、「門當戶對」婚姻制度缺陷的一種補償，因此，也是很人性的。我們是不允許，但不允許有什麼用呢？有情人會暗渡陳倉。

最後，按你的要求，我簡單地說一下性開放。事實上，在漢代以前，性開放程度是很高的。貴族、平民都是。性開放，也叫性自由，應該理解為「不為一個不愛的人，死守什麼貞潔，而雙方只要相愛，就可以做愛」，這才是性開放的真義。但後來的種種教義、制度，限制了這一點，人們觀念也逐步倒退、保守起來。隨著文明的進步，後來在歐美，特別是美國，又提倡性自由，因此叫「性解放」。但我們現在的中國，問題很大，很多人理解的性解放，實際上不是這回事，不是「雙方相愛就可以做愛」的真義，而是「摒除貞潔觀，為了功利而進行性交」，實質是一種性交易。這不是進步，而是倒退！

所以，有我在，中國不可能有第二個完美的美女了。美，就應該像我這樣。但，誰又能夠像我這樣呢?!

訪談結束了，我懷著輕鬆的心情，與西施道別。我為我們民族有這樣的美女而自豪！

回來的路上，我耳邊一直迴蕩著西施的歌聲，餘音嫋嫋。

# 3

# 魯班

魯班（約前五〇七～前四四四），姓公輸，名般，魯國人，大約出生於一個世代工匠的家庭。曾發明了曲尺、墨斗、鑽子、鑿子、鏟子、石磨、鎖、機動木馬車、木鳥、雲梯、鉤強等木工、農業生產工具、簡單機械和兵器。歷史上關於魯班的記載和傳說很多，他一直被建築工匠尊為祖師。許多地方都建有魯班祠廟，現存最著名的是濟南市千佛山上的魯班祠。

本篇我們將借魯班之口，談中國科學不發達的原因。

【魯班訪談錄】

# 中國到底有沒有科學和科學精神？

●採訪人物：魯班
●採訪地點：魯班廟
●採訪時間：二〇〇一年五月一日（國際勞動節）

## 找魯班眞的好辛苦

找魯班，眞的好辛苦！

中國歷史上有那麼多被神化了的人物，但科學界卻很少——醫學除外。雖然今天我們把張衡、蔡倫、祖沖之等列為大科學家，然而，古人似乎並沒買他們的帳。

所謂買帳，按中國的標準和習俗，至少有三條表現：一是在學術界把他們的著作當作「經子史集」中的一項予以重視，有不少人去研究、注解，甚至有人「做」很多文章塞進去；二是有一批信徒，按他們的生活方式去追求理想人生；三是要有祠廟，即不僅墳墓修得非常漂亮，全國還要有多處廟宇，比如智聖諸葛亮、武聖關羽等，都是這樣的人，孔子就不必說了。

然而，在科學界，中國沒有這樣的被尊之為「神」或「聖」的人。

萬般無奈情況下，我找到了魯班。

因為魯班，民間有很多神話傳說。

記憶最深刻的是小時候聽過「橋上印跡」的傳說故事。說的是魯班造好了趙州橋後（當然，正史中記載趙州橋是隋代李春設計建造的，但這是傳說嘛），八仙之一的張果老為了考驗這橋的牢固程度，就倒騎毛驢走到橋邊問魯班：「你這橋牢嗎？我這毛驢能安全走過去而不垮嗎？」魯班當然是不屑地看看他那瘦削的毛驢說：「拉著上萬斤石頭的大馬車都沒事，這有什麼問題！」張果老冷笑笑，就下來，把一隻還開著口的布袋放在毛驢背上，然後就牽著毛驢慢慢走上了橋。這時，只見毛驢艱難地移著步，每腳下去，都在橋上深深地印上一個腳印，橋也開始搖動起來。毛驢走到三分之一的地方時，這橋身搖晃得簡直有些承不住了。魯班事感蹊蹺，仔細一看，不禁大叫一聲「不好！」——原來那布袋裡竟裝著五座大山！他趕忙跳下水去，用雙手將橋梁托起，才讓毛驢走了過去。魯班從水中走上來，張果老回頭向他笑笑。從此，這橋面上就留下了一行深深的毛驢足印、橋梁下則留下一雙大大的手掌印！

可見，魯班在老百姓心中，就是一個神！

關於魯班，這樣的傳說還有很多，但正史、信史中，記載卻太少。不像諸葛亮他們，平生事蹟都載之史籍，甚至有些正史中，也還有很多傳說的成分，寫得神乎其神。司馬遷思想夠開放的了，連俠客、商人、隱士，他都給他們寫列傳，可就是沒給搞工程技術和科學發明的人寫。可見按舊標準，魯班們這些被我們今天尊為科學家的古人，是沒能「留取丹心照汗青」的。

史料上如果沒記載的人物，我是不能進行訪談的，因為那屬於神話傳說或小說虛構人物，歷史上有沒有，不能確定。找到史料，才能確認他是歷史人物，才符合我這次搞訪談的標準。好在中國史料豐富，雖然被稱為《二十四史》之首的《史記》沒為魯班寫傳，但我也還是在其他史籍中找到了一些零星的文字。

首先是《禮記》上有。根據國學「五經皆史」的說法，《禮記》算是「信史」了，而且比《史記》更具權威性。《禮記．檀弓》裡說：「季康子之母死，公輸若方小。斂，般請以機封，將以之。公肩假曰：『不可！夫魯有初，公室視豐碑，三家視桓楹。般！爾以人之母嘗巧，則豈不得以！其母以嘗巧乎，則病者乎，噫！』弗果從。」就是說，依照傳統習慣，季康子之母應當按照「三家視桓楹」的規格入殮。所謂「視桓楹」，就是在下葬時要用人力拉住繫在棺槨四角的四根繩子，還要用人背著兩個大如楹柱的木牌，擊鼓為節，一齊動作，慢慢地將棺槨埋葬到坑裡去。魯班對於這種艱苦的勞動深有感受，因而建議實行機械下葬。他發明的下葬機械，能「轉動機關，窆而下棺」——這句話是《禮記．檀弓》孔穎達疏裡說的——用今天的眼光看，這就是一種代替人力將棺槨放到坑中的工程起重機械了！另外，《物原．器物》說：「般作鉋、鑽、槳括。」說明很多木工工具也是魯班發明的；又說：「作礱、磨、碾子。」這些則是糧食加工工具。清代陳元龍著《格致鏡原》引《古史考》說：「公輸般作鏟。」這也是農業工具。

最著名的是《墨子》裡面的兩項記錄，其一是關於魯班發明飛行器。《墨子・魯問》說：「公輸子削竹木以為鵲，成而飛之，三日不下，公輸子自以為至巧。」就是說魯班運用機械原理，製造了一隻飛行器，當時叫「飛鵲」，後人稱之為「飛鳶」、「木鳶」。應該說這種用木料製成的飛行器，是人類征服空間世界的最早試驗之一，它是後世滑翔機的雛形。後來很多書多記載此事，並為之津津樂道，如《論衡》、《列子》、《淮南子》、《韓非子》、《文選》、《初學記》、《太平御覽》等都曾引述。其二是發明、製作了許多軍事武器、器械。《墨子・公輸》裡記載是：「公輸盤為楚造雲梯之械，將以攻宋。」說楚國國王特地把魯班從魯國請去，幫助楚國製造軍事裝備，其中鉤強和雲梯在當時影響最大。

關於魯班發明、製造運輸工具，也有記載，那就是漢代王充寫的《論衡》裡關於木車馬。《論衡・儒增》說：「猶世傳言曰：『魯般巧，亡其母也。』言巧工為母作木車馬，木人御者，機關備具，載母其上，一驅不還，遂失其母。」這大概是世界上最早的機動車。這個記載雖有失實之處，但在當時確是了不起的發明創造。我想，《三國演義》裡說諸葛亮造木牛流馬，說不定就是由此衍生的，或者說是諸葛亮受到魯班的啟示。

關於魯班參與土木建築工程的發明、設計，零星的記載還有不少，我這裡就不一一引述了。

總之，把魯班稱為偉大的建築工程師、機械工程師和發明家，應該是名副其實了吧！《抱朴子內篇·辨問》就稱讚他是「機械之聖」。

那魯班有廟嗎？

有，好歹他家鄉有一個。還有，別處雖然沒有專門的魯班廟，但很多地方都有他的偶像，也可以湊合著算了。

魯班有著作嗎？他好像是沒有什麼流傳後世的書。最近人們找到的一本《公輸子》，好像是明朝民間才有的版本，宋以前則沒有任何官方的版本，《漢書·藝文志》中列了那麼多書，也沒有這本書的存目，可見絕對是偽書。偽書倒不是大問題，大問題是他可能根本就沒寫過書。不像《管子》這些書，我想，《管子》即便是偽書，但管仲肯定還是寫過文章，有言論記載的。

但是，我還是堅信他寫過書的。春秋戰國時期，著書立說已成時尚，魯班怎麼會不寫呢？只能說沒傳下來吧。中國把技術作為「末節」，官方不重視，私人當吃飯的工具，私傳子孫或弟子。魯班弟子中很多人文化不高，可能就失傳了。我們姑且就把這事擱下吧。

## 從張衡看中國科學家的遭遇

魯班見到我後，第一句話卻說：張衡似乎更偉大、更有代表性。你為什麼不選他呢？

我歎口氣道：是啊，他是個真正的科學家！說真話，我倒是更想去找張衡，他有史、有書。但是，他沒有傳說。沒人神話他！歷史上一般把他認做文學家。其實，中國文學那麼發達，哪在乎他那一篇〈二京賦〉？至少，〈二京賦〉是比不上司馬相如的〈上林賦〉，連左思的〈三都賦〉恐怕還不及。但它偏偏流傳下來了。而他的地動儀、渾天儀這樣好的儀器，卻失傳了。

最讓我難過的是我去張衡故鄉，就是今天河南省的南陽。在古代，南陽真是個人傑地靈的地方，出了智聖諸葛亮、醫聖張仲景，張衡也因此被當地人稱為科聖。只是「科聖」這一名稱，與其他幾個「聖」不一樣，我在古書上是從來沒見到過的。也許是現代人好事，但也說明科學地位在當代才被確立。

在南陽的很多名人墓中，人們對三大「聖」的墓做了個對比，發人深思：武侯墓——即諸葛亮的墳——修得最好，各代碑文紀念也最多；張仲景則要差得多，但也算過得去，還是有紀念堂、有一些碑文的；而張衡的墓就是一堆荒土、一塊碑。原因就是諸葛亮一生建功立業，光耀史冊，官職也是位極人臣；而張仲景僅僅是一個醫生，但生命畢竟還是很寶貴的，所以，他也不算太差；而張衡就沒什麼可說的了，既沒有什麼彪炳千秋的功業，也沒當過特大的官，文章雖然寫得不錯，但究竟算不了偉大的文學家，所以，能有塊碑就不錯了。他曾經當過尚書和河間相等職，所以，他的墓又叫「尚書墓」，可見還是因為他好歹也算個官，好歹〈二京賦〉在文學史上還有點地位。對他的發明，後人只說他「聰明」，沒人說他「偉大」過，這些記載，無非就是為了說明他很聰明，有「巧制」而已，如同說諸葛亮會做什麼「木牛流馬」一樣。

其實，當時的史書上對他的評價還是很高的。《後漢書》上說他：「天資睿哲，敏而好學，如川之逝，不捨晝夜。道德漫流，文章雲浮，數術窮天地，製作侔造化，奇技偉藝，磊落煥炳。」「不患位之不尊，而患德之不崇；不恥祿之不夥，而恥智之不博。」這樣的人，不說我們現在可以把他評價為「偉大的科學家、文學家、發明家和政治家」，就是在當時，也可以算是個大「聖賢」啊。可惜後來，在儒學思想統治下，就再也沒人認這個帳。

倒是西方人很重視他，二十世紀五〇年代被列為世界文化名人，一九七〇年、一九七七年國際天文學聯合會分別命名月球上的一座環形山為「張衡山」、太陽系中一顆編號為一八〇二的小行星為「張衡星」。他絕對是世界科技史上一座巍巍豐碑！

這就是中國歷史上科學家的遭遇。儒家不是信奉人生要「三不朽」嗎？什麼「太上立德，其次立功，其次立言」啦。你們的發明創造，也是造福於天下，難道不是大功、大德？

魯班搖搖頭說：儒家對什麼是「功」、什麼是「德」、什麼是「言」有特別的解釋啊。他們認為能讓國強民安才叫功，也就是說，要當官，才能建功立業。至少，造一點器具，搞點發明，不是「大功」，只能叫小功。所以，能救死扶傷的醫家，多少還有點歷史地位。這些造器具的人，哪裡有地位可言呢？

好在我是春秋戰國時代的人，要不然，也沒這地位。

但我現在這地位，也僅限民間，所謂「正史」，是仍然沒有地位的。司馬遷那麼有開放思想的人，《史記》裡也沒為我立傳。

我們那時，時代的認知水準還是很不錯的。比如墨家就提倡搞發明創造，造福百姓的。但中國後來的兩千多年裡，主要是受儒家思想統治，其次是道家和法家思想。在我那個時代，儒墨兩家是對頭，儒家把搞發明創造斥為「淫巧末技」、「士大夫恥之」、「君子所不為也」。道家認為人類一切爭端皆來自智慧，每一個發明創造都是引起不安寧的一個因素，因此，他們主張要「絕聖棄智」；法家則只講要鞏固帝王統治地位，讓天下人都為君主賣命，而這個賣命主要是指「老老實實幹活」或「在戰場上拚命」。所以，在中國，搞科學技術的人，基本上是沒有地位的。

再說，我們之所以還能生存，主要是因為老百姓為了減輕勞動強度，總希望有一些技術。因此，依你們現在的說法，我們那些發明創造，也還都只能叫「技術」，不能叫科學，因為沒有完整的科學體系。所以呢，稱我為「科學家」，也還是有點名不副實的。

## 李約瑟難題的提出

這就是中國特有的現象。現在有個著名的「李約瑟難題」，就是中國何以古代有發達的技術，卻沒有昌盛的科學。

其實，科學不發達，技術最終也發達不到什麼高的程度，所以，回答這個問題並不是很難。可以從哲學上、制度上、思維上和環境上等幾個方面來剖析。

一是關於人生意義上，有一個大的偏向，追求所謂的「三不朽」，不注重器物的發明創造和原理研究。

二是政治上，制度有缺陷，主要是私有制不完善。

三是在信仰上，尚古，給人的創造力上了鐐銬。

四是思維方式和推演方式，反推、類比、概念不清。

五是環境的影響也不可忽略，從建築上可以看出來。

這每一個問題，都可以寫一本甚至幾本書來闡述的。我們時間有限，只給你大略地說說吧。

## 中國科技不發達的第一個原因：哲學關注偏向

中國科技不發達的第一個原因，也可稱為最根本的原因：哲學關注偏向。

中國人智慧成熟得很早，他們不過多地像希臘人一樣糾纏於靈魂肉體問題，而已經認識到了「人是有一種精神的」。也就是說，世界上唯有人是有「心」的，因此，人的「心」，也就是宇宙的「心」。但作為個體的人心，是各不相同的，其發揮的作用自然不同。人有生、有死，每個人只能活一世，那麼，應該追求什麼？就是這「一世」的意義。這意義如果足夠大，就是「不朽」。什麼叫足夠大呢？標準是對世界產生的影響。他們把這種影響分為三個層次，第一是影響後世的思想，其次是影響歷史的進程，最後是影響歷史記錄。這就是所謂的「三不朽」。改變生活是不能算改變歷史的。如果他們到了月球上，斷然不會說什麼「一小步、一大步」之類的話來，他們會認為這沒什麼意義。他們見到月亮時，只會說說「嫦娥應悔偷靈藥、碧海青天夜夜心！」

為此，大智慧的人，就不屑於去研究物理性的東西。道家要絕聖棄智，就是說，你聰明地發明那些東西，只能讓人心負累更重、人世爭端更多；儒家說，人要為國家、為百姓建功立業，其他都是淫巧末技，不是君子所為；法家說成功的人，就是有維護君主權力、能富國強兵的本領——但怎麼富國強兵呢？他們不是說要發展科技，而是講「法」與「術」——與科技擦肩而過了。其他如墨家，倒是提倡物器的發明，但在遭到儒家痛斥後，便不為讀書人所理會。

## 中國科技不發達的第二個原因：沒有眞正的私有制

中國科技不發達的第二個原因，也可稱為最直接的原因：沒有真正的私有制。

那種把中國科學不發達歸之於科舉制，進而歸之於政治體制，並沒有觸及到問題的實質。不錯，朝廷選材，以德為主、德才兼備，到了隋唐以後，更是以科舉為主要途徑。但科舉中，為什麼不設立一個與科學有關的科目呢？唐朝科舉，科目達三十多種，按理說，與國家、朝廷乃至皇帝本身相關的至少有醫學、建築、水利、曆法等，隨之又可以擴大到天文、地理、算術、幾何、機械、化學等。但結果卻不是這樣。因為中國的科舉，是選「官」，並不是選人才，即便是號稱儲備人才的「翰林院」，也只是儲備「後備官」的地方。

那麼，養士呢？比如戰國時有名的四大公子，門下可謂「賓客三千」，「雞鳴狗盜之徒」雲集；漢初的一些諸侯，也是喜歡養士的，什麼淮南王、梁王等，門下聚集的人才也是各色各樣的。但他們聚集人才是為了什麼呢？兩個目的：當官和快活。沒有說要專門搞發明創造的，或是為了發展生產的。

所以，你看中國的一些發明，很少是為了發展生產。因研究曆法，中國有了算術和天文，但那是皇帝需要紀年，需要一些星相知識；因為統治者需要人歌功頌德、需要娛樂，所以才有文學藝術；因為他們要建宮殿、要修皇陵，所以才有了一些建築學；最可笑的是他們有人因為想長生不老，要煉丹，所以才有了化學。

這才是「官本位」的核心實質所在。

但如果為了發展生產，則情形就大不相同了。為什麼我魯班在民間吃得開，原因是我的技術能為他們謀生，為他們取得較好的經濟效益。

但中國沒有真正意義上的私有制。私有財產得不到保護。自從有了「打江山」這一說，誰打下了江山、做了皇帝，天下一切就是誰的了，不說財產，連小命都是，這就叫「普天之下，莫非王土；率土之濱，莫非王臣」。老百姓都叫子民，你的財產，隨時可以沒收充公的。

既然如此，誰還注重發展生產？只要當了大官，封了公侯，還怕沒財產？反之，即便富如孫通、沈萬三，皇帝一聲令下，你那財產不照樣在頃刻間化為烏有！

這就是「官本位」的後果。

所以，說到政治，與其歸之於科舉制，不如歸之於經濟制度。沒有私有制，才是科學不發展的直接原因。

但直接原因還不是根本原因。何以中國是「官本位」呢？真正的原因是剛才所說的「三不朽」的世界觀、人生觀、價值觀！

因此，「官本位」說穿了，還是個文化的原因，那就是我們的入世文化觀，或者叫價值觀，是「三不朽」，前面我們已經說過了。

## 中國科技不發達的第三個原因：尚古

中國科技不發達的第三個原因，也可以稱為信仰上的原因：尚古。

中國人尚古，不知道是從什麼時候開始的。追根求源，可能是「祖宗崇拜」。但用於學術思想上，我想，此風大約盛行於戰國及漢初——因為漢初也是大有戰國之風的。戰國最不好的事，就是策士的活動。他們為了博取功名，到處遊說。策士們為了使自己的立論有依據，就抬出古代名人做大旗。這種「拉虎皮做大旗」的招數，三十六計上又叫「借屍還魂」。此風最為儒家所大力提倡，是後世一直以為然的主要原因。「越古越偉大」已經成為中國人的思維定勢。在漢朝時，好多書，都託名古人的，最古的當然是黃帝，其他如姜太公、周公。因為說是他們的書、他們講的話，就一定是真理。好像最古的人已經把真理認識透了，後人只有繼承的份。這顯然是與科學的探索精神背道而馳。

尚古思想，流毒太廣，連你們今天被譽為「武俠小說」大師的金庸，也未脫此窠臼。你看他的小說裡，越老的人武功越深，師傅都勝過徒弟，秘笈也是越古越厲害。

在中國儒學思想統治時期，就像西方中世紀一樣，不允許你懷疑聖賢的話，只有理解、領悟的份。所以，不說科學，就是技術發明，到這個份上，也必然會路越走越窄的！因此，中國學術上最流行、最信奉的一句話叫「為往聖繼絕學」。做學問，就是繼承、解釋前人的學說，不能有創新，否則就是異端邪說。祖沖之要改進曆法，就遇到這樣巨大的阻力。

在漢代還要好一點，唐朝也思想解放些，但在宋以後就不行了，明清發展到極至。這種「尚古」的結果，當然是使科技不能進步。

## 中國科技不發達的第四個原因：邏輯方法錯誤

中國科技不發達的第四個原因，也可以稱為思維方式上的原因：邏輯方法錯誤。

思維方式，用你們現在的話來說，就是邏輯方式。這分三點，一是推論方向；二是演繹方法；三是概念定義。

推論方向上，中國人是反推，即認定一個道理，再去找證據，然後推理，證明他這個道理是正確的；西方人反之，是先定一個前提，然後層層推演，得出一些道理。本來，這兩種推理本身並沒有錯，但問題是：「反推」為的是要證明他這個道理，這個道理一旦被證明了，推理的使命也就結束了；「順推」則不然，他得出結論後，會歸納出一個定律、公理來，為的是再進一步推理之用。就像爬山一樣：中國人爬這座山，僅僅出於去山頂的目的，他一路也會開路、建梯，但他上去了，使命也就結束了，後人再要爬，只得自己再開路；西方人爬山，是沒有目的，「爬」本身就是目的，每爬一定的高度，就會建一個平台，修好到這個平台的階梯，後面的人再爬，實際上只是繼續，因為前面一段，是不費創造之力的。這就是牛頓說的「站在巨人肩膀上」的道理。

為什麼會這樣呢？因為中國人要建功立業，爬山只是手段，不是目的；西方人將爬山本身當目的。

西方人做學問就是目的，是一種「活法」。研究社會科學的康德、黑格爾是這樣，研究自然科學的牛頓、達爾文更是這樣。而中國的學問家們就不是這樣了。即便有一個張衡這樣，成不了氣候。

沒有公理、定律，等於沒有科學體系，沒有讓後人有「肩膀」站，前人再偉大，後人也只有重新開始。就像建軍功一樣，前一次勝仗，對後一次沒有太大的意義。

「外國人重推演，中國人重悟性」之說，就是這個道理。雖然中國人也講推理，但推理之後，不歸納出一個定律出來，而只是為了一件具體的事物。推理而不歸納，後人還是要再推理。誰的悟性好，誰就能發現真理、規律，而其中，誰要是狡猾，誰就偷換概念，得出歪理。

第二點就是不用演繹方法。中國人推理，一般用類比，而不是演繹、歸納。因此，結論是很不可靠的。

你看諸子文章中，常用寓言，這在邏輯上，其實就是類比。但這種類比，在邏輯上是很不嚴密的。如果前提錯了，結論自然是錯的。比如「人性本善還是性本惡」，說性善者認為——孟子就是這麼說的——人看到可憐的事時，就會動惻隱之心，比如看到殺牛時，牛惕惕然全身發抖，你就會很可憐牠。這就是所謂「惻隱之心人皆有之」。由此，孟子就推論出人心本來是善的；但反對派認為，剛生下的嬰兒在吃奶時，會不自覺地把另一個嬰兒推開去，這說明人性本惡。這樣爭吵了兩千年，自然沒有結果。

在自然科學上，就更不能用類比了。類比只能為我們提出一個科學假設的命題，最後是要用演繹法來論證的。

光論證還不行，還要實證，這一點，中國也缺乏。缺乏實證既與中國邏輯只類比不演繹有關，同時，與尚古思想也有關。比如說，王安石變法失敗了，攻擊他的人，只說他不按「古」做，不聽聖人話，所以要失敗。這是多麼奇怪的結論。

第三個邏輯問題，就是概念不清。

概念就是標記，中國人不講概念，是因為他們急功近利，說清了概念，往往會自相矛盾。

那時諸子中的一個「子」，倒是提出了「名學」，想給所有的概念下定義。因為詭辯家最大的法寶就是偷換概念。白馬是馬、黑馬是馬，所以，白就是黑。真荒唐啊！孔子因為沒說清「仁」的概念，就讓後人有機可乘了。因為一說清，就對自己不利。他們原不是做學問的。朝廷沒要人做學問，只要人建功立業。他們說的一些理論，原是要去遊說掌權人給他官做的。他學問再好，學問本身不能讓他做官的。

孟子就是一個明證。他的學問好，國王請他做官。他用他的那套學問來說君王時，君王不理睬，於是，他就立即修改這套學問，所以，他的文章裡，充滿了偷換概念的「狡辯式」言論。

現在你們都知道，科學是一個完整的理論體系，建立這個體系，第一件事就是建立概念。要給每一個概念下一個十分準確的定義，絲毫不能含糊，否則，後面的推理和演繹就無法完成。

當然，中國人不搞演繹，所以，概念不清，也就沒人去管它了。

不說科學，就說儒學，學問做了兩千年，那些學問家們從來沒有統一個概念。所以，即便是反儒的人，也自稱是尊儒的。中國有句最常用的話，叫「看你怎麼理解。」科學理論上，概念是不存在「怎麼理解」的問題，因為它的定義非常準確。歐幾里德幾何學，一上來就定義什麼是「點」，什麼是「線」，什麼是「面」，然後，他的那些定理、公理，才能不會讓人產生歧義。這是西方思維的特點，你看亞里斯多德就是這麼做的。

中國最成體系的哲學著作要算《易經》了，《易經》把世界的事物定義了六十四個概念。但《易經》用的那些名詞、那些定義語，都玄奧難懂，也許是時代久遠、也許是故弄玄虛——畢竟是卜卦的書嘛。後人偏偏就信這個。中醫上所說的「五臟六腑」概念也有問題，「陰陽氣血」就更神秘。但好在它是一門實用的學問，講求實證。實證幫了中醫學的忙。中藥不都是叫「驗方」嗎？「驗」就是實證的意思。

最近楊振寧提出了中國《易經》思維模式，是限制中國人不能產生近代科學的原因。他說，我們知道王陽明「格竹子」，是要用人世間的「理」追求自然界的「理」，這樣當然格不出近代科學。近代科學一個特點就是要擺脫掉「天人合一」這個觀念，承認人世間有人世間的規律，有人世間複雜的現象，自然界有自然界的規律與自然界的複雜現象，這兩者是兩回事，不能把它合在一起。

其實，《易經》是好東西，總結了很多人間的道理。但《易經》有兩個問題，一是本身的，就是把自然、人類乃至於天地一切，就說成一樣的，「格物」就是這樣來的。這怎麼行？要有系統。另一個問題是後人加的，就是把它當成「經」，《易經》是中國所有學說都尊崇的，地位無比高。西方也有這樣的情勢，但後人還是敢於打破它，比如自由落體、比如地心說，一直到愛因斯坦打破牛頓力學。他們的進步，也只是到近代，文藝復興，人性的解放，才有了這種打破的精神。

中國人，一直沒打破《易經》，所以，講道理，《易經》成了最大的理論源泉。

還有一個問題，按說不能算它本身的問題，但卻常常算上，就是它用詞的簡約，絕大部分都是一個字，而且是讓後人不懂的字。本身它是做卜卦的，所以就有神秘性，加上古人文字也不豐富，它的簡約是理所當然的，但這給後人牽強附會帶來很大便利。

再就是它的迷信色彩。我們知道，迷信是科學的敵人，但這個敵人常常是鑽進本身的營壘裡的。

然而，中國也還是有少量這樣的公理、定律，最著名的是後人的「勾股定律」，告訴人們算三角形的邊長。但太少了。

其實，何止是「天人合一」，用人事比自然之事，就是人文科學，也是這樣的。我前面舉了這方面的例子。中國人文科學，也不能稱之為科學的。孔子、老子們，可以叫思想家，但不能叫哲學家。因為他們沒有什麼邏輯演繹的推理，沒有明確的概念。

## 中國科技不發達的第五個原因：地域影響

中國科技不發達的第五個原因，也可以稱為環境上的原因：地域影響。

你們現在有一個說法，就是中國文化受內陸地域影響。雖然很多人不予苟同，但我認為，這多少也可以算一個原因吧。科學不發達，有沒有這個因素？肯定有。

內陸文化，為什麼到了十五世紀以後，才造成中國的落後呢？因為在更古一點的時代，人們活動範圍有限，所以，它的影響呈現不出來。

我這裡只說說科學。我是以搞建築為主的，就以建築為例。從中國建築的特點完全能看出中國科學不能昌盛的一些原因。

建築是人最關心的事物之一。人最關心的就是吃、穿、住、行。建築無疑是所有學科中最富有建設性的。要成為一名建築師——準確地說，是建築設計師，除了懂得那些變化不定的風格和美學——反映一個時代的精神面貌的東西，掌握石頭、木材、水泥的物理特性，你必須瞭解人類的一切活動，最終，作為結果，提供這一切活動所需要的場所。建設住宅，你要研究人的衣食起居；建設官舍、商場，要研究政治、經濟和商業活動；建設寺廟，要研究宗教；建設學校、車站、醫院、監獄，要研究社會制度；建設影院、賭場、渡假村，要研究休閒娛樂行為和時尚……真的沒有其他人，能比建築師提供的建設性更為全面了。

但中國建築師，除了少量當大官的，基本上默默無聞。那些雄偉的工程，比如都江堰、萬里長城、大運河、十三陵，你知道是誰設計的嗎？它們應該有一個總設計師啊。但歷史不記載他們。我不知道那些主持者是怎麼想的。

在建築上，首先遇到的是材料問題。我們的建築材料，是以土木為主的，所以，我們的建築學又叫做「土木工程」，至今你們大學的建築專業還有叫這名的。原因就是中國建築材料就是「土」和「木」。因為我們是大一統的國家，地大物博，土、石、樹、木，取材方便。當年埃及也是這樣。西方則不然，他們缺乏材料，而要開發新材料，就要研究物理、化學。比如冶煉，你就要講冶煉術。中國的冶煉術也有發達的早期，但那是為了鍛劍、煉丹。建築材料還要考慮它的結構、造型。人家當年造艾菲爾鐵塔，既不是為了觀光，更不是為了建電視發射塔，而是為了證明他們製造的「鐵」材料，已經能建築多麼高的房屋了。你再到我們的故宮去看看，還有那麼多寺廟，都是土木結構。其讓人感歎的地方，無非是什麼「無梁柱」之類，說是建築，其實還是木工的擴展。

其次是在結構上，因為我們是土、木為主，結構就怎麼也複雜不起來。因此，在計算上，就沒有人家麻煩。由此，諸如幾何學、力學等學識，就不需要大的發展。比如比重或者叫密度，我們沒有進一步研究的必要。

大一統，也是一個原因。因為缺乏競爭。我們的國土特點，使我們的國家易於大一統，周邊「蠻夷小國」在器械上都不如我們，因此，我們沒有危機，也就沒有了競爭的動力。

## 歷史的假設

我感歎地說：不管怎樣，我認為，中國形成這些原因，也不是生來就有的，更不是哪一朝哪一代所突然產生的，它肯定有一個進程，在每一個關鍵的時刻，我們選擇了一個錯誤的發展方向，然後才成了這樣的結局。

魯班點頭道：是的。

史學界有句名言叫「歷史不容假設」。那是說科學研究歷史。但我們在探究中國為什麼沒有產生近代科學、民主的問題上，可以進行一些假設。現在有一些學者提出「歷史的轉捩點」這個說法，也就是說，在分叉點上，我們沒能往近代化、現代化的路子上拐。根據自然科學的研究法，我們先假設可以那麼拐，然後看看要什麼條件，最後再反觀我們為什麼不具備這樣的條件，這叫反推法，從而能更進一步地推導出中國文化的糟粕來。現在，我只談科學，不說民主問題。我來做幾個「歷史的假設」。

第一個假設：夏商周三代，特別是周朝，朝廷可以像採〈國風〉一樣，從民間採集新技術、新發明和新方法；又像設史官、卜官一樣設技術、學術研究的官職。給有發明創造、搞技術總結和推廣的人地位和財產。然後再學習神農、黃帝，去用力地推廣一些實用技術。這樣一來，就形成了良好的風氣和制度，並一代代地傳下去。按理說，這是完全可能的。文學藝術的東西可以，科學技術當然也可以啊。

第二個假設：漢朝時，「立」一個科學技術方面的博士官，有建築啊、兵器啊、算術啊、水利啊等等，這是完全可能的。這個方法建立後，後代就可以仿效，如到了隋唐以後，科舉也設科學技術方面的科目。還有就是翰林院，裡面設立搞科學技術方面的大學士，這就是科學院的雛形。當然，教材也就包含了算術、工程等方面的課本。什麼《九章算術》之類的書也就被尊為「經」，和「十三經」一類的書並列。

第三個假設：讓搞科技發明的人，有較高的社會地位。中國的漢、魏、晉、唐、宋、明、清，很多所謂學術大師，社會地位很高，他們主要是研究儒學，也有研究玄學、佛學、史學（當然也屬儒學範疇）、考據學的。如果國家制度、社會風尚也給搞自然科學研究的人這樣的地位，則就可以有一個科學技術的繁榮了！比如漢代搞文字訓詁、經書考證的人有地位，為什麼搞水利、工程的人沒地位呢？照著辦就行了嘛！

第四個假設：明朝的開國皇帝，像劉邦一樣，崇尚無為而治，大力發展民間經濟。那時，東南沿海商業活動已很活躍，織造、漿染等近代工業已經興起，航運特別是航海業也在起步，完全有可能發展資本主義。工商業發展起來了，技術就有用途了，士子們也不需要都擠到當官這一條路上了。

## 中國是擁有科學精神的

這麼說來，中國是不是就沒有科學精神了？

回答是肯定的——中國是擁有科學精神的！

科學精神有四條：一是能抽象找規律，二是推崇發明創造者；三是講證據，認真；四是專心研究，不為人事所煩擾，即所謂獻身精神。

中國的科學精神，主要表現在春秋前的思想主流裡，但後兩條，在後世也仍然具備。

那時的哲學家「仰觀宇宙之大、俯察品類之細」，一直在總結大自然的規律，畫八卦、演周易、繪河圖，就是在抽象思維。

黃帝時，因發明而被推崇為首領者，是對創造精神的推崇，如神農氏是搞農業產品和技術的、軒轅氏是搞運輸設備的、燧人氏是發明火的、有巢氏是搞房子建設的、后羿氏是製造兵器的，社會科學也有，主要是官方的，如倉頡研究發明文字等等，地位都很高。

認真做學問的精神，中國人最具備。那些做「經文」學問的古人在考據上，多麼認真！就是那些寫文章、寫詩的，也都是逐字逐字地推敲。

獻身精神就更不必說了。後來做學問的人，雖然不是搞自然科學，但精神還是一樣的。甘於淡泊、沉心其中、自得其樂，每有所得，則忘乎所以。

訪談結束了，我的心情很愉快。我想，一個人不怕生病，怕的是不知病源。只要找出病因，對症下藥，還有治不好的病嗎？！

現在的一些做學問的，或者痛斥我們傳統文化，或者一味地褒揚，其實，他們應該像魯班這樣認真分析。

# 4

# 孔子

孔子（前五五一～前四七九）名丘，字仲尼。中國古代偉大的思想家和教育家，儒家學派的創始人。後世一直尊其為「聖人」。

本篇我們將借孔子之口，談儒學的實質（包括儒家的道德標準，即「仁義禮智信」實質）、演變史以及對中國文化的巨大影響。

【孔子訪談錄】

# 中國五千年歷史，前半部由我改纂、後半部因我改變

●採訪人物：孔子
●採訪地點：曲阜孔廟
●採訪時間：二〇〇六年十二月二十五日（耶誕節）

## 從孔府、孔廟看到中西方歷史發展的交錯點

孔子是我最後一個訪談者。此前人物的訪談中，我對孔子學說、儒學思想已經有了一個基本的評定，我想在見到孔子後，就有關問題下一個定論。為了見到孔聖人的真面目，我來到了曲阜。

曲阜這個城市，既小，也不發達，從街道、建築上也絲毫看不出它的異樣之處。然而，由於兩千五百多年前，有一個非常之人，生於斯、長於斯，最後很可能也卒於斯，這裡不僅名聞遐邇，而且在很長的時間之內，它成了中國讀書人心中的一個聖地，無數官僚和書生懷著崇

敬、莊嚴之心，走進這座小城裡的「三孔」——孔廟、孔府、孔林，來拜謁他們心中的「至聖先師」。這個人就是孔子。孔子，姓孔名丘字仲尼，據說他代表「天」而把人應該如何處世的道理，全部講盡了，後世裡所有的學問，無非是對他所說的話的闡釋而已。

孔子當年住的房子已經蕩然無存，人們只是根據零星散落的歷史記載，做了一個仿製品。但他後代子孫的府第，卻保存得極其完好，那就是修建於明代的「孔府」。一個有意思的對比是：中國至今保存最好的皇宮也是修於明代的故宮，而孔府內的建築佈局和風格，無一不讓你聯想到故宮。比如它進門時同樣有座「金水橋」、比如它的主人也是集起居、會客、辦公於一體，等等，只是它的規模略小些，畢竟它是皇帝給建的，而不是它的主人自己建的。在這裡，中國歷史上的「政教合一」得到了最形象化的體現。

我是在孔廟裡見到孔子的。中國有很多孔廟，但曲阜孔廟無疑是最大的，這使人立即想到西方天主教中的梵蒂岡聖彼得教堂。孔子的思想統治了中國兩千多年，正如天主教神學思想統治西方一千多年，然而，不同的是，西方有了文藝復興，進而發展到啟蒙運動。聖彼得大教堂就是修建於文藝復興初期，建築風格和裡面的藝術作品都體現了人性的張揚，而正是在那個時候——也就是我們的明朝——孔廟得到大規模的修建，儒學完全變為儒教，在「政教合一」的統治下，中國進入最黑暗的時代。所以，孔廟裡的建築風格、藝術作品、家俱文物，無不顯露出封閉、保守、專制和對人性的壓抑。

中西方歷史發展之路就這樣交錯而過。

# 中國傳統文化≠國學≠儒學≠孔學≠孔子學說

見到孔子，無論如何，都有一種敬畏感油然而生。我畢恭畢敬遠遠地站著。孔子見狀，招呼道：你上前來！為什麼這樣啊？

我趨步向前說：西方有句名言，叫「說不盡的莎士比亞」。中國說不盡的人有很多，但最說不盡的人，應該是您孔子啊！

孔子展顏：你想問什麼、說什麼，就儘管問、儘管說。當年我和我的弟子，都是融洽相處的。

我說我見你的第一個目的是，我要求證一個公式——

中國傳統文化≠國學≠儒學≠孔學≠孔子學說

孔子毫不猶豫地說：這個問題我可以立即回答你——公式完全正確！——但我以為，你提這個問題決非這麼簡單。那麼，這個公式背後所隱含的道理是什麼呢？

我說：你真不愧為一個聖人，一眼洞穿了問題的實質。

本來，你個人的一些見解，已成一家之說，這就是「孔子學說」；後來，你的弟子、你的追隨者，以及要利用你的思想的人，對你的思想學說進行闡述，進而形成了「孔學」。孔學相對於你本人的學說，有更深入、更廣泛的地方，但卻也有了篡改、歧義之處，因為他們各人的目的不同。再後來，以孔學為核心，再綜合其他與之有關的思想，就形成了「儒學」。儒學在戰國時，分為八大派別，可見儒學與孔學、以及孔子學說之間的差距。但在諸子百家裡，你僅是一「家」；在春秋戰國至漢初的三教九流裡，儒學也僅是一「教」或一「流」。這些「家」、這些「流」合起來，才是中國學問的全部，才可以稱為「國學」。而國學，也僅僅指學問、學術研究方面的，比如我們古人常說的「經子史集」四大部分，它並不包括政治、經濟、軍事、民俗、衣食、宗教等等文化的全部內容。所以，中國文化博大精深，國學只是中國文化中關於學問、學術方面的內容；儒學只是國學的一個部分；孔學只能算是儒學的一個源頭；你的學說只能算是孔學的核心內容或經典內容。——這就是我那個公式的表面意義。所以，這個公式也可以改為：

中國傳統文化＞國學＞儒學＞孔學＞孔子學說

我這樣說，你肯定贊成。而且我相信，很多人也贊成。

孔子點點頭。

可贊成是一回事，如何理解、以及事實上已經那樣理解是另一回事。一個事實是：現在的國學大師，研究儒學的占一半以上。另一個事實是，「孔子」這個詞，已經成為中國傳統文化的象徵。

孔子笑笑說：用「孔子」做中國傳統文化的象徵，不應該成為一個問題。因為只是一個象徵嘛，更何況，無論如何，我是中國古代最偉大的教育家。但「國學大師」中，以儒學為主，確實令人擔憂。這可能是因為中國從漢武帝開始「獨尊儒術」，儒家思想一直占主導地位的原因。

我說：所以由之而來的另一個問題是：中國文化復興，是不是就是儒學的復興！——這才是我們值得憂慮的大問題！

## 中國文化的復興恰恰是應該衝破儒學思想的統治

我以為，中國長期受儒家思想統治，如果說復興中國文化就是復興儒家文化，那這種「復興」的說法就不成立。從另一個角度看，中國從近代史開始，一直到現在，關鍵問題何在？問題的顯露點是民不富、國不強。深層次原因是什麼？是民主制度不健全、科學技術不發達。而中國兩千多年的封建社會裡，所以形成民主制度不健全、科學技術不發達，就是因為受儒家思想統治。儒家文化不具備發展民主與科學的土壤。如果儒家之前的文化裡有這種精神，我們應該把它找出來，發揚光大。這種「把儒家思想統治以前具有民主與科學的精神文化找出來並發揚光大」的事，就是文化復興。

西方當年文化復興就是這麼做的。

西方中世紀，受神學思想統治，壓制了人性，使民主和科學得不到發展。他們看到，古希臘、羅馬時代的文化，卻充滿了人性解放、民主與科學精神，於是，他們開展了一場轟轟烈烈的文化復興運動。當時，他們的文化復興叫「文藝復興」，因為他們是從文藝開始的，但丁的詩、薄伽丘的小說、莎士比亞的戲劇、達芬奇的畫、米開朗基羅的雕像，都是文藝作品。他們從文藝作品上，衝破神學思想統治，從以神為中心，發展到以人為中心。不過，他們的這種文藝復興並不徹底，原因可能還是停留在「文藝」上。所以，以後又來了一場「啟蒙運動」，主要是從思想上，掃蕩神學、封建思想。這樣就徹底了。充滿民主、張揚人性、宣導科學的思想，終於占了統治地位。從此歐洲物質文明和精神文明都走向一個繁榮昌盛的時代。

復興中國文化，當前也就是要解決「民主」與「科學」這兩個問題。我們要復興的是中國文化裡所具有的民主精神與科學精神，就是要衝破儒家文化的思想統治。只有這樣，才叫文化復興。

## 儒學形成的邏輯脈絡——壓制民主與科學的本質所在

孔子於是問我儒家文化壓制民主與科學的地方表現在哪裡？

我說：現在有很多批判儒學的學者，但他們很多人沒有看到儒學的實質。他們發現了一些現象而沒有透過這些現象看到它的本質。這本質才是產生這些現象的根源。所以，他們的批判，往往不甚得力，很容易被擁護儒學的人所駁斥。比如，儒學學者問你：「積極入世」的精神有什麼不好？「和為貴」難道不正確？「仁義禮智信」應該是人類所應該信奉的呀。儒家也講「水能載舟也能覆舟」的道理，甚至還說了「民為貴、社稷次之、君為輕呢」。大一統對維護國家統一，作用大得很吶！所以，不從本質上探源，無法批駁儒學。

我們先看看儒學形成的內在邏輯脈絡。

第一條：人生的意義在「三不朽」。儒學所以能成為一門大學說，是它和一切哲學一樣，首先有它的哲學關懷，現在流行的說法是「終極關懷」、生命的意義、靈魂與肉體的關係。其實，本質上是一回事。儒學在這一個哲學的根本問題上，脫胎於周禮中的貴族人生觀和《易經》的宇宙觀。周禮是中國古代貴族文化發展的極致，在人生意義上，以公孫豹的「三不朽」最具代表和概括性。人生的意義是什麼？春秋時的公孫豹說：「太上立德，其次立功，其次立言。」首先，這是一種典型的貴族文化思想，因為平民——奴隸就更不在話下了——是不存在這「三立」的，他們沒有資格、沒有條件也沒有必要。但貴族在享有了物質生活的滿足之後，他的精神追求是什麼？就是靈魂的不朽。如何做到不朽呢？三條路：最高境界是能做道德表率，通過言傳身教，宣導一種影響世人的生活、生存方式和方向的道德標準和價值取向；其次，就是建功立業，當然是影響當世和後世的業；再其次，就是說一些話，整理一些規範性的道德法則，來影響當世人和後世人。可能這「三不朽」的排序，是以難度和影響度而言的。像堯、舜、禹、湯、文、武、周公這些人，是集三者於一身的。即便他們不說話，甚至也沒建立什麼功業的話，他們本身的道德事蹟已經可以為世之師表了，這就是「立德」，比如舜的孝，周公的忠，都是這樣的。

那麼，人是什麼呢？怎麼來的？來了以後又如何了呢？《易經》在探索這個問題。這本書告訴我們，首先是有了宇宙，然後有了萬物，最後就有了人了。人生天地之間，是唯一一個有「心」——就是思維——的動物。所以，天、地、人並稱「三才」，天既是客觀的宇宙，也是客觀的規律，它的運動規律是固有的，「至深至渺」，人們不必去追究為什麼有這個「天」。天的運行，產生了萬物，這就是「地」，從這個意義上講，形象化一點，天就是造物主及所造之物運動的規律，地是萬物及萬物生長變化的條件。天、地具備了，人就產生了。人有心，就是有智慧、有情感。這「心」可非同小可，它同天、地一樣，與生俱來，而且能感知天、地、人的一切事物與道理。所以，有心的這個「人」應該與天、地並稱為「三才」，而不是萬事萬物中的一事一物。

基於以上兩點，儒學的哲學基石就確立了：人生天地之間，當順乎天、立於地、以追求不朽。什麼叫不朽呢？就是建立影響世人的「德」、「功」、「言」。

本來，這樣的基石，對民主與科學的發展是沒有什麼好與壞的影響的，因為在這個「德」中，可以包含許多愛民、尊重規律、張揚人性等內容；在這個「功」中，可以包含很多如讓國強民富、經濟發展、科技進步的內容；在這個「言」中，就更不必說了。

然而，貴族是國家的貴族。社會是一定制度下的社會。國家因為制度的需要，就對這三樣東西有了特定的解釋與定義。這就是我要講的第二條。

第二條：為國家建功立業。人生的意義既然清楚了，就是如何實現這個意義了，也就是如何立德、立功、立言了。這既是哲學問題，又是治世問題。因為從第一條中，我們可以看出，儒家的根本思想是入世的，所講的「三立」都是建立在積極地活在世間並有所作為上。當解決如何「三立」時，擺在我們這些思想家面前的首要問題，是解釋、定義這些東西。最早提出權威解釋的人，必然是一個有權威、有能力的人，同時，他的解釋也必然和他的主觀思想相一致。那麼，現在大家都很清楚，儒學的開創者們，都是周朝的「王官」，就是在周朝當官的人。需要說明的是，那時的「官」，是不同於我們現在意義上的官。那時，統治層面上有兩種人，一種是諸侯，一種是官。天子是最高統治者，諸侯是小統治者。官就是幫助這些統治者辦事的人。諸侯當然是名副其實的貴族，有領地、有臣民、有財產，還有軍隊；官則只是根據需要而設的辦事人或管事人。因此，官有貴族出身的，也有平民出生的，甚至有奴隸出生的——比如，官高至宰相的伊尹、傅說據說就是兩個奴隸。當然，不同時代對官有一些不同的規定，但不管怎麼說，出身不是主要問題，因為他只是為統治者辦事的，統治者看中的是他們的辦事能力。當周朝衰弱時，原來的一些官、或準備當官的人，忽然就沒什麼事了——不能建什麼功業了，他們就開始「立言」，從而就形成了儒學。你應該就是這樣一個人，你如果生在周朝很繁盛的時候，王室大量需要人才，你是可以當官的。但那時王室式微了，你最多只能去諸侯那兒當官，諸侯也不要時，你只有去教書、整理文獻了。你想想，這些王官出身的人，他能怎樣解釋這「德、功、言」？他下的定義是什麼樣子？必然是受他身分的影響。那就是把王室利益放在第一位。國王，那是代表國家的，因此，他們說的立德，就是有利於國家的德；立功，就是為國家建功立業；立言，就是有利於國家昌盛的言。

這種解釋、定義，又因為他們和他們所希望接受的人的用途差別，而逐漸有了擴展和衍化。比如對諸侯，他就不說為周王朝那個大國建功立業，而要為他那個諸侯小國，或者叫邑，對再小一點的貴族，就乾脆說是為了他那個「家」了。當然，貴族的「家」與我們今天所說的「家庭」的家，是不一樣的。總而言之，「國」「家」並稱，人生的意義就有了著落點了，一言以蔽之：就是為國家做貢獻。

本來，這樣認定，也還沒有問題，不影響民主與科學的發展。但問題出在，國家是一個空泛的概念，誰是它的代表者，是個核心。那麼，誰是國家的代表者呢？這就是我要講的第三條。

第三條：國王代表國家，而且是王權天授。既然儒學的哲學關懷中，有一個「天」的總綱，那麼，從統治者出發，他們必然離不開一個「天」字。從正面講，他們為了組織好民眾、治理好天下或國家，必須順天之意；從反面講，他們為了加強自己的統治地位，必須把自己的所作所為說成是順天之意。這兩種說法的結果都是一樣的，那就是：他們是天的代言人、天的代表。他們的統治權力，是天授的。既有不可撼動的意思，也有可以率性而為的意思。

這裡，在邏輯上，有許多循環論證的東西。比如周文王或周武王說，我為什麼要推翻商王朝，因為商朝的統治者商紂王逆天意；我為什麼能推翻他，因為我順天意。是天要我推翻他，才有我出現在世間的。你問我說這句話的理由嗎？我告訴你：我成功地推翻了他，這就是理由！——「成則王，敗則寇」的思想就是這樣來的。成，是因為我順了天意；為什麼說我順天意，因為我成了。但商紂王也可以這麼說——在他還在統治位置上時，比干、關龍逢看他胡作非為，阻止他時，他就說：我代表天，我做的就是對的，我殺你，是因為你逆天意，為什麼說你逆天意呢？因為你逆了我的意，我代表天，從而你就逆了天的意，逆了天的意，我就殺你。被殺的人，比干、關龍逢要是反問：你做的不合天意，所以我們反對。商紂王又可以質問：我逆天意，我會成為天子？所以說我順天意，就是因為我是天子。你代表天，你怎麼不能殺我？而是反過來，我能殺你？難道天會讓一個逆天意的人去殺一個順天意的人嗎？

這種循環論證，使得大部分被統治者們，只能擁護而且是無條件擁護統治者。於是，「三立」的落角點又從「為國家做貢獻」轉移到為統治者做貢獻。

這樣，問題就不言自明了：統治者為了自己的慾望和利益，必然要牢固確立自己的權威。那麼，一切不利於他們權威的德、功、言，都必然受到排斥、壓制乃至於打擊和消滅。

接下來，就觸及到我們提出的問題所在了，即為什麼沒有民主和科學，這就是我下面講的第四條。

第四條：一切為了統治者服務。既然把人生的意義歸結到牢固確立統治者的絕對權威，那麼，人們所要做的，就是如何為統治者服務了；而另一方面，統治者也會定出許多辦法和措施來，讓人願意為他們服務。前者，有一個詞叫「遇」，儒學把人生分為兩種境界：遇與不遇。所謂遇，就是你能夠為統治者服務；不遇，就是你不能為統治者服務。「遇」就是成功，人生的成功，人生有了意義；「不遇」，就是失敗，人生的失敗。後者，對統治者又有一個詞叫「用」，他們把人分為兩種：可用與不可用。其標準是能不能為他們服務。能為他們服務的標準是很清楚的：心願加能力。心願就是德，能力就是才。大大小小的統治者用人，莫不是用「德才兼備」這個標準的。

儒學就是從以上兩點出發，開始教導人——統治者和被統治者。他們要讓統治者明白：你的權力是天授的，你應該順乎天意；你的能力有限，要找輔助的人；這輔助的人，必須有這個能力，而且是能報效你的，也就是報效國家、報效天下的。所以，那時兒童的啟蒙讀物《神童詩》第一句叫「天子重英豪」。天子聖明與否及其程度，就在他重不重英豪以及重英豪的程度。另一方面，他們要讓被統治者明白：你的任務就是為統治者賣力，輔助他順乎天意，讓天下安定。你要忠於他，而且要有能力為他做事。

如此一來，民主就不存在了。以一個人為核心，哪有什麼民主呢？

那麼科學呢？也不需要。因為守規矩是最重要的，什麼是規矩、如何守這個規矩，是最大的學問，是關係到統治的穩固——也就是國家的大事——也就是天下利益——也就是天意——的大學問。由此而言，那些能讓人減輕勞動量的、能讓人偷懶舒服的技術，不就是淫巧末技了嗎？淫巧末技當然是不受重視的。

有了規矩，就要執行，執行就要有標準。這就是我下面要講的第五條。

第五條：儒家的道德標準即仁義禮智信等的解釋權在天子口中。我們今天說的規則，一般分為道德的和法律的兩個層面。但在你們那個時代，德和法不是分得很清楚。我們只能籠統地定一個「好與壞」或「善與惡」的標準。

你曾認真研究了周公思想和周禮精神，認為他們提出的一系列標準，與其他典籍如《詩》、《書》、《易》裡的精神基本上是一致的。說穿了就兩條：統治者要順乎天意；被統治者要為統治者做貢獻。如果再加一個平民百姓進去，那就是：老百姓要安安穩穩過日子。大家各自有規矩，規矩是什麼呢？就是「禮」。「禮」是核心，怎麼做到「禮」呢？你想了很長時間，想到一個「仁」。仁就是你我二心相通。「仁」不是兩個人嗎？就是找出人與人之間相通的地方來。大家的共同意願。

可「仁」只能算是內心裡的東西，要讓它表現出來，對主體來說，才能發揮作用；對客體來說，才能看到它的作用。表現出來的是什麼？就是「義」。你那時教學生，主要是讓他們心內如何樹立一種個人的素質與品格，所以，你主要講「仁」；到了孟子時，他是要人如何合乎禮地去言行，所以，他主要講「義」。而「知仁義」、「辨仁義」、「行仁義」，是要有能力的，這能力就叫「智」。可怕的是人們言行不一、表裡不一，於是，又加了一個「信」。這樣，五個基本規則標準就出爐了。這五種規矩或者叫標準，互相關聯，缺一不可。有了它，儒家的學說體系就非常完備了。

當今時代的很多尊儒者都說：你看，「仁義禮智信」，多好的東西！這就是儒家文化所以偉大的地方！他們有的人還這樣解釋：仁，就是博愛，「己所不欲，勿施於人」。義，就是為國家、為民族、為人類做貢獻；禮，就是共同遵守的道德規範，廣而言之，還包括遵紀守法；智，就是要學習本領，要上進，「知識就是力量」。信，就是信用，這個就更重要了，市場經濟時代最需要這個了。所以說，這些道德規範，是沒得說了。甚至由它們衍生出來的一些道德，如我們常講的忠、孝、悌、勇、恥，那也是一樣的。忠，可以說是忠於國家、忠於人類、忠於事業；孝，就是尊敬長輩、贍養老人；悌，還可以說成是有長序之分，各守職責，愛護後來者；勇，就是勇敢，有魄力、有決斷力，敢於同不良行為和犯罪分子作鬥爭；恥，就是要有是非感、榮辱心。

多好的解釋！——然而，他們忘了，在那個時代，解釋權並不是每一個人都可以行使的。首先，儒學的經典上，幾乎沒有這些詞的準確定義、解釋。比如，我把一部《論語》翻爛了——幸虧不是「韋編」，不然不知道要多少次地「三絕了」——也沒找到你對「仁」這個詞的定義，幾十個地方，幾十種含意。也許你們認為，這些東西無須解釋，其義已經很明確。然而，問題卻就出在這上面。

你看我們現在頒佈法律時，首先要對法律名詞作準確的定義。如果定義在正文中還不能做到很清楚的話——因為案情複雜——就需要再另作解釋。解釋權是誰呢？一般情況下，誰是制定者、執行者，就由誰來解釋。憲法由議會解釋，刑法的解釋權是最高法院，等等。

而在古代，擁有解釋權的就是最高統治者，也就是最有權威的人。比如皇帝，或專權的宰相，或獨立的諸侯，或地方最高長官。比如說「忠」，是忠於國家還是忠於皇帝、忠於最高統治者還是忠於你的直接主子，就是一個問題。岳飛是忠於國家的，但他對當時的皇帝不夠忠，十一道金牌都調不回他，所以要殺他；關羽為了義，就不忠於朝廷，與分裂主義分子劉備一起與朝廷的代言人曹操對著幹。再比如：李世民殺兄殺弟，成功了，說是為了防止被殺，是自衛，是「智」；而隋煬帝因為自己來不及讓屬下寫歷史，他亡國了，就被說成是殺兄篡位。大清官海瑞斷案，也弄出一套「在案情不清楚情況下，寧屈其弟，不屈其兄；寧屈少年，不屈老人；寧屈富人，不屈窮人」的規矩來。這樣的事例，不勝枚舉。

記得《莊子》裡有篇諷刺你們這些道德標準的文章，那事是真是假不重要，就當寓言來讀吧，很能說明這個道理。他說，有天，殺人放火的大強盜頭子跖的一個部下問他：「當強盜也有道德標準嗎？」盜跖說：「當然有啊，幹什麼事不講道德標準呢？我們當強盜的道德標準就是儒家提倡的聖、勇、義、智、仁五條，聖，就是能分析預測出搶劫目標家中的財物多少及其所藏的地方；勇，就是能爭先恐後地往前衝；義，就是把危險留給自己，在逃跑時能留在最後面；智，知道搶劫能不能穩操勝券；仁，就是分贓分得很公平。」

由此可見，這儒家的道德規範，一旦執行起來，是非標準的解釋，完全是一筆糊塗帳。但執行者一點也不糊塗哦，他心裡明白著呢。有個皇帝說得好：「朕即是法！」因為他代表天啊！

以上五條，就是我要講的儒學發展的邏輯脈絡。用今天的邏輯看，它有很多反邏輯的地方。第一是前提錯了，推論當然是越來越錯；第二是運用循環推論；第三是概念定義不明確。

## 儒學形成的歷史原因

孔子聽完，深以為然。他說他在創立儒學之初的時候，並沒想到這麼多，他當時只是為了救世。他認為，「大道不行」，也就是天意不行，不是天子的錯，而是諸侯的錯；國家亂，不是諸侯的錯，而是治下人的錯。他們私欲橫行，擅自犯上，破壞規矩。什麼叫「規矩」呢？就是禮和樂。在東周時，禮樂崩壞了。而在西周時，禮樂就很好，所以那時天下大治、河海清晏。於是，他就認為，要是能恢復西周那時的禮樂，就萬事大吉了。

他沒有從另一個角度想問題——為什麼不是天子的錯、不是統治者的錯。禮樂崩壞應該有兩種原因：一是人們不遵守禮樂，肆意破壞踐踏；二是禮樂本身有問題，人們無法遵守。如果是後者，這禮樂就應該修訂，甚至廢除。但孔子站在王官的角度，先下了一個前提：這禮樂是好的。為什麼是好的呢？因為制定它的人是聖人。周公是聖人。聖人制定的，當然是好的。那周公為什麼是聖人呢？因為他能制訂這樣好的禮樂。能制訂這麼好的禮樂的人，當然是聖人了！——這就犯了一個循環論證的邏輯錯誤！

接著，他就講起了他思想形成的過程。

## 孔子思想的產生：亂世裡的夢

我那是亂世裡的學術，我思想的誕生，是與我那個時代以及我的身世息息相關的。它的誕生是必然的。

大凡亂世，常人思治，非常之人則抓機遇，所謂亂世出英雄。東周時，王室式微，禮樂崩壞，諸侯征戰不息，既得利益者朝不保夕，普通百姓則民不聊生。失去利益的人思治，民心思治，所謂「英雄」們為了能登高一呼、應者雲集，必然要拉起「治」的大旗。這樣，從總體看，描述一個大家夢想裡的「治世」，就是當務之急。

那麼，夢想裡的治世是個什麼樣子呢？我說：前不久的西周，就是一個樣板。再往前的夏、商，也很不錯，堯舜禹時代則更好。再往前，史料記載不詳，不能說得很清楚。我還是先和你們說說「周」吧。

周有《周禮》，大家都知道。《周禮》怎麼回事呢？待我慢慢敘來。

慢慢敘來，就是我後來的思想。

我開始這樣描寫周了：先說天下，那是很安定的，沒有人鬧事、打仗。因為各路諸侯都尊敬天子。他們平時各守一方，而到了年終歲首，就會來朝賀天子，交稅啊、進貢啊。所有的人，都找到了自己的位置，都按自己的位置規規矩矩地做著人、做著事。天子就是天子，有他絕對的地位，有他的職責；諸侯就是諸侯，也有他的相應的地位，相應的職責；臣子就是臣子，也有他的相應的地位，相應的職責；父親就是父親、尊長就是尊長、兒子就是兒子、晚輩就是晚輩，都有他的相應的地位，相應的職責。

光說周不行嗎？

那好，我再和你們說說商吧，就是商湯時代了；還不行嗎？那就說夏了。還不行的話，乾脆就說堯舜吧。我想，反正越往前，史料越不清楚，虛構的空間也就越大。我大膽地虛構就是了。

於是，我用了一個最聰明的辦法：不是論證，而是敘述。我說：你們「看見」了吧，上古就是這樣的，只要「君君、臣臣、父父、子子」。只要仁、只要這個禮，就是清明治世了。

「看見」什麼呢？我拿出了《書》、《詩》、《禮》、《易》給他們看，看那裡面描寫的世界。書上說的，當然靠得住，因為那是歷史書嘛！

但我把這些《詩》、《書》、《易》、《禮》都改了，悄悄地改的。

這比說道理自然簡單得多，而且有力得多。

那時，西方有個柏拉圖。他和我一樣，面臨亂世，也在提倡一種「治世之夢」。但他比起我來，方法就差了許多倍。他辛辛苦苦寫了一本《理想國》，嘔心瀝血、搜腸刮肚地去論證、去說理。結果還是有漏洞，讓人看出那是虛幻不可及的。因為一開始，他就是用童話或科幻小說方式來寫作的。

我不然，我根本不寫、不創作，我只是刪改六經就行了，「述而不作」。當時，魯國的圖書館是為我所用的，我除了教書，就天天抄書，整理、修改，編成「六藝」，也可以算是教材。實際上是創作。有與我宣揚的思想相抵牾的地方，我就悄悄地刪改。本來六經就是經過當時官方文人記錄的事件言行，已經有了美化的取捨，再經我妙手一改，還不更加誘人？

然後，我就向我的學生們敘述經我改過的「六經」。

亂世之夢，遂變為懷古。歷史向後看，越看越美。

復古，就像談烏托邦一樣地誘人，而且讓人死心塌地地相信！

說到「尚古」，這是所有亂世學說的特點。很多人以為，亂世裡出來的東西是大學問。這是一種誤解，被表面現象所迷惑了的誤解。

因為在亂世裡，人心思治，治世在過去是有的，於是就懷舊，所以，亂世之夢是尚古的；因為大部分做學問、出思想的人，是不得志的。不得志者，就懷恨這個時代，從而就懷念過去的時代，因此，他的思想也必然是尚古的；因為要批判這個時代，而批判是要有標準的，標準以古為例，再好不過，又迎合人們的懷舊情緒，所以，它的標準體系，或者說是「理想國」也是尚古的。

在西方，當封建社會瓦解、資本主義社會興起時，社會也出現了動亂、混亂，批判者就用過去社會裡好的一面，來抨擊如今不好的一面，如歌頌牧歌式的田園生活。空想社會主義者歐文、傅立葉等人就是這麼幹的。我和柏拉圖的時代，是貴族等級社會制度崩潰瓦解、平民社會制度開始確立的時代，或者用你們現在流行的說法叫奴隸制社會向封建社會過渡。那麼面對社會不好的現象，我們當然是用過去好的一面來攻擊它。

亂世裡的夢就是這樣誕生的。西方是柏拉圖的《理想國》，中國是《詩》、《書》、《禮》等六經裡描述的堯舜禹湯文武周公時代，我給它取了個名，叫「大同社會」。

## 歷史選擇了孔子

所以由我來做這項工作，也是因為歷史選擇了我。

首先，我勤於學習、善於思考。

我出身於一個沒落的貴族家庭。我母親不是父親的正室，可能也不是小老婆，所以，有人說我是私生子。我三歲就喪父，是母親把我拉拔到十九歲，然後也死了。孤兒寡母的少年時代，其生活的艱辛，你們是可以想見的。但我母親想到我畢竟是一個貴族後裔，就努力地培養我學知識。學什麼呢？貴族子弟首先是要學禮儀的。我上不了貴族學校，甚至連貴族也見不到，怎麼學？正好我住的地方，是貴族的公墓，常常看到送葬、祭奠的事，我就在那兒學。然後，根據祭禮，想像著其他方面的禮，這就培養了我的思考能力。當然，還有想像力。

其次，時勢造英雄。我們魯國那時，就是一個大中國的小縮影。因為魯國國王也像周天子一樣，大權旁落，他下面的那些「卿」們，哪裡聽他的呢？他們爭權奪利，也互相攻伐。當時最大的有三戶，就是季孫氏、孟孫氏和叔孫氏，其中季氏權最大，把持了朝政，但季氏的家臣陽虎又把持了季氏家的大權。記得我十七歲那年，季家設宴召集貴族子弟，我跑過去想參加，就是被陽虎拒在門外的。但季家對我一直不錯，後來總算讓我當了個記事的小官。他們看到我特別好學，對周禮很嚮往，就向魯君推薦我去周朝首都去學習周禮。當然，那時周王室已經很衰微，幾乎沒有什麼諸侯買周天子的帳了，所以，那個周的首都，不過相當於一個小國家而已。但那裡圖書資料很豐富。

到周去學禮，是我學問增長的一次大機會。

這次去周的時間不長，收穫有三：

一是見識了什麼叫周禮。雖然王室衰微，但「禮」還是在的——看看他們的穿著、交往、起居就知道的。見到的、聽到的，還有想到的，我可以基本上把握全面了。

二是看了許多書和資料。那些書可不是什麼地方都能看到的，那時看書、擁有書和寫書都是貴族的權利。國家圖書館的典藏，幾個人見得了？我見到了，是天子特批的。畢竟天子看到還有諸侯在乎這個，他當然高興了。

三是見到了老子，並且向他請教了許多人生道理。老子是圖書館館長，他見識多，思考得也特別深。這老傢伙把人間看得太透了。他覺得，一切都壞在「人有智慧」這一點上。他認為人要是沒有智慧，就沒有慾望，沒有慾望，就沒有爭鬥了。真的是這樣嗎？顯然對、又不對。人要是沒有智慧，就不會有膨脹的慾望，但也還是有爭鬥的，比如，野獸還要爭食、爭地盤嘛。我這人聰明就在於，我聽他說一個道理，我卻能悟出另外的道理，包括相反的道理。我悟出的道理是：人是有智慧的，有了智慧才叫人；有了智慧，怎麼能「絕聖棄智」呢？既然不能絕聖棄智，那就運用好這「聖」和「智」啊。三代不是用得很好嗎？從那些典籍上，我就看到，周公就把它用得很好，他制定了「禮」，以禮治世，讓世界井井有條的。凡事有規矩不就行了嗎？天上的星星那麼多，但各自有自己運行的軌道，就秩序井然了嘛！

老子還說，這些書，你信嗎？

開始，我是信的，但經他這麼一問，我倒真有些疑問了。是啊，這些書都是他們自己寫的，自己當然要美化自己了。

不過，沒關係，這一點，給了我另一種大啟示：我也可以學他們的這辦法，把我的理想，寄託在古事上啊！

這是另一個大收穫。這種收穫，奠定了我日後表達思想的方法，那就是我前面說的「述而不作」。以史為經，最有說服力。

我走的時候，老子見我想當官，要為君主們服務，就給了我一個忠告，他說：「一個聰明智慧明察秋毫的人，如果好議論人的話，是容易惹下殺身之禍的；一個知識廣博能言善辯的人，如果去揭人的短處和陰謀，是難以自保其身的。做人的兒子，就想著自己是兒子；做人的臣子就想著自己是臣子，千萬不要有自己獨立的人格！」

從周國回來，我的身價就高了。但國內產生了政變，魯君跑到了齊國，我也到了齊國。那時，齊國的風俗很壞，不講規矩，齊景公就向我請教「禮」的知識。我大談了一番周禮和仁義道德的治國理想，很得他欣賞，他準備聘用我當卿大夫，可他的宰相晏嬰——就是你們知道的那個能言善辯的晏子——反對。他把我歸於周朝那些文職官員一類的人，這一類人那時有個稱呼叫「儒」。他說這些儒者，有四個問題：一是思想理論很荒唐，是不可以作立法依據的；二是為人很自以為是，做慣了天子的官，是不甘心做諸侯的臣子的；三是提倡厚葬並要有隆重的葬禮，開銷太大太浪費，不能作為民俗來提倡；四是誇誇其談，不務實，不可以做治國的大臣。他還說：自從像周公這樣的大賢之人沒有了，周王室就衰微了，「禮樂」這玩意兒已多年被棄置。如今孔子來要求我們注重服裝穿戴、講究繁瑣的禮儀，這種貴族們的學問一輩子也研究不完，一年兩載裡哪能實施起來？如果您用他這套東西來改變齊國風俗，老百姓肯定接受不了。

我第一次當大官的機會就這樣泡湯了。

迫於無奈，我開始收徒教書。我招學生時，是不管出身的，只要他好學、有資質，我都收。他們隨便帶點禮品來做學費就可以了。為什麼這樣呢？因為在那個亂世裡，還有人願意來向我學習「禮」的知識，太可貴了啊！

後來，天還是遂了我的願，讓我有機會當了一回官，執了一次政，實踐了一回我的思想主張。那是季氏家臣們發動了一次政變，把陽虎打倒了，季氏和魯君便開始重用我。三年內，我就從一個小都城的市長一直做到魯國的大司寇，相當於總理了。在此期間，我主要做了三件有名的事：一是在與大國——齊國打交道時，憑外交手段為我們魯國掙足了面子，並讓他們退還了曾經佔領過的一些土地。二是削弱那三個有權勢公卿的實力，但最終沒有完全成功。這是時勢所然，後來三家分晉、田氏代齊，都說明了公卿們的勢力已難以動搖。三是禁止不利於統治的言論。那時，一些言論也很可怕，比如有個叫少正卯的，就發表很多反周言論，他認為，天下變了，誰有能力誰當權、誰有本事誰執政。就算他說得對，能讓他說下去嗎？都這樣自以為是地爭奪，天下不大亂了?!黎民百姓會遭殃的。所以，我立即逮捕了他，並繩之以法。

我的當官從政歷程很短，但史書上記載我的政績還是很突出，說一年多的功夫，魯國民風就很淳樸了，而且連齊國這樣的大國也很尊敬我們。

但最終，我還是在齊國的外交陰謀和國內奸邪小人共同策劃下，下了台。

我於是就離開魯國，想找一個能發揮我學說和能力的地方。我周遊列國十幾年，除了衛國對我不錯外，其他都不行，而且一路上也吃了不少苦頭。但這種周遊列國的經歷，讓我有了三大收穫：

一是擴大了我的學說影響，天下人都知道有個叫孔丘的人，在宣導周禮，提倡一種以「仁」為核心的理論思想。

二是感悟出了很多人生的道理，增強了我的使命感。我覺得我是受天命的驅使，去推行我的思想。成與不成是次要的，關鍵是要有一種不懈追求的執著精神。成是運，不成是命，即使大道不行，我也要「知其不可為而為之」，世衰也罷，德衰也罷，但精神一定要萬古長存。人的生命很短暫，但人的精神可以不朽。我看到了我不朽的功業，所以，我能談笑面對生死。三是我招收了很多弟子，遍及天下的弟子，他們有很多人都非常優秀。我想，春秋戰國時期，沒有哪一個思想家，有我那麼多的優秀子弟。所以，他們的學說思想，在後世也就不可能有我的地位。

在我年紀大得不能再走之後，我回到老家，開始埋頭著述。當然，我這種著述就是編纂六經。那其實也是為後世的學生編教材。學生們也在整理我說過的一些話。

## 儒學的流傳分爲三個時期

我的學說思想，隨著時光的流逝，逐漸流傳、演變。大體上可以分為三個時期：戰國時的「致用之學」、漢代的「指導思想」、宋以後的「教義」。

### 對天下的「救世之學」變成對個人的「致用之學」

戰國時期，人們已經對天下「大同」失去信心了，征戰、篡位，司空見慣。這同時也大大釋放了人的慾望。那些士子們，為了個人的功名，開始利用各種學說做他們的旗幟。本來，東周之初，王室式微，天下動亂，很多像我這樣的人，從不同的角度提出了一些學說思想，出發點是為了「救世」的。但到戰國時，人們知道這世是救不了了，死抱著那些理想教條，只會坐以待斃，不如拿起它來做包裝，換取自己的功名利祿。這就是你們現在說的「道德功利化」。把「救世」的學說思想變成了「致用」的工具。

我的學說思想，自然也逃脫不了這個命運。

那時，最活躍的是我的孫子輩和重孫輩的人。由於我在世時，授徒很多，自然到了戰國時，我的徒子徒孫就多。他們高舉我的大旗，大談「禮」，大講「仁」，沒哪個君主能在表面上不接受這個主張。因為首先他們不能背祖忘宗，他們都是周王室當年封侯的後代嘛；其次，他們沒人敢否定這個「仁」，因為越是不「仁」的人，越要滿嘴講這個「仁」。結果是：滿口的仁義道德，一肚子的男盜女娼。

那時，他們就把持以我為大旗的學派叫做「儒家」。但這些學派各自之間說法是不盡相同，對我學術的要點、對「仁」和「禮」的解釋都不一樣。據說大體上有八個派別。和我同時代還有另一位大思想家，創立了一種學說叫「墨家」，到戰國時據說也分為三派。無非都是為了拉虎皮做大旗。

當時儒家有兩個最有名的學派，一個以孟子為代表，一個以荀子為代表。孟子主要講我的「仁」，他認為，「仁」是一種內在的東西，一個人要想有所作為，一個統治者要想治理好屬下，必須以這個「仁」為根本，把它發揮出來。「仁」發揮出來是什麼呢？他給取了個名，叫「義」。所以，孟子是「仁義」連著說的。他的學說基礎是：仁是與生俱來的，人就要按這個與生俱來的秉性做人，統治者也應該順應這個與生俱來的天性治理天下。要「老吾老以及人之老，幼吾幼以及人之幼」。堯舜禹湯文武周公還有我孔子，就是實施這套方案的典範；巢父、許由、伯夷、叔齊、柳下惠，就是按這套方案做人的。人都有慾望，那叫「利」，但逐利不是人的本性，所以，當義和利二者不可兼得時，要毫不猶豫地捨利求義，甚至是犧牲生命也在所不惜，那叫「殺身取義」，為什麼呢？因為生命就如同一條魚，相比之下，義則是熊掌，面對魚與熊掌的選擇時，哪有人不取熊掌而捨魚的呢？那麼，為什麼說「仁」是天性呢？因為「人之初，性本善」嘛。為什麼說人一生下來時，性本善良呢？你看：惻隱之心，人皆有之嘛！

荀子則主要宣導我的「禮」，他看透了那個物慾橫流的世界，認為人有慾望，從而，人生下來就是自私的，「人之初，性本惡」——他與孟子就唱了反調。為什麼人之初，性本惡呢？他也是舉一例說明：生下的嬰兒都搶著喝奶嘛！用你們今天的話來說，叫做「本能」。既然如此，我們怎麼去約束我們的行為呢？那就要修養。作為統治者，就要建立約束機制。這種約束人的過分慾望的東西，就是「禮」。國家要把一些重要的「禮」形成法令。

所以，荀子的很多主張，聽上去又很像法家，有人就把他定為「法家」人物的代表。而且，他的兩個學生都是後來法家人物最著名的代表，一個叫韓非，一個叫李斯。

但孟子也好，荀子也好，與我有個重大區別，那就是他們已經不是非常關懷人生的自身意義了。在對人生自身意義的探索思考上，戰國以後的思想家，就基本上不怎麼涉及了。他們要的是「致用」。

後人通常把我們春秋時的「諸子」和戰國時的「百家」相提並論，其實，我們有本質區別。諸子從生命意義出發，有哲學體系；百家中的大部分學說，是從「致用」考慮。除了莊子的道家而外，什麼法家、農家、陰陽家、縱橫家、兵家，都是「致用」之學。後二者，更是注重如何不擇手段地玩陰謀，他們的目的只有一個，那就是「成功」，而且多數是個人的成功！

## 從個人致用之學到治國者的指導思想

秦統一中國時間不長，便為漢所代，中國大一統了。漢初為了與民休養生息，提倡無為而治。朝廷無為，諸侯卻有為起來。到了景帝時，終於釀成大亂。漢武帝看到這一點，為了尊天子、攘四夷，加強中央集權，他亟需一個思想學說來做理論根據。這時，董仲舒這個人應運而生了。然後是大家都知道的——「罷黜百家，獨尊儒術」。儒學思想變成了治國的指導思想。

為什麼獨尊的是「儒術」，而不是「百家」中的其他家之「術」呢？我以為，主要有這幾個原因：

第一，從學說的自身流傳看，直接原因是「儒學」在當時是最發達、最完備的學說思想。一是我的弟子多，我當年大力從事教育的結果，這時發揮了大作用。天下學習儒學的人非常多。而且，我們的理論著作也最多，經我修改的古籍，都成了儒家經典，其他「百家」無法相比。二是秦始皇幫了大忙。對他而言，這是倒忙。他一把火把詩書燒得差不多了，別的學術著作喪失殆盡，而儒家經典卻因我的學生後代多，私藏得就多，再說，除了私藏在什麼地下、牆壁裡，還可以藏在腦子裡嘛。漢初，朝廷收集天下圖書，不就是請很多能背書的老儒生憑記憶恢復了一些古籍嗎。當然，這些古籍都算成儒家的了。比如《詩經》的權威解釋就有三家，《春秋》是六家。三是漢初開始立博士官，由於我的門徒多，自然立博士的也就多，他們人一多，說話分量就大了。董仲舒就是這樣一個博士官，他主要以研究《公羊春秋》而出名的。

第二，從儒學淵源看，由於它的主要經典內容，是關於周朝興盛時期的，所以，作為大一統的漢朝，就自然很需要它。漢不可能去學短命而名聲又壞的秦朝，當然也不會學春秋戰國時的諸侯小國。他要學，只有往前推，那就是周朝。況且周朝的制度又被我們描寫得十分完美，理所當然為他們所接受。

第三，從儒學思想體系和內容上看，它的精義是統治者和被統治者都願接受的。一是它有哲學基石，就是我前面說的「生命的意義」和「天」的觀念；二是它有一個理想的境界描述，既是社會形態，也是精神寄託，而且那個遠景藍圖畫得非常美；三是它所說的秩序、規範，什麼尊長啦，尊王啦，沒哪個帝王不喜歡，不喜歡他的帝王，一定是腦子裡缺了一根筋；四是儒學具有學術上的開放性，因為它本來內容就很龐雜——如能與之抗衡的法家和道家學說，就有很多精華被儒學吸收過來。你說法家講法令吧，「禮」本來就是周代的法令；你說道家講陰陽吧，《易經》卻是我們儒家的經典。黃帝是儒道共尊的始祖，老子的思維方式也為我所用。後來好多士子們把「達則兼濟天下，窮則獨善其身」當作人生至上名言，卻搞不清是我說的還是老子說的。正是這種開放性，在經過道家思想洗禮後的漢朝人，能迅速接受儒學思想。董仲舒就是這麼個人，他應該對道教是很有研究的。他把道家說的唯心主義濃一些的「天」與我們儒家說的唯物主義濃一些的「天」合起來講，把陰陽家那些算命的東西和我們哲學上的「天人合一」的理論結合在一起講。他讓皇帝最高興的事是他推出了一個「皇權天授」的結論。僅此一點，皇帝不尊他的學說才怪呢！

還有一點最重要，我把它單獨列出來說，那就是儒學思想把個人的功名與國家的利益很好地結合起來，「立功」，既是朝廷的需要，也是個人的需要。這樣，追求個人功名，就名正言順了，朝廷籠絡人才的辦法也順理成章了。所有的私利都戴上了冠冕堂皇的大帽子。

第四，儒術被獨尊還有它學說本身裡存在的邏輯問題。我前面說了，由於儒學裡的概念定義不明確，而解釋權在最高統治者，所以，他們沒有理由不有意無意地用這些概念來做工具。

## 從治國的指導思想變為法定的教義

儒學的第三次大流變，是南宋的理學。現在，理學在你們這時代，好像已經臭名昭著，即便還有幾個人在為朱熹唱讚歌、在為「滅人欲、存天理」做解釋，但聲音已經很微弱。總之，有半數以上的人認為，理學是壞東西。甚至有人認為：儒學很偉大，但敗壞在理學手裡，理學統治了我們中國六七百年，讓中國走向保守、落後，現在提倡文化復興，復興的就是理學之前的儒學。

其實，理學有問題，但儒學也有問題，前面都說了。如果儒學本身沒問題的話，儒學不會被改造成理學的。

那麼，南宋這些理學家們為什麼要改造儒學？是怎樣改造的呢？

自從漢代獨尊儒術之後，讀書人都以儒家自居，他們沒人反對過儒學，最多是反對儒學裡的一些代表人物，包括我，比如王充就寫了本《論衡》，其中就有「問孔」，認為我不是人們說得那麼偉大。他「問」得是對的，因為我的偉大是後人神話的。

魏晉南北朝時，人們發現漢儒們沒有觸及「生命意義」這個大問題，於是，補之以道家學說。但他們在研究儒學的過程中，發現了儒學裡很多不能自圓其說的邏輯矛盾。但由於文化傳承的影響，他們不能用邏輯學理論進行系統批判，只能就其一點加以攻擊，如「該不該孝」的問題，孔融——這個我們孔家第二十代孫子——就有著截然相反的觀點，他認為「人無須孝父母」。他說「父母生子女，是很偶然的，他們即使為了生子女而交合，也未必就為了生你；生下了小孩，即便不是你，他們也一樣地養育。你為什麼要孝呢？」要知道，你們現在說說這個觀點無所謂，最多是父母聽了不高興，但那時可了不得，因為漢代選官的方式就是舉孝廉。一個人的道德品質，首先是表現在「孝」上。他這麼一說，等於從根本上否定了朝廷好多的法律制度。

唐朝人思想更解放，那時除了道教，還有佛教，而且佛教傳播得相當厲害。一些與儒學相對立的觀點就甚囂塵上。到了宋朝，佛教在中國演變為禪教，成了士大夫們的精神鴉片。這樣一來，儒學思想統治地位就受到了動搖。我想，程顥、程頤們主要是想把各種學問綜合起來，既能解釋天，又能解釋人，還能解釋社會制度。這和董仲舒的出發點是如出一轍的。到朱熹時，這個任務就完成了。

可以這麼說：二程受道學的影響極大，而朱熹受禪學的影響極深。按他們的想法，他們為了讓儒學地位不受動搖，必須要改造它。但他們不敢說改造，只是說是「注解」。那時有個叫張載的人說過一句話，叫「為天地立心、為生民立命、為往聖繼絕學、為萬世開太平」。這是對「三不朽」的一種新敘述，給天下士子們明確了實現人生價值的途徑和方法。理學裡認為：天不會說話，人要認真去探索天理，這就是「為天地立心」；知道這個道理後要幹什麼呢？就是要讓天下人——統治者和被統治者都能很好地生存，這就是「為生民立命」；但很多道理——朱熹說所有的道理——古代聖人都說過了，只是被別人忘了，或者誤解曲解了，我們要重新更正那些錯誤的理解、不斷發現被我們遺忘了的真理，——朱熹就為《論語》、《孟子》、《大學》、《中庸》寫了詳細的解說——這就是「為往聖繼絕學」；以上全部做到了，天下就太平了，就「大同」了，這是全部事業的目的，就是「為萬世開太平」。

宋代理學的出現，還有一個時代背景：一方面，宋朝崇文，以文取仕，甚至是以文人帶兵，文人的日子過得很好，大家也很珍惜，所以，對儒學這個既能帶來衣食、又能博取功名的東西，十分崇敬；但另一方面，宋朝在這些文人治理下，國家是積貧積弱，內有朝廷用度之憂，外有敵國侵擾之患。強烈的自尊心和無奈的屈辱現實交織在一起，君主的天子地位受到動搖。在朱熹的時代，南宋皇帝是要向金人稱臣納貢的，更有兩代皇帝在人家手裡當俘虜。他們唯一值得驕傲的東西是什麼？就是那傳承不衰的儒家文化。而這個文化裡說的「尊王攘夷」、

「天下大同」、「君子安貧樂命」等亂世裡的夢話，不正好可以做他們靈魂的主心骨嗎！他們把它當成救世的良方啊！

從以上分析裡，我們還應該可以得出一個結論：亂世、衰世裡出來的學問，往往表面博大精深，其實質卻是保守、落後，特別是扼殺創造力。

## ■戊戌變法差一點成了儒學的第四次演變

最後，我還想說一點，就是：儒學差一點，還有第四次演變，那就是晚清時期的戊戌變法，在那個亂世、衰世裡，康有為們又祭起了儒學這個「救世良方」，可惜他們變法失敗了。在西方的堅船利炮面前，儒學是不堪一擊的。

## 核能技術很偉大，但原子彈很可怕

孔子說得我連連稱是，我覺得孔子的胸襟，實在很了不起。現在很多人批判儒學，連他也一塊攻擊。而我總認為，他是很偉大的一個人。孔子至少有三個偉大之處，是毫無疑問的，第一是他對世人的關懷之心；第二是他追求真理、傳播真理的鍥而不捨的精神；第三是他作為一個大教育家所提倡的教育方針和使用的教學方法。

果然，孔子不愧為一個偉大的教育家，他在侃侃而談後，不忘「教學相長」，引人思考，搞啟發式教育。他對我猛然說了一句：我說了這麼多，就由你來談談儒學的反動之處吧。

我想了想，說：作為一門學說、一家之言，儒學是很偉大的；但要作為治理國家、修養人生的指導思想，就有很多問題，或者說有它的反動性。這就叫「學術」與「應用」的關係。比如，核能技術以及發明核能技術的人，是非常偉大的；但用它來製造原子彈以及用原子彈的人，是人類的罪人。所以，與其說「儒學」的反動之處，不如說「儒學統治思想」的反動和危害之處，這樣會更準確。我認為，其反動和危害之處有很多，最嚴重的有以下四條。

第一，儒學思想是反人性的。

其實，儒家、法家和道家，似乎都不太重人性。他們一系列論述，主要是闡明三個觀點：一是人性中有本能的一面，這和獸性本沒有大區別，但又有很多有別於獸性東西。可是，儒家要人修身，第一步就是脫離獸性，而沒有獸性，其實也就沒有人性。道家則要人回歸獸性，摒棄高於獸性的慾望和智慧。法家則把人當成一種特殊的動物看，像馬戲團裡馴獸員一樣為「人」制定行為規則；二是太強調集體性，即共性，而抹殺個性。儒家要人都合「禮」的要求，他們定的秩序標準非常高，要無私或無欲。道家不僅要人和人一樣，最好和萬物一樣，完全沒有個性，沒有七情六慾；三是要人都努力致於「天性」，即理性，排斥感性。當然儒、道二家對天性的解釋不同。儒家把「禮」的要求當「天性」，道家把自然當「天性」，但都不妨礙他們共同的要求：滅人性。

「見賢思齊」是二、三兩點的共同表現，後來理學家乾脆就「滅人欲」，把人性歸於人欲

——這也是概念不清的後果——然後對人欲大加鞭撻，一律否定。其實，人欲只是人性的一部分。氾濫的、影響他人利益的人欲才是惡。

第二，維護獨裁、專制統治。這一點你已經講得很多了，就不說了。

第三，是扼殺創造力。尚古，一切按聖人的話去辦，唯聖、唯上、唯書，哪有創造力可言呢？更何況，一有異見，即被視為「邪說」，一指出你們的錯誤，就被定為「謗聖罪」。要依這個標準的話，我這個訪談錄做下來，不知要被判多少回死罪了！

第四，為功利者提供了道德工具，使偽道德盛行。

總而言之一句話：儒學使我們的科學和民主不能有發展的土壤。

## 儒學思想的統治就是儒教統治

孔子問：依你之見，中國民主和科學不發展，是儒學思想統治的結果了？這種統治又可以稱之為儒教統治嗎？

我說：正是。

我訪問過黃帝、魯班們，中國本來是有科學和民主的土壤的，即便到了漢代，由於好傳統的慣性影響，還有張衡這樣的人被立為博士官。但以後就不行了，越來越壞。直到明朝，發展到極致，清朝繼承明朝，最後搞得被西方列強瓜分了。

與西方相比，我們受儒學統治的近兩千年歷史，可以比之為西方受神學統治的「中世紀」。

所以說，儒學統治就是儒教統治！

我們可以粗略地把儒教和天主教做一個對比，從而看出它確實是一種大宗教。所不同的只有兩點，一是中國是「政教合一」，中國皇帝既管凱撒的事，又管上帝的事。皇帝就是大教主，但他忙於人間的事，常常被人忘了他大教主的身分，有時，連他自己也忘了；二是儒教教義表面上的無神論色彩較濃，但從哲學意義上講，一點也不影響「天」在人們心中的「上帝」地位，什麼敬天畏命、聽天由命，就足以說明這一點了。

我把兩個教的要素對比一下給你看：

天——上帝

仁——愛

人生目的為了「不朽」——人生為了進永恆的天堂

四書五經——《新約》、《舊約》

孔子——耶穌

皇帝——教皇

官員——教士

讀書人——教徒

老百姓——盲目追隨者

孔子笑起來：說得有道理。但光說觀點不行，要有嚴密的論證，不要再犯我那時的錯誤。

我忙說：我正準備寫一本《儒教統治下的中國》，好好論證這個問題，讓人們看到儒學思想統治下的中國正是儒教統治這個實質，從而，才能明確中國文化復興的真義！

## 歷史上儒學受到的幾次主要衝擊

孔子說：很好。中國五千年歷史，前半部由我改纂，後半部因我改變。你們不能再用我的思想了。要好好批判。

其實，歷史上反儒也接連不斷，只是沒有把它的實質揭露得那麼清楚。畢竟是一個「教」嘛，反起來不容易的。但你們今天不一樣了，你們在「五四」時就舉起了「民主」和「科學」這兩面大旗了。

為了表示對你的支持，我總結一下歷史上儒學受到的幾次主要衝擊，做為我們訪談的結束語吧。

第一次是春秋戰國時的道、法二家。道家笑其虛偽，法家怪其迂腐。後來，因為入世的思想、功名的誘惑，戰勝了道家；又用「禮」的改革，排斥了法家。但吸收了道家的處世說，特別是對不得志者的修身、養心。畢竟我也想過一種春暮晚歸的田園生活；畢竟我說過「道不行，吾將乘桴出海」嘛，有基礎的；也吸收了法家的法與術思想，那就是與「政」合為一體，開創了儒學新紀元，用上了「劍」來傳播學術思想。

第二次是東漢之後的玄學，主要是質疑。因為東漢的五行、讖緯之說，以及道德工具化，壞了儒的名聲，特別是科技的進步，對「天」有了新認識，人們對名教開始質疑，以玄學與之對抗。但儒家已經相容了法、道之術，用中庸之道斥之。後來隋唐大一統了，科舉取仕，這股勢力終於失敗。

第三次是唐宋時的佛、道宗教思想，特別是佛學思想，攻擊儒學對人生的終極關懷沒有落實。但那時的士大夫已經是儒教徒了，他們把儒學思想悄悄地灌入了佛道之中。人間制度融進了宗教，宗教世界也如同人間。中國人似乎沒有宗教了。

第四次是明清時，人們對國家的認識，關於「天」的解釋。這是從「心學」這一路異變來的。另一種勢力，是工商業發展起來後的市民文化思想。但那時，「政教合一」的體制已經十分牢固。即便改朝換代，即便是異族統治，儒教卻一樣地與「政」緊密結合，禁錮思想。

第五次是晚清，西學東漸，明顯地，在槍與艦面前，儒學思想受到動搖。但這回，慣性起作用了；另一個強大的抵抗力量，來自於民族自尊心。人們在感情上無論如何也不願接受強暴者的思想，而且面對物質如此落後的現實，如果他們放棄了儒學，就一無所有了。

第六次是新文化運動。知識分子覺醒了。但國家分裂、人民苦難、民族受壓迫。獨立、解放、富強是首要任務。最首要的是國家獨立。為此，大一統占了上風，中央集權必然盛行。到了文革發展到極致。雖然在形式上是摧毀儒學，但在實質上，還是儒教思想。

時至今日，還有人在講什麼儒學強國。

現代西方文明出了問題，那是現代化中的問題，用儒學裡的人文精神來糾偏，是可以理解的；我們現代化還沒有成功，卻要用反現代化的東西來做指導思想，豈非南轅北轍。好比兩個人各養一子，甲老而子壯，乙壯而子幼，甲要讓其子學乙之勞作，其力必勝任；乙竟以之為由，不再恤其子幼，亦令他勞作如己，不亦惑乎！

## 孔子論女人

看看訪談時間到了，我忽然想起答應西施的一件事來，趕忙問孔子對女人有什麼看法。

孔子板起臉說道：我們那個時代，男女交往還是很開放的，沒有後來的框框限制。但人類自開化以來，就是一個男權社會，因為人類一開始的生存，主要是靠力量，男人當然比女人更有力量。

我一般不談及女人，因為我認為，對社會而言，女人只是一個生兒育女的工具；至於男女愛情，則是私事，不屬於我關心的範圍。

關於我的言論記載，似乎只有一句說到女人，那就是《論語》中的「惟女子與小人為難養也，近之則不遜，遠之則怨。」後人就憑這句說我看不起女人，其實是誤解。但這也並不是後世尊我的人所解釋的，說「女」通「汝」，「女子」就是「你們這些小子」的意思。我這句話只是告誡我的學生們，要修養君子之德，就儘量不要和女人、奴隸們打交道。因為這些人，你要是相處太親密了，他們就目無尊長；要是疏遠了，他們就會懷恨。這樣是很耗人精力的。再說，「養」也不是「伺候」或「管理」的意思。春秋戰國時有「諸侯養士」的說法，就是把一批人聚集在身邊的意思。

《論語》裡還有兩句被後人認為是和女人或女色有關的話，一句叫「吾未聞好德如好色者也」，一句是「非禮勿視，非禮勿聽，非禮勿言，非禮勿動」。其實，我說的「色」，是指「顏色」，代指一切物質方面的誘惑；至於四個「勿」，決不是指對女色。後人是憑著一己之見在胡亂解釋。

另外，「三從四德」、「紅顏禍水」、「食色性也」等都不是我說的。我更沒說過女人應該如何去守貞節。後人強加於我，我也沒辦法。

總之，我不願多談這個問題。

與孔子告別時，我感覺他像一面大海，世人可以在裡面發現一切，而且也永遠不能發現一切。

哎！孔子就這樣影響著我們！

# 5

# 華佗

華佗（一一〇～二〇七，或一四一～二〇三），三國時東漢沛國譙（今安徽省亳縣）人，精通內、外、婦產、小兒、針灸各科及衛生學、藥物學。其中對外科尤為擅長，有「外科聖手」、「外科鼻祖」之稱。因其在民間行醫地域廣、時間長，故而影響大，被譽為「神醫」。全國多處建有華佗廟，其中以他的出生地亳州和死葬地徐州的華佗廟最為出名。

本篇我們將借華佗之口，談中國傳統文化中對生命的態度、靈魂與肉體的關係以及中醫現代化問題。

【華佗訪談錄】

# 中醫問題其實是個僞命題

●採訪人物：華佗
●採訪地點：華祖祠
●採訪時間：二〇〇六年五月二十五日（健身節）

## 令國人引以爲傲的中醫

有人說中國科學技術不發達，但卻有一樣值得我們非常驕傲的行業，那就是中醫，或者完整地說叫中醫藥。在中國中醫的天空裡，真可謂群星燦爛，被稱為：「神」、「聖」、「仙」的人有一大串，這使我想到中國詩歌。如詩界有「詩祖」屈原、「詩仙」李白、「詩聖」杜甫、「詩豪」白居易、「詞聖」辛棄疾、還有「詩鬼」李賀等等，中醫藥界裡也有醫祖黃帝——其實應該是岐伯、醫仙扁鵲、醫聖張仲景、醫神華佗、藥聖孫思邈、藥聖李時珍等等。大概中國傳統文化中最讓人只能望其項背、不可比肩者就是詩歌和中醫藥。

我之所以最終選定要去採訪華佗，是因為他最符合我這次寫訪談錄人物的標準，一者正史有傳，二者傳說很多，三者有很多祠廟。尤其是傳說，幾乎其他的業內人士，都不能比。大約是他行醫於民間，時間長、地域廣之故吧。

我在〈華佗傳〉裡還發現「然本作士人，以醫見業，意常自悔」這樣一句話，心裡頗不是滋味！這句文言文翻譯成白話文的意思是：「華佗本來作為一個讀書人，是想走仕途當官的，現在卻只能以行醫為業，常常為此難過不已！」這同樣使我想到詩界的李白，他如果「以詩見業」，我們一定會深以為然，但李白終其一生引為憾事的就是沒有當官，他也是「本作士人」，因「以詩為業」而「意常自悔」。

我們今天的知識分子，如果有一個搞文學的人，成就、名氣能像李白一樣，那一定是心滿意足的；如果有一個搞醫學的人，成就、名氣能像華佗那樣，也一定會躊躇滿志的。由此可見，我們這個時代是大大地進步了，不僅是社會制度的大大進步了，我們人的價值觀也是大大地進步了。

在有中國藥材之鄉的亳州神醫祠，我見到了華佗。

果然，華佗的形象更像一個當官的樣子，而不是一個醫生。這大約與我們時代、中西方觀念有關。中國古代稱醫生為「大夫」，那就應該是個大官、大紳士，用英文叫做"Gentmen"。但在西方，醫生叫"Doctor"，那是「博士」的意思，應該是一個大學者，用中文叫做「大學士」才對。

# 熱愛生命是人類的最高道德

華佗的形象，還是非常和藹可親的，像一縷溫暖和煦的陽光。我拱拱手對他說：久仰您的盛名，今日得見，幸甚幸甚啊！

華佗卻一臉無奈地說：我的盛名是因為我醫術高，能治好很多疑難雜症，從而使人健康、長壽。可現在卻有一些人，不愛惜身體健康，糟蹋生命，這真是太不應該了。

我回答道：你說的是人生觀問題。我曾經思考過，在對待生命問題上，這世界上大體上有三種人生觀，一是說人生本沒什麼意義，生來還是要死去，人生只是不得已被動地做了一次旅行。所以，他們對待生命的態度比較潦草，如果遇到不順心的事，就覺得不如死了，倒也輕鬆。這種人雖說比例極小，但如今我們地球上可是有幾十億人口啊，即便是千萬分之一，也有好幾百呢！

二是講求人生品質，或者叫厚度，他們覺得健康的身體只是一個載體，來到這世界上，為了多體驗，就應該活得精彩一點，所以，犧牲健康、縮短壽命，也是在所不惜的。

三是覺得好不容易來到世間，生命只有一次，度量生命的好像只有長度，也就是壽命，因此，延長壽命是最重要的，當然，他會把健康放在人生的首位，甚至有時「好死不如賴活著」。

僅從哲學角度來說，這三種態度，都無可厚非。

至於還有道德、信仰，那是與我們探討的問題不太相干的。

華佗搖搖頭說：也不是不相干，而是相干！比如，以前流行一首匈牙利詩人寫的詩——「生命誠可貴，愛情價更高；若為自由故，兩者皆可拋。」至少在這首詩裡，還是說有兩樣東西比生命價值高——一個是愛情，一個是自由。這樣的認識對嗎？

我沒想到這老頭會出這樣的難題給我，沉吟了好一會才說：自由的問題好解釋。人沒有自由，就是活著，也不是為自己活著的；再說，作者用意主要是為民族爭自由，他的個人生命犧牲了，他的民族卻獨立自由了。就是犧牲小生命，維護大生命。

至於愛情呢，要用生命去捍衛自己的愛情，我想，其原因可能就是我前面說的，他是屬於那種持「注重生命厚度」人生觀的人，在他心中，厚度主要表現在愛情上；另外，以死一博，也可能不死而終能獲得。

華佗大笑道：其實，我們中國人的信仰是天，西方人信上帝。天也好、上帝也好，只是我們在思考、解釋生命問題時，對一種不能受自己支配的命運的一種說法而已。

那麼，人沒來由地來到世上，就說是天安排的或是上帝派來的吧，你怎麼辦？你難道以死抗爭？在你懂人間之事前，也由不得你抗爭；在你懂人間之事後，你已經與這世間建立了千絲萬縷的聯繫，也不一定去抗爭了。再說，抗爭之後，你就「沒有了」。「沒有了」是什麼概念？難道你會為「沒有了」去抗爭?!

所以，我認為，人首先要活著。我們人間的一切思考，現今的一切狀態，都是因為有了我們這個「人」的生命。

因此，一切都要圍繞生命才說話。

如果要說什麼是最高道德的話，熱愛生命就是最高道德。

## 肉體和靈魂的三大關係

我就此問道：西方哲學探究最多的一個問題是「靈魂與肉體」的關係，而中國哲學上，從沒有正面、直接、系統地探討過這個問題，你是個知識分子，又生逢亂世，感遇頗多。你以救死扶傷為天職，能談談這個問題嗎？

華佗點點頭說：好的。人與動物不同的地方，就是人能思考。會思考的人，首先會追問「人是什麼？人是怎麼來的？又怎麼活著？人活著的意義是什麼？死又是怎麼回事？思考是怎麼回事？」這樣一些問題。把「思考」抽象出來，給它取了個名字叫「靈魂」，中國人也把它叫做「心」，靈魂與肉體的關係，在中國又稱之為「心與身」的關係。以上這些問題，你們現在哲學上都稱之為「終極關懷」。

中國傳統文化思想中，雖然沒有對這個問題進行專門的探討，卻在大思想家的著作裡有很多散見。真正的思想家，沒有不關心這個問題的。別以為只有古希臘哲學家才關心它，只不過他們有專著而已。

我是從醫的，我想從醫的角度，說說靈魂和肉體的關係。

我們認為，靈魂和肉體是一同來到世間的，有天有地就有萬物，有人也就有靈魂。人生下來的時候，肉體是很稚弱的，同樣，靈魂也是混沌的，它們都隨著歲月而一同成長。難道會先有身體，後才有靈魂的嗎？那靈魂又是怎麼來的呢？人心又叫靈台，承載感情、智慧的地方。人生來，靈台就設好了。成長的只是上面的情感和智慧而已。就像身體一樣，生來就有血有肉有骨骼，成長的只是力量和靈活度而已。

從醫學上講，靈魂和肉體應該有三種關係：

第一是互為依存。如果把「人」這個概念比成一個「家」，則肉體就是房子，靈魂就是住在房子裡的人。他們互相依存。有人說，先要有房子，才能住人，那請問：這房子又何以來？何以叫「家」？又有人說先有人再造房子，則請問：在這個房子之前，人住在哪裡？因此，一個好的醫者，在治病時，既要治肉體之病，也要治心病。要保持身心都健康。為什麼說人老了、死了，就叫「壽終正寢」呢？因為他的靈魂和肉體同時死亡了。正常的老人是什麼樣的呢？是肉體逐漸老化、精神也逐漸老化的過程。前者如眼不明、耳不聰、手腳不靈、心跳不力等等，後者如記憶減退、反應遲鈍、思維滯澀等等。如果一個人的肉體新陳代謝正旺盛，而思維衰退，我們就稱之為「愚呆」，甚至說他是行屍走肉；反之，如果一個人思維敏捷、創造力尚強，而健康狀況差、體力不支，我們會說他未老先衰，這都是人的不幸。有本領的人住破房子、無能之輩住高樓大廈，都是我們不以為然的事，就是這個道理。所以，我們強調，靈魂和肉體相互依存，缺一不可，同生同長同衰同亡，才是生命新陳代謝的正常表現。

第二是相互作用。我們醫學上認為，健康的身體會帶來健康的靈魂，反之亦然；而健康的靈魂，也會有利於健康的身體。為什麼呢？因為身體的殘缺、衰弱，會影響人們的言行，言行又直接作用於靈魂的形成。我們醫者主要是醫人之病體，但真正的良醫，一定會從靈魂上來醫治心靈的創傷的。我們叫人樂觀向上、平心靜氣，就是用靈魂醫治法來治療肉體的病傷。

第三是互為因果。因為這個人身體好，我們覺得他應該有一個好的精神，否則，「可惜了他的好皮囊」；反之，對一個很有智慧的人，我們希望他有好的身體，否則會感歎他的力不從心。肉體是靈魂的載體，有肉體就要有靈魂，也必須有靈魂；靈魂是肉體的主人，有靈魂就有肉體，也必須有肉體。也就是說，有靈魂的肉體才叫肉體，否則就不是肉體，只能叫屍體；有肉體的靈魂才叫靈魂，否則就不叫靈魂，只能叫鬼魂——有沒有鬼魂是另一個問題，我們不討論——這就叫互為因果。

## 什麼是「精、氣、神」

我於是問：你們在行醫上是怎麼把這二者結合起來考慮的呢？

華佗答道：這就是我要說的正題了。剛才說的幾點，都比較抽象，為的是說我們醫診時考慮問題的出發點和歸結點。

我們診斷病人，要能知道他患的是什麼病，然後才能用什麼方式去治這個病。當然，治法很多，其中主要的一項是用藥，所謂「對症下藥」。

我們診斷時，也是按前面的「肉體與靈魂」的關係進行考慮的。中醫學上認為，人的肉體上的新陳代謝受三方面因素影響：

一是肉體自身因素，這個好理解。

二是受外界物質的影響，如受涼、受創傷、受感染，等等。這個也好理解。

三是受精神也就是靈魂的影響，如心情壓抑、暴喜、急躁、狂怒、過悲，等等。那麼，這些靈魂的東西是怎麼影響肉體的呢？前面說了，靈魂和肉體是一個整體，它們相互依存、相互作用，這種依存、作用的東西，我們在中醫上有幾個名詞，叫：精、氣、神，存放的叫「精」、運動時叫「氣」，形成的叫「神」，不要以為他們看不見摸不著，可是確確實實存在的啊，是介於「肉體」和「靈魂」之間的東西，既是物質又不是物質，既是精神又不是精神。在現代科學裡，你們也在分析人的情緒變化過程中，身體內會產生哪些物質性的東西，從而找出靈魂和肉體的關係。但我們那個時代，沒有這樣的分析手段，我們只能根據概念的分析來推導。所以，我們定義了「精、氣、神」這樣一些概念。

現在你可能理解到了，為什麼我們中醫裡說的「五臟六腑」和你們現代醫學解剖學上的「五臟六腑」是不同的概念了。因為我們不僅要考慮純物質的東西，還要考慮「是物質又非物質、是精神又非精神」如「精、氣、神」一類的東西的存放處和運行處。所以，我們設定了我們中醫上的「五臟六腑」以及「經脈」的概念。

比如「心」，解剖學上的心臟，只是為血液循環提供動力的一個「泵」，但我們發現，一個人的情緒、思維變化，與心跳、血液的流速有太多直接的關係，所以，我們認為「心」又是管思維的，因而，中醫學裡「心」的概念是不同於解剖學上的「心臟」的。同樣，腎、肝等都是這樣，因為牽涉到太多的專業知識，我就不詳談了。

總之，我們診病時，是要考慮到「精、氣、神」運動的，以為這樣，才能找到病根。

## 中醫有完整的理論體系

我問：那你能說說中醫的理論體系嗎？

華佗說：其實，所有學科的體系，都和一定時代形成的哲學思維體系相關，現代科學體系，就是建立在哲學的邏輯與實證基礎上。而古代，由於「實證」手段有限，只能靠推理和想像。中國的邏輯學不夠發達，以玄學補之。玄學是一種概念比類、聯想法，邏輯是推理、演繹法，二者都是一種思維方式。所以，你們現在有人說玄學是反科學的，是與科學相對立的，這種說法是錯誤的。

中國古代思想方法上運用的比類、聯想，第一條是把人與天相比，即「天人合一」的思想。因為「天」，即宇宙，是一個最完整、最完善的系統，沒人敢懷疑它，它的一切存在、變化是「不以堯舜而存、不以桀紂而亡」的。那麼，「仰觀宇宙」，就可以「俯察品類」了。

這種思維的巨大成果就是《易經》，裡面主要的內容是說：天地運行的主導者是「陰陽」；萬物由「五行」構成，因而也就在陰陽的主導下，相互作用，相生相剋了。世界的新陳代謝就是五行運動變化的結果。

具體到中醫上來，人體也如宇宙體，由陰陽主導，五行運動變化，生老病死不過是陰陽主導的五行運動的結果。

這樣一來，中醫的理論框架就形成了。宇宙間有陰陽日月，人體內就是陰陽氣血，萬物由水木火土金構成，人體亦然。根據水木火土金的性質，我們把五臟分屬於這五大類。人的病就如自然界的災難一樣，肯定是五行變化時，有一方出了問題，使陰陽失去了平衡。人體也是這樣，生病了，肯定是人體內陰陽失去平衡了。

在實踐中，我們發現，這種類比很多是正確的。有了這種理論框架，我們才能按系統地找出治病方案。

比如針灸療法，那就是要打通經脈，經脈是什麼呢？也不是你們現在解剖學上經脈的概念，而是中醫學裡特地設定的概念，它是我們前面說的「精、氣、神」運行的「道路」，打通「經脈」，就是讓「精、氣、神」在體內運行通暢。這就像治水時疏通河道一樣。

用藥也是這樣。既然按陰陽運行、五行相生相剋的原理來解釋病因，藥物必然也要因此而分成陰陽和五性，五性基本上是按藥的味道來分的。藥味有「辛甘辣鹹酸」，實踐證明，這也是正確的，如辛苦的藥物，往往是涼性的，可以治因火氣太旺形成的病。

有些病，是受外界感染而成，我們把它比成軍事上的外敵入侵，這時，用藥就好比是派兵去人體內與這些外來之物作戰。作戰是要講究戰法的，我們用藥也是，按「君臣佐使」來配伍。這個「配伍」在我們中醫藥上是個大學問，否則，當醫生也就太簡單了。並不是一個病就有一個藥來治的，就像打仗一樣，許多大一點的戰役，不是單純的兩軍對壘，而是要有多軍團配合作戰的，就是一個軍團，也有分類的，陣法上還分前鋒後衛側翼什麼的。用藥也是這樣。

中國之所以幾千年來，能把陰陽五行的道理用在好多事物上，是有其實踐依據的。這種玄學的東西並不是反科學的，而只能說是缺乏邏輯，但能把病治好，就是有了「實證」。科學由玄學和實證共同組成，中國的科學不發達，從邏輯上講，是因為玄學太發達而實證被忽視了的原因。

當然，玄學有時也會引起牽強附會；但實證也會因為受時空的限制而拘泥或片面。現在數字科學的發達，初步解決了這個問題，那就是「虛擬推演」，把玄學和實證結合起來了。

為了證明我們中醫理論和現代醫學在實踐上的正確性，我舉一個例子，那就是治癌藥物。

癌症在西醫裡叫腫瘤或惡性腫瘤，而中醫裡才叫癌，是一種鬱結症。

中醫認為，癌症是人的性情鬱結的結果，即「精、氣、神」特別是「氣」的運行受到陰滯而鬱結，為什麼會有這種情況產生呢？一定是這個人有想不開的地方，受社會客觀因素的影響，精神上壓抑。原因是這個人不夠超脫，是陽氣鬱結、陰氣損耗所成。解決它的辦法是滋陰補陽。什麼東西是最能滋陰的呢？就是靈芝，高山上的靈芝。為什麼？因為它長在高山之上，那是多麼超脫紅塵的呀！它受最純潔的雨露滋潤，那是多麼補陰的呀！實踐證明，靈芝確實有治癌作用。但現代醫學是怎麼解釋的呢？它用生理化學的原理研究發現，靈芝裡含有一種化學元素叫做「鍺」，這東西可以抑制、破壞癌細胞的生長、增殖。玄學的結果居然和科學的結果一致，而「實踐是檢驗真理的唯一標準」——你能說玄學就不對嗎?!

## 中西醫並提是一個錯誤的的命題

我深以為然地說：中國玄學太發達了，從而又阻礙了科學的發展，這是中西方文化差異的一個方面。對這個問題，我以後會好好來研究的。你能對比一下中醫和西醫嗎？這個問題可是一百多年來熱門的話題哦。

華佗立即說：我必須先說一點，很重要的一點，即所謂中西醫這種提法，是很不正確的，反邏輯的。因為按邏輯類比，它們不是一個對等的概念。中醫，是指我們中國的傳統醫學；西醫，是指西方的現代——包括近代——的醫學。由於中國傳統醫學很發達，所以，一直沿用至今；而由於我們現代化比西方晚了幾百年，所以，我們現在的現代醫學都用西方的。其實，西方也有傳統醫學；我們也應該有現代醫學。現在把我們的傳統醫學和現代醫學並提，不是反邏輯的嗎？這叫好比在晚清時期，把我們的馬車或轎子和西方的轎車相比，是犯了嚴重的邏輯錯誤。

你們現在進行中西方文化對比時，很多方面都犯了這種錯誤，即把我們的傳統文化和人家的現在文化進行對比。正確的做法是：拿我們的傳統文化和人家的傳統文化對比；拿我們的現代文化和人家的現代文化對比。為什麼會犯這種錯誤呢？因為幾百年來，至少在鴉片戰爭以前，中國沒有近現代文化，西方先現代化了，我們在步人家的後塵，許多地方學別人、引進別人的，比如醫學就是這樣。但這沒關係。可我們不能進行簡單的類比。簡單地類比，要證明誰優誰劣，那是不對的，不唯沒道理，也是沒有意義的。

接著我要說第二個問題，就是中醫——我們姑且這麼稱呼吧，後面我也把現代醫學叫西醫了——也不是在現代文明的時代，就失去作用，或者像少數人說的要死亡了。為什麼呢？因為西醫有一個問題，就是全面性的問題，不能解決。這是現代科學的必然結果。為什麼這樣說呢？因為現代科學體系，是靠實證一步步累積起來的。而中國傳統文化，是從「天人合一」這個先定的玄學基本命題上，完整設計出來的。所以，是綜合性的、整體的。但由於手段、方法都落後，所以，也是很淺顯的。

這就相當於建一個城市，西醫是一座座房子、一條條道路建設的，但建起來的東西，品質都很好。而中醫是一張藍圖、一個規劃，然後，把裡面全建設好，但有問題：品質很差，檔次很低。

西醫一開始，頭痛醫頭、腳痛醫腳的現象很嚴重，但療效很好，可藥效的副作用很大。中醫反之。隨著西醫不斷發展，綜合性方面也在發展，但時至今日，仍然不是高境界。

由此可以得出結論：在中醫有療效的病症範圍內，或者中醫應該比西醫更好。因為它是綜合的、全面的。

另外，中醫還有三個優點：其一，他將養生保健放在重要位置，在防病上比現代醫學理論更全面；其二，中藥講「配伍」，因人而異，因病症而異；其三，中醫用天然產品入藥，非化學藥物，從生態學角度和綜合性角度來說，都有它一定的優點，因而副作用也就相對小得多。

舉一個例子：一個病人，找不同的中醫可能會開出不同的中藥方子，而不同的人生一樣的病，一個中醫可能為他們開出不同的許多藥方。為什麼？因為每一個人的身體狀況不一樣。但西醫很少這樣，他們是「標準化治療」。西方現代文明在人文精神上講個性，中國傳統文化裡講共性，為什麼在醫學上是相反呢？這是個奇怪的事。由此可見，各自的理論體系是完全不同的。

## 中醫藥現代化同樣是一個錯誤的命題

我緊跟著問：你能談談當前中醫發展問題嗎？比如，中醫藥現代化問題。

華佗說：中醫藥現代化——又一個邏輯錯誤的提法！我已說過，中醫是傳統的，現代醫學是建立在現代哲學和現代科學基礎上的，兩碼事。如果硬要說：現代化是從傳統裡發展出來的，那就是另一個概念，而不是我們這裡談的中醫藥現代化那個「現代化」的概念。

比如，我們現在中醫藥現代化裡一個重要內容是中藥現代化。首先，我認為，開發植物藥肯定不是中藥現代化。因為植物藥只是相對於化學藥在製藥材料上的一種說法，就是說，這個藥的成分是來源於植物的提取而不是化學合成。其次，中成藥的現代化生產，也不能叫中藥現代化，只能說是生產加工方式的現代化。如果一定把它定義成中藥現代化，那中藥現代化似乎也就只能是這個狹義的概念了。第三，現在已經提出中藥標準化生產問題，比如「六個P」的標準，從原材料的生產基地建設，到研製、中試、臨床、銷售，都有一整套的標準，我想這也僅是方法問題。而如此一來，實際上是拋棄了陰陽五行理論、拋棄了配伍方法，所以，也不能叫中藥現代化，只能叫現代化製藥。

## 中醫將長期存在而中藥理論將消亡

中醫在一定的時期內，還將長期存在，但隨著中醫理論的淪亡，必然歸於消亡，但時日很久，為什麼？因為西醫還沒有發展到人的全面治療階段。什麼叫全面治療：就是人體所有解剖學上的東西要綜合考慮、人的肉體和靈魂綜合考慮、人與世界要綜合考慮——即天人合一。這是何等了得的事？西醫達到這種境界，不知道科學要發展到什麼程度才能完成啊！所以，在這個意義上講，中醫的生命力將一直不會衰亡。站高一點角度講，科學沒有能全面解釋世界時，玄學就有存在的意義。

但按中醫理論，特別是天人合一的理論形成的中藥學，可能要先滅亡。因為過去那種天然藥材，將逐漸地不復存在，現在都是規模生產出來的東西。大棚溫室裡長出來的靈芝，沒有陽光雨露，能有什麼靈氣？談得上什麼「超脫塵世」？所以，中藥理論生命不會太長久了。

告別華佗後，我總覺得，還有太多的問題沒有說盡。

# 6

# 【關 羽】

關羽（一六〇～二一九），字雲長，本字長生，東漢時河東郡解縣常平里人（今山西省運城市常平鄉常平村）。三國名將。被後世人尊奉為「武聖」，是「忠」和「義」的化身。

本篇我們將借關羽之口，談中國傳統文化中對陽剛、勇武的價值取向。

【關羽訪談錄】

# 後人怎麼就那麼崇拜我呢？

●採訪人物：關羽
●採訪地點：關帝廟
●採訪時間：二〇〇五年十月二十六日（世界足球日）

## 與文聖孔子並列的中國武聖

雖然關羽總是捧著一本書在讀，而且是極其艱深、充滿微言大義的《春秋》，但他那張紅臉、那眉宇間透出來的英氣，給人的還是一個標準的武將形象。當然，不能說是武夫，應該說，是「武神」，或「武聖」。

關羽見我對他凝神而望，就笑起來說：我的紅臉，一半是羞出來的。後人怎麼就那麼崇拜我呢？你看中國大地上，除了孔廟，就算供奉我的廟最多了。他是文聖，我是武聖。別看我驕傲，其實我還是有一點自知之明的，我真的配不上啊！

我連忙說：現在很多人認為，這要歸功於羅貫中，他那部《三國演義》相當於一本三國時期人物與事件的大型報告文學，他對你，可謂濃墨重彩，褒揚有加。羅貫中絕對是中國歷史上超級造星大師，比搞「超女」比賽的湖南衛視厲害多了！你和諸葛亮這些人都是被他捧紅的。其中，你是巨星！

關羽搖頭道：這是胡說！

你查查歷史就知道了。《三國演義》成書於明代，而遠在唐、宋時期，就有「說三國」，但我也不是「說三國」走紅的。

早在南北朝時，我就有名了。知道為什麼嗎？因為那時天下亂紛紛的，平民有英雄崇拜意識，士大夫們則是信仰危機。在孔子那一大套倫理觀中，忠、義、仁、智、信，以忠為第一倫理信條。但忠於誰呢？那時的皇帝，如同走馬燈似的換。如果他們依然以「忠」為第一，那麼，一個皇帝倒台，不說要他們陪上一條性命，至少也要陪上好不容易掙到手的功名利祿。所以，他們就不再講「忠」了，或者是不把「忠」說得那麼重要了。等而次之，講什麼呢？講「信」和「義」，這樣，我就成了這方面的化身了。

「亂世英雄」、「信」與「義」的化身，這兩條，可能是我被後世崇拜的原由。

當然，後來皇帝們也發現了我的「忠」，因為我「義」的對象是我大哥，而我大哥劉備後來當了皇帝，因此，我對皇帝是無限忠誠的。

雖然有些牽強，但也說得過去。

於是，我又成了「忠義」的化身，然後，我的地位就被一代代皇帝抬得越來越高，「由侯而王」，「旋而進帝」，最後被尊為「武聖人」。當陽縣玉泉山關帝廟的對聯高度概括了我的經歷和精神：

赤面秉赤心騎赤兔追風馳驅時無忘赤帝
青燈觀青史仗青龍偃月隱微處不愧青天

## 外來的和尚好念經

說來很有意思，最早發現、抬舉我的好像還是個信仰外國宗教的佛教徒。這真應了一句古話：「外來的和尚好念經」。

大概在南北朝的南陳光大年間，佛教天台宗創始人智顗遊歷名山，經過湖北當陽，遙望玉泉山山色如蘭，上有紫雲如蓋，以為聖地。於是入山尋之，到半夜時，忽見怪物千狀，有大神人美髯者與其談話，自稱漢將軍關雲長，說「感師道行願，舍此山作師道場，就護佛法」。於是，智顗當即把我請來，給我授了五戒，讓我來保護他的佛法。

我想，這個故事應該是智顗和尚編出來的。他編造這個故事的用意，在於當時的南北朝，正是外來宗教佛教與中國本土宗教道教展開從源流到教義的大論戰之時，佛教略占上風。然而，外來文化最終還須本土化，即與傳統文化達成某種程度上的妥協，方能真正滲入民眾的心中。這一點，俗家陳姓、父親封侯一方的智顗和尚當然深深明白。智顗宣揚「關公顯靈」故事所在地當陽，是有著濃厚巫風民俗的楚地，當地人深信「解使鬼法」、「役使鬼物」，因此這一故事為當地民眾深信不已，此後便四處散播。

後來，我便成了佛教中的護法神，後世佛教徒更將我列為伽藍神之一。從西土傳入的佛教將中國歷史上一位真實存在的人物納入自家體系，中國人開始在寺院中看到自己人化身的神，這是何等的親切、何等的榮耀、何等的自豪啊！

從這個意義上講，我還是在民俗信仰中起到了嫁接外來宗教與中國文化的一座橋梁作用呢。智顗的這一高超的佛教本土化舉措，作用實在深遠。後來，天台宗果然成為一個流傳最廣、歷時最久的佛教宗派。無奈羅馬教皇就不願用這種做法。

外來的佛教用得了我，土生土長的道教當然也不示弱。所以，他們為了深孚民心，也扛起了我這塊大招牌，編了很多故事。最有名的當數「關公戰蚩尤」吧，說的是北宋大中祥符年間，我的家鄉運城的鹽池水減，深賴鹽業的課稅難以完成，派下去考察的官員回來說是軒轅黃帝的死對頭蚩尤在作亂，於是，當時深信道教的皇帝宋真宗請來了信州張天師作法。張天師「召來」「忠而勇」的「蜀將軍關某」，最後是「披甲仗劍」的「美髯者」將蚩尤打敗，運城的鹽池水滿如故，周匝百里。我的功績居然可以和中華民族的始祖黃帝相提並論了！

這一故事經由官方的宣揚，為我披上了一件合法的神化外衣，在千百年後的今天，晉南的地方戲曲鑼鼓雜戲中，還有一個神話劇碼，名字就叫做「關公戰蚩尤」。類似的故事在宋朝以後就更是屢見不鮮。直到明代，有一次倭寇進攻浙江餘姚城，城池危在旦夕，當地人就到靈緒山關公廟祈禱，最後真的擊退了倭寇的進攻。事後鄉賢管氏、錢氏、葉氏倡議擴修關公廟。可以說，在宋代以後，「武聖」的桂冠就牢牢地戴在我的頭上了。特別是宋徽宗，這個不知治國，但卻是個高超的畫家加虔誠的道教徒，讓我連升三級：先封「忠惠公」，再封「崇寧真君」，又封「昭烈武安王」和「義勇武安王」。元朝時，那個蒙古來的外族人、成吉思汗的後代元文宗也封我為「壯繆義勇武安顯靈英濟王」。在明朝這個篤信儒教統治的朝代，它的皇帝卻封我為「三界伏魔大帝神威遠震天尊關聖帝君」，並正式把我的廟升格為「武廟」，與文廟——孔廟並列。可見，他們也搞不清什麼道教、儒教，凡是對自己有利的，就一概用。清代皇帝，也是外族人，但他們對我，也一點不含糊。他們標榜我為「萬世人極」，封我為「忠義神武仁勇威顯護國保民精誠綏靖翊贊宣德關聖大帝」，這麼長、這麼多內容嚇人的名字，連我都記不得，但「關大帝」幾個字，還是朗朗上口的！當時，不僅在首都北京，修建了很多關帝廟，還通令全國，普建關廟，按時奉祀香火。數量之多，遠遠超過了文聖孔廟，僅北京一地，就有一百一十六座，大部分廟的建築規模也遠遠超過了孔廟。

除了在華夏大地，對我的膜拜之風，還遠到海外。現在叫做「亞太」的地區，有無數的關公廟呢。其中，在台灣，拜我的人多達數百萬眾，幾乎各家各戶都為關公設香案，立牌位，掛聖像。台灣的關公畫像年銷售量，遠遠超過了他們最崇奉的神祇媽祖。在美國，有個「龍崗總會」，是一個以拜關公為祖的民間組織，各地分會有一百四十多個，遍佈華人居住的世界各地。東南亞各國，都競相立廟拜求關公，最盛者當數泰國。在日本，早在清代就有關帝廟，就在二十一世紀到來時，還新建了一座關廟，據稱是海外建築規模最大的關廟。

所以，就有人說，關公是一種文化；也有人說，關公是一種精神。不然，在中國以至海外為何有這樣多的關公廟！

借剛才說的那句「外來的和尚好念經」這句話，今天的人們在提倡「關公文化」時，也是引外國人的解釋為正宗。美國聖地牙哥加州大學人類學系教授、芝加哥大學人類學博士Davidk K. Jordan（漢名焦大衛）先生曾說過一段很有意思的話：「我尊敬你們的這一位大神，他應該得到所有人的尊敬。他的仁、義、智、勇直到現在仍有意義，仁就是愛心，義就是信譽，智就是文化，勇就是不怕困難。上帝的子民如果都像你們的關公一樣，我們的世界就會變得更加美好。」這位美國學者的話確實是頗有見地的，但這樣有見地的話為什麼一定要借用老外的嘴來說的呢？中國人說的就不行嗎？我以為，這是自信心的喪失！

不知道那些整天叫嚷著要「復興儒學」的大師們怎麼想，他們自己的「國學」，要外國人解釋了，才踏實、放心！

## 傳奇的經歷蘊含著豐富的精神

其實，我生前的武功也不是特別大，為什麼後人就選擇了我呢？

這麼多年來，我主要想兩個問題，一個是「為什麼選我？」，另一個是「我的精神是什麼？」。我先說說「為什麼選我」吧。

論武功，不說從《春秋》、《左傳》、《史記》、《漢書》，就是一本《三國志》裡，比我強的人，也不知有多少個。論事蹟，則正史記載也少得可憐，《三國志》裡關於我的篇幅不過千把字。而且傳奇性也不是很強，有很多比我傳奇性更強的武將。於是，我想，可能是我的故事中，每一個都蘊含著很深的哲學、宗教意義，能讓思想家、大教主們做教科書，這就是我了不起的地方。我說幾條給你聽聽。

我少年時，在家裡受到地方豪強的欺凌，就一怒之下，開了殺戒，然後負了人命官司而亡命天涯。此時正值朝廷要鎮壓黃巾起義，好多地方在招兵買馬，我碰到準備當兵的劉備，便與張飛一起跟了他，並結拜為兄弟，後來終身相隨。從這一段故事裡，就見出三條意義：一是敢於抗暴的「英雄氣概」；二是「放下屠刀，立地成佛」，從殺人犯轉變為國家有用之材；三是義氣相許，「義重如山」。就這條「桃園三結義」，好生了得的！後來的《賢文》中有句話，叫做「自從桃園三結義，哪個相交到白頭」，可見，做一輩子的生死兄弟，古今罕見，足以為世師表了。

曹操東征，把劉備擊潰，我擔負著保護劉備一家老小的責任，不得已投降了曹操。但我約法三章，一是降漢不降曹，二是要保證嫂夫人們的絕對安全，三是只要劉備有了訊息，還活在人間，我立馬走人，他要立馬放。後來，任曹操如何給我物質享受、功名賞賜，我都沒動心，而在獲得劉備消息後，我毫不猶豫地封金掛印，然後，千里走單騎。雖然「過五關、斬六將」是小說虛構，但路途肯定充滿艱辛的。這裡也有幾重意義：一是義重如山，對大哥絕對忠誠；二是明辨是非，投降也講策略、講道義；三是不為富貴所動；四是倫理掌握得有分寸，對漂亮的嫂夫人，沒有動邪念。雖然這點上，後來有人笑話我，說「關羽為什麼要燈下讀《春秋》啊，因為他也是男人啊，一個大男人，面對花一樣的兩個少婦，能不動心嗎？所以，就讀《春秋》來約束自己嘍。」但即便是這樣，我動心沒有動手，就很了不起，佛家說「惡念人人皆有，止於夢者乃為善」。世界上的佛教、伊斯蘭教、基督教和中國的道教、儒教，都是反對亂搞女人的。我做到了。這很了不起啊。以上四條，都是很了不起的。

關於我的武功，什麼「溫酒斬華雄」、「三英戰呂布」、「過五關、斬六將」，以及「水淹七軍」等，都是小說、傳說誇張或虛構的，但我在曹操那裡，在萬馬營中，斬殺了袁紹手下的河北名將顏良，卻是讓我「一舉成名」的史實，曹操也就立即上請朝廷為我封了個「壽亭侯」。一介草民、一個殺人犯，能封這麼個侯，夠可以的了！可以說，我列入三國名將之列，也是當之無愧的。

劉備投靠劉表，劉表死後，曹操殺進荊州，劉備逃竄，是我從夏口把他從死亡線上救出來，所以，赤壁之戰，我雖未立大功，但勝利後，我得到的封賞最大，並擔當起鎮守襄陽的重任。要知道襄陽可是與魏、吳接壤的軍事前沿陣地啊，但在我鎮守期間，確保了平安，讓劉備一心一意地去取四川，實現他的「三分天下」的戰略計畫。他佔領益州後，又拜我督荊州事。

當時我聽說馬超來降，曾給諸葛亮寫信，問「超人才可比誰類」？亮回答是：馬超「兼資文武，雄烈過人，一世之傑，黥、彭之徒，當與益德並驅爭先，猶未及美髯公之絕倫逸群也。」我把這回信拿給當時在座的客人看，從此，不僅有武功蓋天下的英名，還多了個「美髯公」的美名！

當然，我的形象、行頭，也就是一身配備——你們現在叫「包裝」——在當時的武將中，絕對獨具風格，而且出類拔萃。你看我：身長九尺，髯長二尺，面如重棗，唇若塗脂，丹鳳眼，臥蠶眉。然後是我的武器，重八十二斤的青龍偃月刀，還有「好將配好馬」，我騎的是天下第一好馬——赤兔千里馬，是當年董卓從上萬匈奴好馬中選出來送給呂布的，後來呂布被曹操俘虜殺死後，留下了這匹寶馬，曹操為了籠絡我，就又送給我了。

這一身長相，加派頭，塑出像來供在那裡，一望就是神了。所以，選武神，當然要選我了。別看中國人說「人不可貌相」，其實重貌得很！凡是作為偶像的，沒有生前不是美男子或有異象的。其中還有兩個人比較特殊：一個是我，一個是包拯，我是紅臉，他是黑臉，這正好和我們的整體形象配起來：我是武將，他是鐵面無私的清官。

我還有個故事，史書記載很清楚的，那就是「刮骨療毒」。我曾在戰鬥中被亂箭射中，箭頭穿透左臂。後來傷口雖然好了，但一到陰雨天氣，骨頭就常常疼痛。醫生說：「矢鏃有毒，毒入於骨，當破臂作創，刮骨去毒，然後此患乃除耳。」我當時正在宴請諸將，便伸臂讓醫生切開傷口。手術時，「臂血流離，盈於盤器」，而我「割炙引酒，言笑自若」。這種意志力，也夠神吧！後人為了神話我，就把那醫生說成是華佗。

我就是死得有點慘。這是太驕傲的原因。驕傲輕敵，驕兵必敗啊。

但我雖然死得慘，卻因此而適合中國人的價值觀——同情失敗者！再說，人無完人，我這驕傲的缺點，也是很多人從內心裡羨慕的，特別是文人。因為中國人的道德觀，平時都是教人要做「謙謙君子」的，這謙謙君子做起來可夠累的，特別是有能耐的人，也不能自我稱道。所以，他們內心裡，實際上是愛我這種叛逆精神的！

## 儒文化太弱，所以他們需要我

我再說說中國人「為什麼這麼看重我」。

我想，除了一般的敬佩、統治者的需要上的一些因素外，民眾所以如此崇拜我，應該從文化上找原因了。

中國從漢代被確立為「獨尊」地位的儒術，後來成了「國學」的主要內容，而且宗教化，它的倫理觀、道德觀、價值觀對人產生的影響太厲害。儒學的特點，是以修身、自省為基石的，就是要按照孔子所說的「君子」這個標準要求自己。與「儒」逐漸融合的佛、道兩教，也是提倡內斂型的人格道德價值標準。這就要人們摒棄人身上很多的霸道、張揚之氣，中國人的陽剛之氣因此而低落。中國儒學最盛行的宋朝，是個極弱的朝代，挨打被動，結果，儒學在這個時候，不僅沒向很陽剛的一面修正、改良，反到向保守、內斂方面進一步發展，以至於提倡窒息人性的程朱理學。

人們的思想在這樣的「國學」統治下，必然使整個民族和民族的每一個個體都走向衰弱。中國實際上就像明清小說戲曲裡描寫的那些文弱書生一樣。

衰弱的人，就嚮往剛強，就需要勇武的人來保護。

國家抗禦外敵，需要能征慣戰的猛將；老百姓受人欺負，也需要一個執義剷惡的英雄。讀聖賢書是沒用的，「天子重英豪」重的是讀聖賢書，書讀好了，就有了功名富貴，所以說，「書中自有黃金屋」，「書中自有顏如玉」。但，可惜書中就是沒有富國強兵，就是沒有自強之路。聖人提倡要「保國安民」，但他們沒有保國安民的辦法。靠說教，是抗不了外敵，趕不走強盜的。

於是，人們想到了我。

中國人治國，明白人明白的是什麼嗎？叫「內聖外王」，內聖，就是堅持儒家的一套，但治國不行啊，所以，又搬來他們的對頭，法家的一套來；做人呢，叫「外柔內剛」，怎麼剛呢，就是外表上是孔子的「溫柔敦厚」，但骨子裡是要有我關羽的剛強厲害。

但這只是理想。理想實現不了，只能寄託在偶像上。我就成了他們的偶像。補他們不足的一個偶像。實際上，是一種民族心理的逆反！

因為我「勇」，所以我本領大，什麼強敵都不是我對手；我「仁」，就是愛民，愛弱者，你有難，當然我會來；我「信」，說話算話，你給我燒香，我能不保護你？我「義」，所以能堅持正義，除暴安良，是非分明。這才是我真正的用途，才是崇拜的作用。這樣，世間如果真要有了我，種田的可以安心種田、經商的可以一心經商、做工的可以安穩地做工了。

你說，中國人後世越來越缺什麼？第一，可能是中國後來很弱，挨打，而我很英武，他們需要這樣一個神靈來保佑；第二是中國人最不講信義，而我以信義著稱。

我以為，這才是我的真精神。

其他的都是胡說八道，不是替皇帝著想，就是替富人著想的那一套！恐怕現代的外國人講中國古人的話，中國人最愛聽！

## 一不留神成了財神爺

最令我沒想到的是，我現在成了財神了，你知道嗎？中國本來有個財神爺，叫「趙公元帥」，但他可能知名度小，現在正在逐漸引退，取而代之的是我。最常見的，是那些開店的，只要供神像，多數供的都是關公！這個問題很令人深思。

我想，可能是中國自古就沒有私人財產保護法，所以，商人特別可憐。官府一聲令下，不管是黑心錢還是血汗錢，都立即充公了。沒人能保護得了他們，他們就自然想到我了。

我的作用，是保財，而不是生財。這也反映了中國人內斂的民族性格。中華民族夠可憐的了，幾百年來，想到的都是怎麼保家衛國、不受人侵略，而不是想著怎麼去殖民、掠奪。但結果，就是守不住。宋以後，不斷亡國。元人來了，亡一次；清人來了，又亡一次；日本人來了，差點亡了，後來幸虧有了外國的思想，救了中國。孫中山的資產階級思想也好，毛澤東的馬列主義也好，都是外國人的思想。外國人思想代替了儒家思想，結果獨立了，能不受欺負了。

個人也這樣。發財的人，最大的頭痛事是，怎麼保護好自己的財產，其次才是怎麼能搞新項目，賺更大的錢。儒商們賺了錢，第一件事幹什麼？捐一個官，或者是讓兒子去讀書當官。當然，這樣也靠不住。但他們沒別的辦法，他們想不出別的辦法。在外國人思想到來之前，他們想不出。因為他們從小就讀了儒家的書，知道「普天之下，莫非王土」，他們認為朝廷沒收他們的財產是天經地義的，劫富濟貧也是天經地義的。

除了有一個天神來保護他們。

這個天神就是我。

但我畢竟是神不是人，如果是人，則又和他們一樣，恐怕連自己也未必保得住；如果是神，神怎麼能管得了人間的事？上帝管上帝的事，凱撒管凱撒的事。

他們讓我做守財神時，恐怕忘了，我生前就是沒守住荊州，才死的。

我笑著插嘴：雖然是大意失荊州。但你能在曹營那麼多虎狼之眾內，把兩位少婦保護得未損一根汗毛呀。

關羽也笑起來：呵呵，是啊是啊，這些老闆們怎麼不派我去做女人的守護神啊？現在據說處女貞潔特難保，但沒聽說哪個女孩供我呢。哎，顯然不會的。不說那些老闆們不答應，就是這些女孩子自己，也未必願意呢！

# 7

# 【諸葛亮】

諸葛亮（一八一～二三四）字孔明，號臥龍，琅邪陽都（今山東沂南）人。三國時期著名的政治家、軍事家。千百年來，諸葛亮已成為中國人智慧的化身，被稱為「智神」或「智聖」。

本篇我們將借諸葛亮之口，談中國歷史上知識分子的理想、命運、價值觀。

【諸葛亮訪談錄】

# 我是怎樣策劃一個成功人生的

●採訪人物：諸葛亮
●採訪地點：隆中茅廬
●採訪時間：二〇〇一年四月一日（愚人節）

## 中國最偉大、最成功的策劃家

如今要見諸葛亮，是再也不要像當年劉備三顧茅廬那樣艱難了。很多地方都有諸葛亮的祠廟，光他的家鄉，就有三個，且各自都言之鑿鑿，說他就是那兒土生土長的人，這倒好，成就了很多寫博士論文的學子。可我還是去了南陽的諸葛廬，因為這裡畢竟是他就業前的棲身之地。

走進臥龍崗，彷彿就到了仙境，不能不讓人去想「諸葛亮是一個神」，或者叫「星宿下凡」。當年劉備從那個遍地烽煙的人間走進來時，已經感到這裡是一個世外桃源，不過我想，那最多也只是自然、純樸而已。但現在卻不一樣了，一千多年來，人們根據傳說，在這個地方補建了很多富有神話色彩的景點，完全是在按仙境來設計打造它。遠望，是群峰爭秀；近看，是眾木沖天。峰也好、樹也好，在這個天地裡，都想著要出人頭地、高人一籌。成功，永遠是芸芸眾生的一個追求境界。

諸葛亮，這個出身貧寒、家世艱辛的讀書人，卻因為能把握機遇，做出了一番令無數後來者景仰不已的轟轟烈烈的大事業來。人們把他塑成了一個智神、智聖！

我見到諸葛亮時，他依然是高臥隆中茅廬裡。但現在不是等待機會，而是坐享千古盛名！我開頭第一個問題就是：現在你是熱門人物。但歷來爭議很大，爭議的核心是：你到底是一個大政治家，還是一個大軍事家。因為有不少人說你軍事才能不足，但也有人說你是個戰略家，而不是戰術家。你能談談嗎？

諸葛亮笑笑：準確地說，我是一個大策劃家。

我是歷史上少有的一個成功人物，不知道讓多少夢想成功的人士羨慕呢！我的成功表現在以下三個方面。

第一是我個人成材的成功。我其實是個苦孩子出身，少年時讀了些書，然後就回鄉務農了。但我這樣一個布衣，後來卻登上了三國的舞台，出將入相，為帝王師，叱吒風雲、馳騁天下。

第二是我事業的成功。那時，天下豪傑並起，跨州連郡者不可勝數。但我幫助一個力量比較弱的老闆，讓他成為天下鼎立三足的一個「足」，幹出了一番極其轟轟烈烈的大事業。特別是大老闆死後，很弱很無能的小老闆即位，在我的扶持下，仍然把位子坐得很安穩。對那兩個國家，只有我們打人家的份，沒被人家打過。

第三是我人生的成功。我名載青史，光耀千古，忠臣、賢相、能臣、清官等好名聲，幾乎都被我包了。在民間，我就是中國的「智神」！

而這三項成功，都離不開策劃。

你以為天下真有全能的天才嗎？沒有！最多有幾個在某個方面特別有智慧的天才。可即便是天才，也不一定能成功。

成功，靠得是「天才+努力+機遇」！

機遇怎麼來：碰上的，那是命；等來的，那是福。除了碰，除了等，怎麼主動去迎接機遇、創造機遇呢？那就是策劃！

有兩句名言，可以形容什麼叫策劃——

一句是：「站在巨人的肩膀上。」

另一句是：「找九十九度的水來燒。」

如果當畫家，你就學好那「點睛」之筆，因為能畫出惟妙惟肖、栩栩如生的龍的人，還是有很多人的；但點上一隻眼，就能讓它騰雲駕霧地飛起來的人，罕見！你要做第一流的畫家，你就學那點睛之筆。

我二十五歲前，研究的就是策劃。我把我的人生、我的事業《策劃書》寫得非常好！

## 策劃者，首先要會策劃自己

俗話說，「亂世出英雄」。在我以前，有兩個時代，英雄出得最多，一個是春秋戰國，一個是秦漢之交，那是歷史上兩大亂世。我生逢黃巾起義、董卓篡權、群雄爭霸的時代，是第三代亂世。機會是有了，我不能「碰」、不能「等」，我要好好地策劃——就是要找一個巨人的肩膀站上去，找一個九十九度的水來燒開它。

我是一介書生，來武的，我肯定不行，到戰場上去拚命，搏出個功名來，這條路顯然是走不成了。

在中國，書生是向來做不了老闆的，因為他沒有資本。

資本是什麼呢？我把他們分為四類：

第一是祖輩遺產。比如袁紹，他家爸爸、爺爺、太爺爺，幾輩在朝當官，而且是非常大的官，那時叫「三公」，就是兵馬大元帥的大司馬、相當於總理的行政長官大司徒、大司空之類。所以，他就像你們今天的什麼汽車大王、石油大王之類人的後代，有遺產繼承，一出生，就是當老闆的命。

第二是特殊本領。就是有一種後天的本領，無人比擬。比如霸王項羽，力能扛鼎，勇氣蓋世，不容人不推他當領袖。

第三是運氣。幸運兒，中彩，稀裡糊塗當領袖，就像搖號中大獎一樣，一下子就有了幾百萬的資本金，以後只要好好經營，自然成了大老闆。比如陳勝吳廣，他們九千多被徵的士兵，路途遇雨，耽誤了行程，眼看一個個要被處死罪了，大家都想造反，他就順就了形勢，登高一呼，揭竿而起，成了「陳勝王」。只可惜他後來經營不善，破了產。這種人多數起事後，不太會經營。還有個最有名的人，就是辛亥革命時的黎元洪，武昌起義時，大家要找頭，找不到，只有找他，公推他做大元帥。他是連陳勝都不如的人，一點主動性也沒有，當時還嚇得直哆嗦，一個勁地推辭，被逼得趕鴨子上陣了。等到革命一成功，後來竟也做了回大總統。歷史就這樣開玩笑。當然，他肯定成不了大氣候，他注定只能當一個過客。

第四種人，就是膽大包天。他們是賭博者，「捨得一身剮，能把皇帝拉下馬」。劉邦、朱元璋、洪秀全都是這樣的人。當然，他們是成功者。他們隊伍裡，其實是失敗者占絕大多數。一將功成萬骨枯！就像你們改革開放之初那會，有很多無業的甚至是「兩勞」釋放人員，下海掙錢，在那麼多下海人中，成功者是少數的，最終成功的，是少之又少。

書生是讀書的。在那個時代，知識是做不了資本的。你有發明專利，但沒有資金買設備、造廠房，是出不了產品的。你只有找投資人，讓他當老闆，你能擁有點股份就了不得了，可能也就拿點高薪吧。當然，還要那老闆用你，老闆要是不用，沒有被一個老闆看中，你那專利也就永遠抱在懷中了。這叫「懷才不遇」。但亂世不一樣，有很多老闆，為了把握機遇，或度過危機，滿世界地找專利。最有名的是張良，他遇上劉邦，兩人特別談得來，劉邦對他可謂言聽計從。所以，他就成功了。張良這人，也算有祖業的，但是屬於破產的祖業，負債累累，他是負債在逃的人。他爺爺、大伯當了韓國四五代君王的宰相，算不算大產業？但韓國被秦國滅了。他想找秦王報仇，找了個亡命之徒在博浪沙伏擊刺殺秦始皇，但失敗了，從此亡命天涯。他本質上是個書生，讀了很多智謀、兵法一類的書。遇到劉邦，就做了謀士。後來天下打下來了，封了個留侯，不像別人封王，只能算個小股份，千分之一的股。這已經是古代書生的大成功了。

像我們，能做到他這份上，也就極其滿足了。

所以，我把我定位在做一個謀士的目標上。

怎麼策劃呢，就是要知己知彼。己，就是自己有多少能耐；彼，就是在這個世界上，哪裡能把我的能力發揮出來，發揮到極限。

我那時有一個哥哥、一個弟弟，他們分別去了江東孫權、北魏曹操那兒混事做了。我的哥哥還真是個名士型的人，有頭腦、有學問、有操守，但也有點死心眼，這在那個時代，肯定做不了大事業，保身而已。我們誰也顧不了誰，我是務農為生，小地主的生活。

但我胸懷大志。我認清了這個世界，這是歷史記載很清楚的第三大亂世。亂世出英雄啊。夏、商兩朝及更早的時代，記載不是很清楚，雖然有伊尹、呂尚之類人物，一介平民出身，但傳說的成分多。可戰國、秦漢之交時，英雄輩出，事蹟也清清楚楚載之竹帛。比如，我剛才說到的張良，還有就是戰國時代的蘇秦、張儀，憑三寸不爛之舌，居一人之下，千萬人之上，出將入相。這兩個人，是我最佩服的。但他們的人品，用我們儒家道德標準來衡量，大有問題，所以，我不怎麼提他們。我提誰呢？就是管仲、樂毅，這兩個人同樣了不起。管仲顯然出身貧寒，年輕時當過小兵，做過小生意，後來卻輔助齊桓公「九合諸侯，一匡天下」，懂政治、懂軍事、懂經濟、懂權謀，國家的號令，幾乎都出自他手，國王對他是絕對的信任。樂毅是能把一個弱國，變成強國，把一個要亡的國家，恢復過來，用奇計打敗強國。他們在歷史上，口碑也不錯。我的志向，對別人說的時候，就用他們做榜樣，所以，歷史書上說我「自比於管仲、樂毅」。

人是需要榜樣的。榜樣就是志向的目標值和成功之路的參考值。所有成功者，心中都有榜樣，一個、幾個或很多個。他們是活生生的成功學教科書。我的榜樣就是管仲、樂毅，還有蘇秦、張儀，當然，張良也是。從一介平民做到帝王之師的，都是！

有了這個志向，或者說是目標，下一步，就是尋找途徑了。當然，自身努力很重要。比如勤於學習、觀察、思考，那都是內功，我做得很不錯。做到這一點，關鍵是要靜下心來，不要浮躁。浮躁是做不了大事業的。我給自己的座右銘是「淡泊以明志，寧靜而致遠」，就是這個意思。而我們現在談的是策劃，是外功。所謂「作詩功夫在詩外」，是一個道理。

漢代末期有個時代特徵，就是用人特講名氣。沒名氣的人，很難得到老闆的重任。因為本領在一開始，是看不見的，必須物化，那就是「名」。名氣這玩意兒，就像你們現在的文憑一樣，求職時，老闆首先看文憑。你們看《三國》時，知道關羽要去戰華雄時，盟主袁紹不同意，就是因為他關羽是個無名小輩。戰爭那麼需要勇士，已經到了白熱化時刻了，因為沒名氣，都不讓你上戰場！相反，有個孔融，他是一點也不懂治國的，政治也不懂。但他名氣大，他是孔子嫡系二十代孫，也是當時的大儒、名士，所以，他無須努力，也成了一方小諸侯。

所以，在這樣的時代背景下，我制定了一個「三步走」的戰略：

第一步，成名。就像你們現在做企業一樣，先做品牌。

第二步，選準老闆。我成了名，就會有老闆用我。但我要選一個好公司、好老闆。就是成長性特好的公司、特有前途的老闆。

第三步，讓這老闆特別器重。最好是言聽計從，這樣，我才能充分發揮才能，幹出大事業來。

實現了這三步，我個人的起步期策劃就完成了。接下來，就是怎麼不斷鞏固、提高個人地位，不斷學習、完善本領，不斷創造令人驚異的成績了。

## 策劃個人品牌

我笑著問道：你在出山前，被人稱為「臥龍」，並說「臥龍、鳳雛，得一人即可安天下」，這名夠大的了。怎麼來的呢？史書上也沒什麼記載。大概是不好記載吧。野史、民間傳說很多，但可信度不高。有些說法，只能算是一種推理或推想吧。說得最多的，是你娶了大名士黃承彥的醜女兒，攀了高枝，有他幫你宣傳的。

諸葛亮也笑著說：這一點，也不可否認。但我的策劃，是一個系統。我整個人生的策劃是一個大系統，成名的策劃是其中的一個小系統。

成名策劃主要有以下四個方面。

一是淡泊明志。當然，淡泊明志，是為了專心學習、思考。但它同時也有個打造個人品牌的作用。在那個充滿名利慾望的時代，我年紀輕輕，隱居隆中，躬耕隴畝。其實，荊州的劉表和我還有點親戚關係，但我一般不怎麼找他，因為他是王公大人。我這樣做是很另類的。唯其另類，就招人耳目。這是《老子》的辦法——欲要顯之，必先隱之。比那些到處搖唇鼓舌找官做的所謂「策士」們，反倒高了一籌。黃承彥能招我為婿，也許就是看中這一點的，不要以為他真的是女兒醜得嫁不出去了。

二是廣泛結交，自我推銷。中國讀書人，一般都不屑或不好意思推銷自己。那怎麼行呢？不說玉藏在深山無人識，就是拿出來，如果不會推銷，還是沒人識的。卞和獻和氏璧的故事知道吧。好心把天下最美的玉送給國王，還被砍掉兩條腿，真是千古大悲劇！不要以為這是個寓言，很荒唐。你翻開《二十四史》看看，有多少謀士本來是要給主人出高招，但結果卻被主人砍了腦袋。當然，話要說回來，就是作為我們自己，要學會自我推銷，講究推銷的技術和藝術。《戰國策》上記載過很多成功的人才自我推銷案例。《韓非子》專門有一篇〈說難〉，講的就是「遊說」的策略與技巧，其中就包括推銷術。我採用的推銷術，和遊說之士們滿世界跑著找王公大人們要官做不一樣。我定位定得很好。我只推銷自己的名氣，讓人知道我安邦治國的才幹。我結交了一批名士，其中像徐庶、崔州平等，還有當時荊州德高望重的大名士、大隱士水鏡先生。我和我的同輩們談得最多的是自己的才幹。我說徐庶、崔州平之流，都只是治一州、一府的才，我則是治國之才，是管仲、樂毅、呂望、張良這樣的人。他們都很信服我，因為我不僅滿腹經綸，而且口才好，不容他們不信。再說，他們也希望自己有個有大才的朋友啊！我的名聲就借他們之口流傳開來了。

三是我建立了一整套的品牌體系，用你們時髦的話講叫「CI識別系統」。這一點，不僅我以前沒有，以後也沒有完全能做到過這一點的人。我可以對你詳細說說。

首先是名稱，這像商標註冊一樣。前面你說的，後世人稱我為「臥龍」，這「臥龍」就是我的商標。臥龍有兩個含意，一是「龍」，是大才，經天緯地的大才，就是管仲、樂毅一類的人；一是「臥」，表明還沒有起用。為什麼沒起用？因為龍要「遇時」，要有風雲際會。龍是不輕易吞雲吐霧、興風作浪的，必須要遇到恰當的時候。我沒有出山，不是找不到工作，而是靜待其時，時不至，我不願出的。這就是我和別人不一樣的地方、高人一等的地方。表明了一種奇貨可居、待價而沽的姿態，而不是滿街叫賣的小商小販。

緊接著，我把我住的地方稱做「臥龍崗」。這種創意，過去沒有的。其實，我住的地方，就我一個知識分子，地名，也是我叫什麼，就什麼了，很簡單的事。但經我這麼一改，效益就大得很。那時的人，很迷信。自命不凡的人，都要歸之於天命。這是中國文化的一大特色。今天也依然是。臥龍崗裡住臥龍，這就一致了。

既然是臥龍，還要在「臥」上做點文章，這很好辦，那就是「睡覺」。睡覺是件很好的事，可以養神，也可以思考問題。但一定要讓人知道你睡覺，睡覺也是「形象識別」的一個重要部分了。怎麼讓人知道呢？我不能滿街地喊幾聲：「我要睡覺了，我睡覺去了。」然後再睡。於是，我就讓人傳唱一首歌：

大夢誰先覺？
平生我自知。
草堂春睡足，
窗外日遲遲。

看，我睡覺，也是與別人不同的哦。

另外，唱歌，比搖唇鼓舌直接宣傳好。孔子說：「詩言志，歌詠言。」我選擇了一首〈梁父吟〉的流行歌。這首歌有三個特點：一是曲調很高昂，唱了不僅能自我勵志，也讓人家知道我是個有雄心大志的人；二是歌詞內容很好，是說一個事，借事言志。說的是誰？是戰國時的晏子，齊國宰相晏嬰。他和管仲一樣，是個了不起的能人。也是我的榜樣之一。他最著名的，是他的智謀。他機智、善辯的故事，流傳很廣。但最有意義的，是「二桃殺三士」，就是用一個小小的計謀，就把三個「力能排南山」的將軍除掉了。這就是書生的厲害。我要告訴別人的就是，我諸葛亮雖沒有萬夫不當之勇，但我有智謀，我的智謀，才是治國安邦的根本！

隨後，他情不自禁地唱起了〈梁父吟〉：

步出齊城門，遙望蕩陰里。
里中有三墳，纍纍正相似。
問是誰家塚？田疆古冶氏。
力能排南山，文能絕地理。
一朝被讒言，二桃殺三士。
誰能為此謀？相國齊晏子！

對這個「二桃殺三士」的故事，你們這恐怕要提一個「品德」問題吧。因為歌詞裡說「一朝被讒言」，是說這三個勇士遭了讒言，被晏子用「二桃」之計殺掉了。我要告訴你們的是：讒言並不是晏子說的，是別人向國王說的。國王想殺他們，又怕他們造反，又怕背殺大將的名聲。於是，晏子略施小計，幫國王幹成了。不錯，這歌表面是感歎三勇士下場，但，實質卻是鋪墊晏子的智謀。先說這三個人如何如何了得，再說晏子只用兩隻桃子就把他們幹掉了，而且幹得極其利索、不留痕跡，那晏子是何等了得的人啊！所以，最後一句「誰能為此謀？相國齊晏子！」唱得餘味無窮啊！

當所有人都知道我喜歡唱〈梁父吟〉時，效果可想而知，他們哪裡會不相信我胸中的大志呢！

當時還有一個人，叫龐統，也是胸懷大志、滿腹經綸的人。他父親是個名士，與水鏡先生、我岳父黃承彥齊名的大名士，叫龐德公。水鏡就把龐統稱為「鳳雛」，意思是將來也會了不起的。這樣對我很好，一龍一鳳，有互相輝映的效果。但龐統和我不一樣，他出身名士，名士習氣重，恃才傲物的那種。而且不修邊幅。他長相很差。中國人雖然有「人不可貌相、海水不可斗量」的說法，但多數人不自覺地還是重貌的，特別是第一印象。而我則是身長八尺，平時很注重儀容，表現得都是神清氣朗、氣宇軒昂的派頭。

## 選擇，是人生事業的大題目

我名氣大了，自然會有人請我出山。

在劉備之前，我就有被人招聘的事，但史書上沒記，為什麼？因為他們都請我做個小官，或給個閒職，史書要是記這個，是有損我形象的。但從邏輯上推理，肯定有。劉表就請過。這人特好和名士交往，有個「好賢」的美名。好多名士都聚集在他身邊，最有名的當數號稱「荊州八駿」的幾個人。但他很少重用他們。當時，北方有個年輕的才子叫禰衡，被曹操趕走後，來投奔他，他就一點也沒重用他。除了好酒好菜招待，他沒別的。但人家不是乞丐，為衣食而來。人家是想實現抱負的。所以，禰衡就有意見，這小夥子性子特直，曾指著曹操鼻子罵過的，劉表他自然更不會放在眼裡，所以，就出言不恭。最後，劉表將他推薦到一個大老粗黃祖那兒去了。這叫「借刀殺人」啊。果然禰衡一罵黃祖，黃祖立馬把他宰了。所以，劉表這樣的人，招我做官，我會去嗎？曹操那兒，也不好去，一是這人名聲後來不太好，還有個根本問題，就是他身邊謀士如雲，我去了，是不會有什麼好差使的。孫權那邊雖然安定，但老臣、高人也太多，我哥哥尚且沒什麼大地位，我去了估計也不會有什麼大任的。其他如呂布之類，都是成不了大氣候的小諸侯。所以，後來，劉備來了，我選擇了他。我們雖然是雙向選擇，但我不僅是必然選他，而且只能選他。

他出身好，有過輝煌，名聲也很大、很好。特別重要的是他尊重人才，而且那時特別渴求人才。他那第一謀士的位子，一直空著呢。他文化不高，所以，開始以為闖天下，是靠武的，拉了幾個武功高的勇士做兄弟幹起來。雖然小發了一下，但不久就慘敗了。但他見識廣，他看到那麼多諸侯，成敗都靠謀士，於是，他想到了自己，缺的就是這個。

而這樣一個人，如果我能幫他成就了大事業，我的地位就可想而知。

所以，好的選擇，應該具備三個前提：一是這個事業有前景，二是這個老闆有前景，三是這個老闆很重視我。

劉備當時打出的口號是「匡扶漢室」。這使他的事業名正言順，有號召力。他也算是當時的一個梟雄，是有事業基礎的。只是遭到一時的挫敗。他敗了，我的機遇就來了。

他來到荊州，自然就知道了我。

當然，這是經過一番策劃的。開始，是徐庶在他那兒幹，如果幹得好，也可能還輪不到我。但徐庶後來走了。他走的時候，推薦了我。他當然會推薦我，不走，也會推薦，就像鮑叔牙推薦管仲一樣，因為我們是知己。但結果肯定不是管仲的結果，因為徐庶的才幹很厲害，比鮑叔牙厲害多了，而我，實際才幹比管仲差得遠。所以，我說輪不上我，是說沒有當第一謀士的結果。

為了引起劉備對我的更大程度的重視，我拿了拿架子。讓他跑了三次。

我為什麼要拿架子引起他更大重視呢？因為我加盟他那個事業團體，不僅僅是他一個人的問題，他還有幾個股東——就是幾個兄弟，特別是關羽、張飛這兩個生死兄弟，而關羽這人，又幾乎是個目空一切的人。這樣一來，如果我在劉備心目中的地位不是足夠高，將來事情就很難辦，什麼「言聽計從」，是很難做到的。他的兄弟只要一作梗，許多事會黃！

我拿架子，時間也充裕。我年輕，他也正暫時閑著沒什麼事。所以，都等得起。

然後，就有了那傳頌千古的〈隆中對〉。

我有兩樣東西，傳頌千古，一是出山時的〈隆中對〉，一是臨死前的〈出師表〉。

其實，〈隆中對〉不是即興之作，是我千思萬慮的成果。

我那「應當三分天下」、以及「如何三分天下有其一」、還有「三分天下以後，再如何發展」，說得十分清晰，不容他不激奮！

你們想想，一個四十多歲、見過大世面、跑過大碼頭、幹過大事業的人，三次拜訪一個二十幾歲的年輕人——一個農村的知識青年，聽他一番宏論後，立即拉著他的手說：「跟我一起幹吧，你做我的老師，我有你，就是如魚得水啊！」這種事，天下有嗎？為什麼會發生在我身上？因為〈隆中對〉！可見它的分量。〈隆中對〉，就是對劉備全部事業的一部策劃書。

## 策劃書最重要的是打動接受這方案的人

我為什麼能提出那麼有震撼力的策劃書呢？

「三分天下」，別人早說過了，我哥哥諸葛瑾就和我談過，說他們東吳那兒的大謀士魯肅對孫權談過的。為什麼要三分呢？因為北方曹操勢力太大，一個人不能與他抗衡，要有幾個人才行。「幾」個好呢？不是越多越好，說多了，聽這話的人就不高興，他會說：「什麼呀？那我的事業也太小了吧！N分之一啊！」所以，這N分之一，要讓N越小越好。最小，只能取三了，就是說，除曹操之外，又必須是幾個，但又越少越好，於是，就取二，這樣，加上曹操，就是「三分天下」了。先是三分天下有其一，你就立住腳了。你聽起來也很振奮了。因為那時，曹操實在太厲害了，連袁紹都打敗了，所以，能與他抗衡，已經是很了不起了。就像你初去香港辦公司，能說你做到像李嘉誠那樣，你已經很滿意了，超越他，是以後的事。「三分」之後，怎麼辦呢？靜觀其變，然後，一取天下。我說這點，比魯肅有優勢。因為我們在四川、因為劉備是劉邦的後代。劉邦就是在四川當漢王立住腳，然後靜觀待變，最後出兵奪取天下的。這麼偉大的老祖宗做榜樣，劉備能不興奮？

劉備想當大老闆的心是昭然若揭的。他曾先後被曹操、袁紹、劉表延為上賓，如果想在人家手下混，應該是相當不錯的地位了，相當於你們現在在世界五百強企業裡任高級主管。但他不行，他要自己當老闆。我給他描述了當老闆的前景。

所以，〈隆中對〉作為一篇策劃書，特別成功。它成功的地方，不是它提出了什麼特別好的方案，而是它描繪了一幅讓接受這方案的人十分興奮的前景！

其實，我提的那些具體實現「三分」的方法，劉備根本就沒實施。我的方法是：先取荊州、再取益州。荊州是劉表的，益州是劉璋的。他沒有取劉表而代之，也沒去打劉璋。當然，他說他們是宗室之親，打他們是不仁不義的事。其實，估計他明白，這方案是行不通的。劉表死後，他敢取而代之？劉表那麼多部下，會聽他這個外來戶的？再說劉表對他也不是很信任的。留他，一是情分，可以換個美名；二是借他一點力量，至少他軍事上，比劉表那班文士們要強點，而且對敵人曹操也很瞭解。劉璋呢，應該說劉備根本就沒力量打過他，而且也師出無名。

所以，統觀我那〈隆中對〉，目標明確、正確，但方法根本不可取。但我當時只能提出這樣的方案。我目的是引起他的重視，給我重任，然後，在實踐中學習，走一步看一步，在時局變化中找機遇。

寫策劃書，是給別人做文章。中國有句古話叫做「不願文章中天下，只要文章中試官」。中天下，就是文章寫得真好，真有學問，但試官看不中，有什麼用？試官，就是讓你寫策劃書的人，他看中，才是最重要的。如果我當時說：「劉老闆，看你也快破產了，手頭也沒銀子了。但不要著急，靜觀其變嘛！你看天下亂紛紛的吧，你這樣好了，先找個立足之地吧，然後招兵買馬，再找些人聯合，先把曹操頂住。這樣，你也算一路諸侯了，以後就好辦了。」那結果會怎麼樣？人家肯定會掉頭就走，嘴裡還要不斷地罵著：徒有虛名！徒有虛名！

## 善於借助各種力量是成功的關鍵

我很多真本領其實是在以後的實踐中學習成長的。

人非生而知之的。我年輕時，在隆中也只能看看天下大勢、研究一些做事的方法論。具體的東西，是沒經驗的。比如軍事，真的上戰場，靠《孫子兵法》、《太公兵法》、《陰符經》一類，是不行的。我上班後，一開始也只是幫他們練練兵、擺擺陣法。第一次接觸戰，《三國演義》裡說我用了個古人常用的火攻法，算是運氣好，有了次小勝利。也算是「初出茅廬第一功」，到底掙了不少面子。但即便如此，後來也就不行了，政治上、軍事上，都節節失利。

劉表死後，荊州政治環境惡化，讓我一下子嘗到了政治的險惡性。雖然我過去讀史，對政治、官場的險惡有些心理準備，但絕對沒想到，會險惡到這種程度。那些人的人性完全被扭曲，一個個喪盡天良！他們你爭我鬥、爾虞我詐、虛偽透頂、陰險之至。看到這些人在公開社交場合道貌岸然、名士風範，滿口仁義道德，而滿肚子都是男盜女娼，你才會真正理解什麼叫「衣冠禽獸」！在那裡，稍微懦弱、有一絲良心的人，如劉表的大兒子劉琦，馬上命運就像一葉小舟，飄搖在風波詭譎的茫茫海洋裡，隨時都有葬身魚腹的可能。劉琦聽說我是個「智多星」的人，就想盡法子和我套近乎，讓我為他出安身之計。我哪有什麼計啊？我都被這種黑暗驚得目瞪口呆了！情急之中，想到三十六計中的「走為上」，就說，你想點辦法，領點兵到外地駐守吧。後來，他竟也照辦了。想來情勢如此，脫離狼窩虎穴確實是「走為上」。

我那時清醒地認識到，我身處在一個歷史上最黑暗的時代、最黑暗的地方，改朝換代，已經是必然的事了。什麼「匡扶漢室」，只能作為一種幌子。

我真的打過退堂鼓，想回去當真正的隱士了。但別人不答應。他們有太多的充滿希望的眼光投向我。我只能硬著頭皮充英雄了。當不了英雄，也只有去做祭品。西方哲學家尼采就說過：有的英雄，其實是在別人讚許的眼光中成為英雄的。

荊州集團內的政治鬥爭黑幕，是我人生的第一堂課。經過驚，再定下心想想，我就明白了許多人生道理。記得有一個寓言，說是有個小孩考問他爸爸，小孩問「小羊與惡狼總是同居一山，要不被狼吃掉，有什麼辦法？」父親就答了什麼：躲、跑、團結一致、訓練本領等多種方案，結果都被他否定。父親只好問小孩有什麼妙法，他閃著天真而又聰明的眼睛回答：「很簡單啊，讓自己也變成狼！」

是啊，方法原來很簡單。天機被童言一語道破！

我這第一課，告訴我的就是這個道理。

第二個面臨的問題，是曹兵的大部隊到來。我根本不知道打仗，好像劉備也沒完全指望我。我們節節敗退，一直退到劉琦那兒。

然後，就有了歷史上最著名的戰爭：「赤壁大戰」！

這可是我學習戰爭最好的一課！

參加這場戰爭的，是最有代表、也是最優秀的各路人物。歷史上關於戰爭問題，綜合起來，可以歸納為以下幾條：

一是戰和之爭。「戰或和，這是一個問題！」千古以來，都是問題。漢朝對匈奴是這樣、宋朝對金人是這樣、民國時中國對日本也是這樣。當曹操大兵壓境時，東吳就遇到這個問題。一般規律是：武將主戰，文官主和。為什麼？因為戰，才能體現武將的價值，他們才有地位，況且他們大部分不怕死；而和，對文官沒損失，誰當主子，都需要管家。從長遠的歷史觀來說，和，才能爭取時間，好捲土重來。這也未必不是一種策略。唐太宗就用得很好。一味地用投降主義來形容主和者，是一種歷史的偏見。

二是先伐交，再伐攻。這是孫子說的。戰前的外交活動，十分重要。聯合各方力量、知己知彼、爭取道義上的支持，這些，都是「交」的內容。

三是戰略形式分析與戰略制定。「以多圍少」還是「以少勝多」，戰略計畫是完全不同的。找敵人的弱點突破，全靠戰略眼光。

四是戰術制定。這是最後一條。雖然最終搞定這場戰爭靠最後戰術的運用，但不是決定這場戰爭的根本。

這四點，在赤壁之戰中，體現得最完全。整個這場戰爭，應該是《戰爭學》最典型的一個案例！

你看看這些人物就知道了：

有能謀善斷、將士如雲、高舉朝廷征討詔書，乘勝而來的曹操；

有聰明勇敢、善於用人、後方鞏固的孫權；

有年少氣盛、指揮若定、文武兼具的周瑜；

有深沉老練、睿智善謀的魯肅；

有能言善辯、德高望重的張昭；

有勇赴國難、敢當前鋒的黃蓋；

有屢敗屢戰、不肯認輸的劉備；

有聰明自許的蔣幹……

真正是一場群英會。

而我，就這樣一下子被推到這場群英會的前台。

曹、孫、劉三方，我是劉方的代表。

群英，我卻是出身、資歷、年齡、戰功都最差的新手。

既是學習，又是考驗啊！成功了，我將一躍而成為三國舞台上的主演。

事實是：我成功了！

我是雙豐收：既學習，又成功。

至於我的具體方法嘛，我就不多說了吧，歷史記載很多，可以看到的。其中《三國演義》裡的敘述最詳細而精彩，在那本書裡，我首先是當了一名外交使者，做說客到東吳，說服他們「戰」而不是和。其實，我只是支持了周瑜、魯肅他們主戰派的意見，提供了一些劉備和曹操在戰鬥中瞭解到的軍情。周瑜的意見，是主要的。但我在和張昭這批主和派之間開展的一場「舌戰群儒」，卻很精彩。這是我能言善辯的本領。這一點，為我撈取了不少政治資本。其次，我用了「借東風」這個計策，與周瑜「用火攻」相配合，這樣，就從最終的功勞上，分了他們一半。他們是儒生或儒將，我是以儒為主，三教九流兼具、裝神弄鬼都來。不過，我這種旁門左道的事，要是孫權哥哥孫策在，肯定不奏效。因為他是漢朝忠臣，一直認為，漢朝就衰在妖術上，這一點，你們知道，黃巾起義，張角他們就是裝神弄鬼的。漢代整個就流行這玩意兒，東漢時尤其盛行。國家把張角他們定為邪教，是沒道理的，因為皇帝自己也信啊。等亡了國，才痛恨它，晚了！第三，我用了「趁火打劫」這條計，讓只有少量兵馬的劉備，專門派人埋伏曹操敗退下來的人馬，也不大打，只搶些軍需物資，以壯大自己。正面戰，是不能打的，但勝利成果，是一定要分享的。

還有「華容道捉放曹」，那是個一舉三得的事：一者，體現我的神機妙算；二者，讓一向桀驁不馴、不怎麼聽我話的關羽有個把柄抓在我手中；三呢，還不能讓曹操死，他死了，我們就失去敵人，我為劉備寫的《策劃書》方案就落空了。

赤壁大戰後，我的「三分天下」的方案，就真的實施了。這叫「人算不如天算」。此後，形勢大變。劉備覺得，取荊益二州的條件已初步具備。第一條，當然是取荊州，這裡我們用了很多計。與其說「取」，不如說是賴。因為那時，荊州已經是東吳的了，為了與曹操打仗，先借我們的。但我們不能還，還了劉備就沒立足之地了。取益州是很冒險的。最後，荊州還是丟了。沒辦法，顧此失彼。這其中，死了一員武將關羽，一名文官龐統。

關羽死了也好，這人太不聽話，目空一切，一直對我是不怎麼信服的。就像〈梁父吟〉歌裡唱的「力排南山三壯士」的一個壯士。你看我後來去哪，是從不帶他的，和他一起，他是主人，我是副官或秘書，那怎麼行？所以，我只帶趙雲。其實，在劉備心中，趙雲的位置始終和我差不多，比不過關張兩個人的。

龐統如果活著，和我本來是可以「龍鳳呈祥」的，估計軍事上，他比我還強點，年紀也輕些。劉備行軍作戰是喜歡帶他，以為我留守地方搞管理、後勤更適合，大有一種「統是張良、亮是蕭和」的意思。所以，他死了也好，軍政大權，我可以一把抓。

## 登上權力最高峰

諸葛亮說到龐統和關羽的死，不禁讓我想到劉備之死，於是插言問道：關羽死了，劉備要去報仇。這是一種錯誤決策，結果是三兄弟接二連三地死了。也真成全了他們桃園結義時的一番跪拜。但劉備伐吳，你就沒有一點責任嗎？我記得，很多人諫他，他都不聽。趙雲跑去，挽著他的馬頭說：「應該先伐魏，再伐吳。因為曹操兒子曹丕已經篡奪了大漢皇位，你不是口口聲聲要匡扶漢室嗎？所以，伐魏是為國家、為朝廷；伐吳，只是為兄弟，為私仇。先公後私啊！」這話說得多好啊！但你卻沒去勸，好像一句話也沒說。為什麼呢？你不是很會說服人的嗎？

諸葛亮苦笑笑：勸也沒用。君子要會審時度勢。你以為趙雲那些話，說得有理、說到點子上了嗎？你們這叫「只知其一，不知其二」啊！

「先公後私」，這是對的，但劉備看得很清楚，那時，是真正的三國鼎立了，三個國君都稱了帝，曹魏的力量大得很，蜀國根本不是對手。即便打，也要看時機，待機而動，不知要待到何年何月。那時，關羽死了，他劉備身體也不好，他等不及了。不如先伐吳，滅吳後，就是從「三分天下」變為「半壁江山」了，那時，再與北魏打，力量不是更強嘛。所以，在他認為，伐吳的戰略更現實，而且是公私並重。

還有誰比我更瞭解劉備呢？

他伐吳，對我也是有好處的。因為如果他留在成都，我是沒有大權的，他走了，我就主持工作了。如果他成功，地盤大了，我們實力更強，將來我就有了更大的資本，他肯定先我而死的，我那時才三十幾歲呢，男人三十三，太陽才出山。我是九、十點鐘的太陽。如果他失敗了，對國家，損失是大了點，但這CEO的位子肯定馬上就是我的了。董事長我是不想了，我立志時就沒想過，前面說了。

果然，他失敗了。白帝城托孤，我當上了CEO。

時勢造英雄。從白帝城托孤開始，我掀開了人生新的一頁。以後的將近二十年的「三國史」，其實是我的歷史。在蜀國，我是名副其實的「挾天子而令諸侯」。軍政大權，全在於我一人手中掌握。

那時形勢是很嚴峻的，外有強敵，內有隱患。但我在外交、經濟、政治上的才能已經很成熟了。我首先重新擬定了聯吳抗魏的戰略，與吳國交好。然後，又安定了南方的少數民族。在一切穩定之後，我開始著手準備北伐。

有人說我北伐，從軍事上講，是以卵擊石；從政治上講，是窮兵黷武，結果是六出祁山都失敗了，自己也是「出師未捷身先死」。

其實，「以攻為守」也是一種戰略。北伐於我這是一舉三得的事：一是造成聲勢，使魏國不敢來攻我，他們只有防守的份；二是我可以名正言順地把軍權牢牢把握在手中，使小皇帝不敢對我有什麼想法。因為劉禪也在一天天長大，他也有一班親信，古來像我這樣的CEO都是不好當的。好多小君主的父輩托孤大臣，都沒好下場，因為共同創業的感情紐帶不在了，小皇帝又是很想獨立的，誰願讓一個老資格的部下老管著？伍子胥是這樣，霍光是這樣，後來明朝的張居正也是這樣。只有我，控制得好，因為我們有一個強敵在。我一直把軍權掌在手裡。直到死，軍隊都在我的身邊。三是我也可以以此邀名。我後世的名聲大，一個重要原因，是我念念不忘北伐，這是對漢朝的忠、對劉備的忠，兩個「忠」在一起，形成了最合中國傳統道德的偉人。至於打仗耗費國力、死人，也未必，因為和平，會讓人沉溺荒淫之中，那同樣會耗國力，會死人。

而且，打仗也有樂趣。我是經過赤壁大戰錘煉的人。那時，元老級的人物都死得差不多了，只有我在，我的戰略戰術也成熟多了。我還要練一練。

再說，軍旅生活，也是防止自己腐敗的有效手段。我一心撲在戰事上，是沒有心思搞腐敗的。我後世的英名，與我廉潔奉公是分不開的。

你說六出祁山的失敗，證明我還不是一個優秀的軍事家。比如失街亭，劉備臨死前就交代了那麼幾件大事，其中包括馬謖不能用。但我為什麼還偏偏要用他呢？

但你們不知道，我不用他用誰呀？沒聽說「蜀中無大將，廖化做先鋒」嘛！再說，我也要培養自己的親信啊。我選定的接班人就是馬謖，他和我是「情同父子，義如兄弟」，只可惜他沒有戰功，沒有戰功，是不能服人的。我就給了他這個機會。其實街亭是很好守的，但戰略意義重大，所以，他守好了，功勞就大了。沒想到，他真的是讀死書的人！

當然，我還是會化腐朽為神奇的。用馬謖錯了，我就斬他，成就我執法如山的「名」。同時，我給皇帝寫悔過書，自責自罰。這也給了我美名。「人非聖賢，孰能無過？」這個「過」，不會影響我形象的，相反，倒很成就了我的另一面。

你說你們讀史，覺得我對魏延，有點不公平。魏延可是蜀國老將，從來沒有打過敗仗，是一個戰功很卓著的人物。而且，他也是劉備的五個托孤大臣之一！魏延曾要求我分兵讓他出奇路殺進長安，也和我〈隆中對〉裡兵分兩路思路一致。我卻一直不同意。我死了，他做接班人，也是名正言順。為什麼不選他，偏又選他的對頭楊儀，讓魏延下場很慘，還落得個「叛國」的罪名？

其實歷史的東西，說不清的。魏延原來是叛將，投降關羽來到我們隊伍裡的，所以，他的地位就沒有黃忠高。他文化也低，不堪當大任的，只能領兵受命打打仗。出奇路實在冒險，如果不成功，動搖軍心；成功了，他的功勞也太大，真成了韓信了，那我怎麼安排他？五個托孤大臣，意味著什麼嗎？意味著他和我平起平坐啊。我當然不能給他機會。楊儀是我的親信，我不用他接班用誰啊？當然，我也想我的接班人有大本事，但找不到，有什麼辦法？

你說這都是我不注重選拔、培養人才的結果。劉備用了多少人才。我認為，這也許我能力太強，所以對人才要求太高的緣故。這和「武大郎開店」相反，但結果是一樣。治國上，我還能選些人才，但出將入相的大才，以及軍事人才，我是不會選。所以，我最後累死了。

我說：這正應了你〈出師表〉中「鞠躬盡瘁、死而後已」這句話！

## 最後的成功策劃

諸葛亮說：〈出師表〉不僅是為了生前能牢牢掌握軍政大權，使出師有名，讓小皇帝和一班反戰派無話可說；也是我對「身後名」的一次成功策劃。

我的忠、誠、義、仁、勇、智、信、廉，全在上面。

後人陸游就寫詩贊道：「出師一表真名世，千載誰堪伯仲間！」

我笑笑說：也未必吧。我讀到過一篇文章，叫〈卑鄙的諸葛亮〉，列舉了你的十大不光彩處。你要我說給你聽聽嗎？說了你不要生氣，大體上是這樣的：

一是為攀龍附鳳，娶醜女為妻，不符合我們中華民族關於「男才女貌」的傳統價值觀；

二是有意做秀，讓人家三顧茅廬，藉以抬高身價，不誠實；

三是裝神弄鬼搞「借東風」的把戲，搶奪赤壁大戰的功勞和成果；

四是讓關羽守華容道放走曹操，你是明知他們關係好，只為抓他小辮子，卻放走敵人元魁；

五是明知關羽高傲，卻讓他獨守荊州，害死了他；

六是激龐統冒進，害死鳳雛，有妒賢嫉能之嫌；

七是不阻止劉備伐吳，以便取而代之；

八是玩「貓抓老鼠遊戲」七擒孟獲，以顯示自己如何會打仗；

九是窮兵黷武，六出祁山地北伐，目的是大權獨攬，讓小皇帝永遠怕你，好挾天子以令諸侯；

十是培植親信，排斥異己，讓馬謖守街亭貽誤戰機，又害死魏延。

諸葛亮點點頭：說得似乎有道理。但我前面都說了道理，說了做這些事的時勢、情勢。那個時代，時勢使然。如果我逆勢，我就不是諸葛亮了。諸葛亮是什麼？我也給你列十條：

一是智慧，我是中國的智神，是智慧的代名詞；

二是忠誠，我是忠臣的化身；

三是境遇，是書生遇明主最理想的完美典範；

四是才能，出將入相，無所不能，是主子喜愛、奴才擁戴的最有本領的幹臣；

五是正直，對皇帝敢進忠言，對部下執法如山，一身正氣；

六是清廉，廉潔奉公，兩袖清風，公而忘私，是標準的清官；

七是雄辯，從面試時的〈隆中對〉，到辯論賽上的〈舌戰群儒〉，再到實戰中的〈罵死王朗〉，使我成為前無古人、後無來者的雄辯家。孔子雖然說過「君子敏於行而訥於言」、「巧言令色，鮮矣仁！」但中國有幾個真聽孔子話的人？中國人佩服的還是口才！

八是發明家，木牛流馬是千古未解之謎；

九是軍事家，兵法和孫子可以齊名；

十是大英雄，最後的失敗，使我更有英雄色彩。因為同情失敗者，是民眾歷史價值觀的主導。

是耶？非耶？但這是事實，一千多年來的事實。

所以，我最偉大之處，在於我死後之名，越來越輝煌。這一點，可能就只有孔子比我強。說個笑話，還真有文化不高的人把我當成他的後代，因為我的字叫孔明。

我成了中國智慧的代表，後代的文人簡直把我羨慕死了。對我，他們只有歌功頌德的份！偶像就是這樣形成的！

我和諸葛亮告別後，走在被群山遮蔽、眾樹掩映的隆中，心裡有說不出的味兒。

# 8 【楊廣】

楊廣（五六九～六一八）又名楊英，小字阿摩。隋朝第二代皇帝。楊廣被後世人當作暴君的代表，凡帝王殘暴荒淫之舉，他都無所不用其極，對此，正史和野史有無數的描寫。

本篇我們將借楊廣之口，談中國歷史上帝王命運的荒誕性、中國文化的是非觀、中國歷史治亂相間的根源以及「舊史」中的不合邏輯處。

【楊廣訪談錄】

# 你們回頭看看，哪個帝王比我偉大

●採訪人物：楊廣
●採訪地點：大運河紀念館
●採訪時間：二〇〇二年二月三十日（無此一日）

## 選擇隋煬帝楊廣做代表

楊廣是中國暴君的代表。關於他的殘暴，正史上的記載已經是登峰造極——古來沒有一個帝王可與之相比。然而，人們還嫌其不夠，用野史、傳奇故事又編撰出種種罪惡行徑來，這些事蹟不僅件件令人髮指，有的簡直匪夷所思。但隋煬帝畢竟造了一條橫亙於神州大地的大運河，而且說這項工程是「千秋功業」也絕對是當之無愧的。

中國古來的帝王，一般可分為四種，即明君、庸君、昏君和暴君。後二者都屬於壞的範疇，但卻是有區別的，比如：秦始皇屬暴君，但秦二世則是昏君，區分的標準是他們是不是一個糊塗蛋。因為秦二世也殘暴。所以，不糊塗而殘暴者，才叫暴君。

這種分法，我以為是不全面的，因為有一個盲區，比如，漢武帝這種人算什麼？他有很多功業，但又有點殘暴，雖然算不上特別殘暴。我想給他取個名字，叫「厲」君，就是很有本領，好事、壞事都做了。如果這個名字成立的話，隋煬帝好像應該更接近這個厲君，而不是暴君。

一個最可笑的史實是：隋滅陳後，陳後主被俘，在隋煬帝時病死。這位陳後主在位時，昏庸無能、荒淫無度，所以，隋煬帝就給他一個諡號「煬」，即「陳煬公」，對這個「煬」的解釋是「好內怠政曰煬，好內遠禮曰煬，去禮遠眾曰煬，逆天虐民曰煬」。但唐滅隋後，李世民給楊廣的諡號竟也是「煬」。一筆抹殺了楊廣的全部歷史功績。而且後世，他這個煬帝卻是人人皆知的，陳後主則幾乎沒幾個知道他也「煬」過！

皇帝權力大無比，有理想、有本領的皇帝，總想有所作為，有所作為時，就會用獨裁專制的辦法。而且個人的享受與國家的事業往往不易分開，這樣一來，作為和殘暴就一體化了，那麼，用一個「厲」字，不是很合適嗎？

現在評價歷史人物，提出用「歷史的」標準，一是看他對歷史的貢獻；二是看他們的歷史環境。但這兩條用在隋煬帝身上，卻是矛盾的。關鍵問題在哪裡呢？

為了探索評價中國帝王的標準，我選擇採訪了隋煬帝楊廣。

## 中國歷史上最荒涼的帝王陵

為了見到隋煬帝楊廣，我跑到揚州市北郊的雷塘。只見一座荒涼的土丘墳墓，上有清代書法家、時任揚州知府的伊秉綬所書「隋煬帝陵」四字。雖然歷史上幾次重修，但大部時間皆荒草萋萋，幾乎沒有人來此憑弔。這恐怕是中國幾千年來上百個帝王的「陵墓」中最寒酸、荒敗的一個，真是「荒一堆草沒了」！相比之下，那位罵名千載的秦始皇，他的陵墓卻是何等的雄偉，而且他的殉葬品兵馬俑還成了世界七大奇蹟之一！

一直到大運河紀念館落成，我才在一張圖像上見到他，開始了我們的訪談。

## 他更像一個抒情詩人

見到這「千古第一暴君」，我倒吸一口涼氣：他不僅英俊儒雅，而且氣宇軒昂、神采奕奕。

楊廣好像猜透了我的心思，笑了起來：怎麼樣？是不是感覺到我不是你們心目中「凶殘」的相貌啊？難道你忘了，史書上說我是「美姿儀，少敏慧」嗎？我想，這六個字，要不是安在我楊廣頭上，你一定會把這人想像成一個風流才子了！

我只得點點頭：是啊。是你的事蹟，掩蓋了你的相貌。

楊廣笑著說：中國人雖然把「人不可貌相，海水不可斗量」視為至理名言，但到底有多少人遵奉呢？不說是以貌取人了，「想」都是以貌「想」人啊！——這就是中國人的特性：「說歸說，做歸做。」你看，孔子是一副虎視眈眈的相貌而絕非文弱書生、也非文縐縐或和藹藹的老夫子樣；西施體態健美，一點病容也沒有；諸葛亮身長八尺，比呂布一點也不差。但中國人審美就這樣，臉譜化，臉譜又是怎麼來的呢？完全是根據道德標準來的！

道德標準就是理想化，大家明明知道不是事實，但因為太嚮往理想，結果，對理想化的東西，在感情上還是人人願意接受。

我還說我是一個詩人，一個內心充滿柔腸的、感情豐富而細膩的詩人，你信嗎？——不信，你聽聽：

他輕聲哼唱起了他的一首詩——那時的詩，就是歌詞。

寒鴉飛數點，流水繞孤村。
斜陽欲落處，一望黯消魂。

我聽得也很動容，無法把他和「暴君」——也就是殺人不眨眼的魔王——聯繫到一起。倒是真覺得他就是位多愁善感的詩人，中國的李賀？英國的濟慈（John Keats, 1795-1821）？或俄國的葉賽寧（Serge Eselin, 1895-1927）？

思路回到現實中，我脫口而出：你完全可以成為一個優秀的詩人，如果你不是生在帝王之家！像你這樣才貌雙全、文武兼備的人，才是中國標準的美男兒！

楊廣說：可你們憑什麼把我說成是暴君呢？而且是千古第一暴君？

他又無奈地吟起他的另一首詩：

求歸不得去，真個遭成春。
鳥聲爭勸酒，梅花笑殺人。

這兩首詩，都淒麗婉約，意境森然，後人說是有詩讖之效，也就是說，對他的人生命運是一個預兆。

## 作爲千古暴君的四宗大罪

我於是說：說你是千古第一暴君的根據當然是歷史記載了。正史哦，要是野史，就更厲害，咱們就不說了。當年唐太祖李淵造反，歷數了你好多條大罪，他是為了暴力革命奪取政權號召天下的需要，我也不全根據那些了。只說史書上沒有太大爭議的事吧。我大體上綜合了一下，分為四條，說給你聽聽：

第一是虛偽無德，謀權篡位。歷史上說：你本是老二，用各種手段偽裝自己，取得皇帝和皇后——你父母親的寵信，然後又陷害太子——你的哥哥楊勇，最終讓你父皇廢了他而立你。公元六〇四年底，你剛登上皇帝寶座不久，就派人賜死故太子楊勇；接著，又像《左傳》上說的鄭莊公一樣，逼你親弟弟楊諒在并州造反，然後派大臣楊素統兵平定，逮捕他至京師後幽禁於深宮，直至餓死，並把楊諒部下吏民二十多萬家判以流刑。至於說你「弒父姦母」——就是說你親手謀殺了你臥在病榻上的父親、逼姦了你父親年輕漂亮的寵妃，因證據不足，我們就不說了。用儒家道德審判你：篡位，是不忠；弒父，是不孝；姦母，是不節；害兄弟，是不義，或不悌。反正，不忠不義是肯定的了。

第二是窮奢極欲、勞民傷財。如果說這第一條還僅僅是你的家事，那麼，你大興土木，為自己的淫樂而讓天下百姓勞苦不已，可說罪莫大矣！你當皇帝沒幾個月就下詔，令楊素與宇文愷等人負責營建東京洛陽，每月役使工匠多達兩百萬人。又大建顯仁宮，南接皂澗、北跨洛濱，開採大江之南、五嶺以北的奇材異石，輸運到洛陽；搜求海內奇花異樹、珍禽怪獸充實御花園；選天下民間年少美麗的女孩到你的後宮供你淫樂。

接著，為了更容易從北方乘船到江都遊玩，你下令調徵河南、淮北諸郡一百多萬人開鑿通濟渠，自洛陽西苑引穀、洛兩條河水入黃河，又自板渚引黃河水經滎澤入汴水，自大梁之東引汴水入泗水，直達淮河。同時，還徵發淮南民工十多萬人開邗溝，自山陽至揚子入長江，渠寬四十步，兩旁皆築工整平坦的御道，夾種楊柳。從大興到江都，修建離宮四十多座。與此同時，你派人到江南造龍舟和雜船數萬艘。後來又下令開永濟渠、江南河，直通杭州。以上這幾條人工河合稱大運河，被後來的人比作一道流動的長城。就是說，你是和秦始皇造長城一樣，驅使百姓、勞民傷財。

你每次出遊，都要用挽船民工八萬多人，挽漾彩等高級舟船的有九千多人，稱為「殿腳」，這些人都穿錦繡豪華的衣服，不僅幹活，還要要求好看。除此以外，還有號為平乘、青龍、艨艟等小船數千艘，供十二衛禁衛軍乘坐。船舟連綿二百餘里，旌旗風帆，照耀川陸，一眼望去五彩錦繡。兩岸又有長溜騎兵夾岸護送，同樣綿延二百多里地，旌旗蔽野，蹄聲隆隆。路過的州縣五百里以內都要求獻食，極盡水陸珍奇，你們一行吃不完就隨地棄埋，浪費之至。

第三是窮兵黷武，數征高麗，屢敗屢戰。每次都是興百萬之師，但都無功而返，天下老百姓真是苦不堪言。

第四是獨斷專行，濫殺無辜。凡是勸你不要享樂的、不要大興土木的、不要勞師遠征的，一律被你治罪，而且刑律極嚴。至於因為出於你的多疑，將一些大臣治為謀反罪而誅殺的，就不計其數了。如宇文述等借蓋殿造船升官的人勸你出遊，大多數朝臣都不願意去，建節尉任宗就上書極諫，書上當天，這位倒楣的臣子就被你喚至朝中當眾杖殺；奉信郎崔民象在建國門上表，說當今天下盜賊充斥，不宜出遊，你見還有人敢掃興，大怒之下，先命人用刀把崔民象兩腮還嘴一起削掉，再斬之於殿外。

## 敵人寫的歷史

我一口氣說完，本以為他會大怒不已。

沒想到他莞爾一笑，慢悠悠地說：歷史就可信嗎？知道我的歷史是誰寫的嗎？唐朝人寫的！

我的文治武功還沒完成時，他們造反推翻了我。我的歷史我沒來得及寫。整個隋朝的歷史都是唐朝人寫的，而且是那些直接參與推翻我的人寫的。正史、野史都是的。以最有權威的《二十四史》之一的《隋書》為例，它是唐太宗直接下詔、由魏徵擔任主編寫成的。後世的史學家們認為它是《二十四史》中修史水準較高的史籍之一，理由一是它有明確的指導思想，因為下令修隋史的唐太宗親歷了滅隋的戰爭，在執政之後，他經常談論隋朝滅亡的教訓，明確提出「以古為鏡，可以見興替」的看法，所以汲取歷史教訓，「以史為鑒」就成了修隋史的指導思想；二是《隋書》弘揚秉筆直書的優良史學傳統，品評人物較少阿附隱諱，主編魏徵為人剛正不阿，他主持編寫的紀傳，較少曲筆，不為尊者諱，如稱我父親隋文帝之「刻薄」專斷、「不悅詩書」、「暗於大道」，說我矯情飾貌、殺父淫母，「鋤誅骨肉、屠剿忠良」等情況，都「照實寫來，了無隱諱」。

但這種說法，你信嗎？「照實寫來，了無隱諱」，真是笑話！我是他們的敵人，他們寫敵人壞，當然無須隱諱了；至於是不是「照實」，只有天知道！「以古為鏡，可以見興替」，那就是明確要寫我們壞的地方，好借鑒啊！什麼叫「見興替」？就是要讓人明明白白地看到舊朝代是怎麼亡的，新王朝的江山是怎麼打下來的。

為了證明自己造反是「順天之意」、「順應民心」，他們就要把舊王朝說成是逆天之意、違民之心。否則，如果說舊王朝好的話，推翻者就沒有理由。沒有理由地推翻我們，他們就是反賊！為了證明他們不是反賊，必須把我們說得壞壞的！這是其一。

另一點，你也許會問：把敵人說得太壞，太腐朽，不也證明自己不是英雄嗎？因為只有打敗強敵的人才能證明是更強的人，而你現在把你的敵人說成是已經失去民心、眾叛親離、朽不堪言了，那不是「一推就倒」嗎，你的本領何在呵？其實，這裡有一個難言之隱，是所有造反成功的人都有的難言之隱，那就是他們不能說「物競天擇、強者生存」。因為如果他們這樣說了，則被他們統治的人中，有更有本領的人怎麼辦？那不是鼓勵他們造反嗎？動物世界裡，老虎要搶山頭了，理由很簡單：我比你本領大，我就要佔領你的山頭。但人不能這麼說。人必須為自已的實現慾望的行為找道德的理由。所以，造反者就說：你看他楊廣，虛偽、殘忍、無德、壓榨百姓、窮兵黷武、大興土木、殘害忠良、泯滅人性、暴殄天物，等等。這樣一來，他造反，就是替天行道、為民伸冤了。——這就是造反者的邏輯。

當然，等他們自已寫自已的歷史，就不一樣了，必然把自已寫得多麼正確、崇高、偉大、清明、光榮，甚至會神化，比如中國歷朝的第一代君王，基本上都是出身很神奇的，是天上的星宿下凡，是救世主。

你們現在不是流行一句話叫「歷史要讓後人來寫」嗎？那要看怎樣的後人。你的敵人，直接的敵人，是斷然不會把你寫成好人的。

像我這樣的情況，歷史上很多。你看看哪個亡國的末代君主，不是殘暴之極、荒淫透頂？夏桀王、商紂王、秦始皇及秦二世都是。

但尤其不可饒恕的是他們把我的父親隋文帝也寫成壞人，說他刻薄專斷、不悅詩書、暗於大道。試問：一個「暗於大道」的人，能打下江山，統一中國？一個「刻薄專斷」的人能在身邊聚集那麼多的人才，來治理國家？一個「不悅詩書」的人，能創立中國後來沿襲一千多年的科舉制度？——由此可見，他們的論斷是多麼的荒唐！

## 秦漢、隋唐的「驚人相似」

中國歷史，王朝更迭，很多史家持有「循環論」，因為這其中確實演繹了很多「驚人的相似」事件，其中我們「隋」和「秦」這兩朝，就實在太相像了。

秦始皇統一六國，但傳二世就失了天下，然後是一個大漢時代。大漢那麼輝煌燦爛，是秦為他們奠定了相當的基礎，史家公認的就有「漢用秦制」；隋滅陳後，南北朝分裂時代結束，也是統一全國，但也是傳二世，可很快為唐推翻。盛唐也是那麼的輝煌燦爛，但也是隋為他們奠定的基礎啊！我們的官制被他們沿用，包括以科舉選拔人才的制度。還有大運河，為他們的交通、水利帶來了不知多麼大的便利！真是前人栽樹、後人乘涼！他們坐享其成！而我們的結局是：罵名載之史冊、遺臭千年。嬴政是，我楊廣也是。

要說我們這兩朝相像，還有個不為多數人所知的一件史實呢。你們好多人都以為秦只有兩代皇帝——秦始皇嬴政、秦二世胡亥，隋也是只有兩代皇帝——我的父親隋文帝楊堅和我楊廣。其實，我們都有個「三世」。秦三世就是胡亥的兒子，叫子嬰。趙高整死胡亥後，立還處在童年的子嬰為皇帝。子嬰上台後卻幹了兩件事，一是設計殺死了自己的殺父仇人趙高，一個是代表秦王朝向劉邦投降。後來，他被項羽害死了。隋三世叫楊侑，是我的孫子，太子的兒子，那時太子已死了，楊侑也就幾歲，被人家當傀儡，在我帶兵征高麗時，擅自繼位。只當了幾個月，被人殺害了，後被謚為隋恭帝。

還有件史實，也因為隋恭帝楊侑不為人所知而埋沒了，那就是我這位孫子當皇帝時，給我贈了個廟號叫「隋明帝」。但唐朝人沒承認，他們硬給我改了謚號。這種後朝人改謚號的做法，歷史上是很少見的。

## 要憑邏輯看出歷史的眞相

現在，你們不是提倡要歷史地看問題嗎？你們用大歷史觀看看我們父子兩代的功業吧。當然，我只能評唐朝人寫的歷史，這個歷史被歪曲了。然而，他們只能歪曲歷史事實，卻不能歪曲歷史邏輯。我們可以憑邏輯看出歷史的真相。

我們隋朝從公元五八一年到六一八年，共三十八年，比秦朝長。真正全國一統，是公元五八九年滅陳，所以，也可以說是三十年。這三十年，我們父子大體上各占一半。

你們都知道，南北朝是繼春秋戰國後中國又一個大分裂的時代，到了南北朝末期，面臨長期戰亂的人們，普遍渴望統一。但當時的北周和南陳的皇帝都沒有統一全國的能力。我父親楊堅出身北周貴族，周宣帝時拜上柱國、大司馬。後來周靜帝年幼即位，為大丞相，總攬軍政大權，在平定了河南、湖北、四川的割據勢力後，又翦除了宇文氏諸王室，於公元五八一年代周稱帝，建國號隋。接著，他開始了統一的軍事部署：先與突厥和親，使東突厥來歸，解除了後顧之憂；然後任命我為行軍元帥，在安徽前線集結兵力，南下伐陳，於公元五八九年正月，直取建康，陳軍崩潰，陳後主投降。南方各地紛紛歸附，總計出兵後不到四個月，就實現了南北統一。在代替無能的皇帝和統一中國這一點上，歷史上有兩個人很像我父親，一個是晉朝第一代皇帝司馬炎，他代魏稱帝，然後滅東吳統一了全國；另一個是北宋第一代皇帝趙匡胤，黃袍加身代周稱帝，然後滅南唐統一全國。可以這麼說，統一中國，是我父親在歷史上建立的第一大功。相當於秦始皇。秦始皇在遭後人唾罵的同時，沒有人不承認他統一列國的大功。

隋朝建國後，朝廷就實行了一系列發展經濟、恢復生產、鞏固統一成果的措施。主要有：

——加強中央行政機構的領導，設立三省六部，以統一政令；

——改地方州郡縣三級制為郡縣二級制，以降低行政成本和提高行政效率；

——改革府兵制，統一軍令；

——重頒均田令，儘量使耕者有其田；

——制定新刑律，以法治國；

——新鑄五銖錢，統一貨幣，平抑物價，制止通貨膨脹；

——統一度量衡；

——使用德才兼備的大臣如高熲、楊素、牛弘、蘇威等；

——堅持以農為本，興修水利，並使手工業和商業得到恢復發展；

——開通廣通渠，以便漕運交通；

——在長安建大興城；

——完善科舉制，通過公平的考試制度選拔官吏。

等等。

這樣不久，全國戶口增到七百萬戶，倉廩充實，社會安定，出現欣欣向榮的景象。從這些內容上看，我父親的歷史功績除了統一中國外，還有「發展農工商經濟」、「統一貨幣和度量衡」、「以法治國」和「創立科舉制」四大項，這些都是功在當代，惠及後世的。

不僅正面的「功」，我父親比秦始皇要超過很多倍；反面的「過」也同樣少很多倍。他是歷史上很少幾位仁慈、節儉的君王之一，至少他沒有造阿房宮窮奢極樂；至少他沒有濫殺無辜；至少他沒有焚書坑儒；至少他沒有到處找神仙求長生。秦始皇的大過他一個沒沾，秦始皇的大功他樣樣都有。何止是秦始皇的功，我看漢武帝、唐太宗，都沒法和他比。

我是公元六〇四年即位的。我在即位前，就有很多戰功，我父親統一天下的主要戰役，都是以我為元帥的。但我因為是老二，沒能被立為太子。然而，我功勞又很大，這樣，我必然遭到太子楊勇的嫉妒。開始，我只能韜光養晦，溫良恭儉讓，太子則驕奢淫逸。我父親既然是個英明的君主，當然不會讓他來主政，所以，就廢了太子楊勇，立了我。唐人說我那些品德是裝出來的，請問：我父母都沒發現我是裝出來的，你們又何以知道我是裝出來的？我功勞那麼大、地位那麼高、年紀又那麼輕，溫良恭儉讓能裝得好嗎？要說我是不得已而為之，明哲保身，邏輯上還有點通。難道所有自保的人都叫虛偽？所有成功人的品德，都是偽裝出來的？

我是繼位後才殺了我的哥哥和一個弟弟的，他們有聯合起來造反的可能性。老臣們有的不服氣、有的倚老賣老、有的甚至想和楊勇勾結，我因此殺了一些。這些事，在別的君王身上發生得多了。不能算我的錯，我既不是空前，也不是絕後。

## 大運河是人類歷史上最偉大的工程

至於說我得志後，就驕恣無忌，濫用人力財力，揮霍無度，是沒有摸著良心說話的。

我上任後，第一件事，就是舉辦水利、交通、城市建設工程。因為我發現，朝廷的府庫很殷實，這些錢不用幹什麼？像明朝嘉靖皇帝一樣讓他們爛掉嗎？要知道，那時的錢財，不是絲綢、就是金銀，前者會朽，後者會鏽的！我大規模徵發民工，那是給工資的，徵用人家的地，也是有補償的。我前面說了，由於我們隋朝的安定富強，人口在迅速增長，這樣就有了富餘勞動力，讓他們去建設大工程，不正好一舉數得嗎？而且，只有把水利、交通工程做好，生產才能大發展啊。還有，我最主張發展城市經濟，中國那麼大，我南北征戰時，瞭解得很清楚，中國地方特產豐富，這些都應該交易。交易一靠城市，二靠交通。

那時的交通，主要是水運。從古以來，都知道「一江春水向東流」，所以，在中國，東西交通，沒有什麼大問題，但南北交通，就麻煩。為什麼中國歷史上分裂，多數都是南北分裂？交通可能就是一個大因素。於是，我們就想到開人工運河，南北走向的河流。我父親已經開了一條廣通渠，那是公元五八四年，即全國還沒有統一、我父親當大隋皇帝的第四年開工的，它是引渭水直達潼關，解決了關內的交通問題。我那時雄心很大，決心要開一條暢通大江南北的大運河來。因為我到過南方，那裡特產豐富，一定要使之能與北方便捷通商。於是，在我即位的第二年，即公元六〇五年，就開工建設了這項大工程。要知道，我是頭年的十一月登基的，第二年也就是我上任才兩三個月，就幹這事的。所以說，這是我的一號工程。實際上，不僅是時間，在工程量上，這也是一號大工程，甚至是中國歷史上一號工程。因為整個大運河分永濟渠、通濟渠、邗溝和江南河四段，全長四五千里，以東都洛陽為中心，東北通到涿郡，東南到餘杭，從竣工之日起，在沒有汽車、火車的一千多年歷史上，它一直是中國南北交通的大動脈。這樣的工程，以相對工程量比，相當於你們現在一百個京九鐵路的工程量！

大運河在解決交通問題的同時，還為農業帶來極大的灌溉之利。可以這麼說，沒有大運河，就沒有穩固的南北大一統，沒有唐朝的經濟大繁榮。而沒有這兩條，中國歷史上就沒有值得驕傲的「大唐盛世」，從而可能就沒有李白、杜甫，那中國文化史將要失去多少輝煌啊！

古今中外，有哪個帝王的工程，可以和大運河相比呢？工程量上，有埃及的金字塔、中國秦朝的萬里長城，但他們都是為皇帝或皇權服務的，沒有一項為了發展經濟、惠及百姓的。你說長城是為了防禦外敵嗎？哦，我告訴你，沒有哪一次外敵入侵，是長城能擋得住的。蒙古人來了，越過長城，統治我們建立了元朝；滿人來了，越過長城，統治我們建立了清朝；八國聯軍從海上登陸、日本人入關，長城更是擋不住。再說，就是滿人統治，清朝的老百姓日子過得比明朝差嗎?!可見，長城並不能惠及百姓。

所以，無論是用發展的歷史觀，還是民本的歷史觀，大運河都是最偉大的工程，是人類歷史上最偉大的工程。

## 開挖大運河決非爲個人的荒淫享樂

你說我挖運河是為了南下江都，到揚州看花？笑話！那是唐朝人在寫歷史時胡說的！揚州看花，一定要乘船嗎？騎馬坐轎不行嗎？秦始皇巡遊天下，不都乘馬坐轎的，照樣舒服得很、威風得很呀！不說八抬大轎，八百抬大轎也沒問題呀！而挖河，那要等多長時間！我花了整整七年時間，才把這項工程做完的。為了看花，我瘋啦！

至於說我三幸江都，每次在運河上走時，都是乘大龍舟，隨從幾千條船，那也是唐人的一面之辭，現在沒有史料，我也不好用一面之辭來說我不是這樣。但我們可以進行邏輯推理：我是鼓勵商業發展的，運河通航後，肯定有好多商船。我們開展通航儀式或後來的巡航儀式，肯定有好多商船相隨的。再說，這些商人和我們一道，一者表明自己與朝廷保持一致；二者可以與朝廷官員拉拉關係、套套近乎；三者可以就勢做做生意，因為我們一路上也有很多消費的；四者，也安全呀。所以，一路浩浩蕩蕩，上千艘船、綿延上百里，很正常嘛！

野史上還有一種更可笑的說法，講我荒淫透頂，用宮娥彩女去拉船。試問：以我的智商，會用女孩子當縴夫？雖然她們那時還沒纏足，但拉縴是什麼概念？你以為縴夫的路都像現在的西湖邊用水泥鋪成的嗎？那些路，不說拉縴，讓女孩走恐怕還走不了三里呢！如果真有這回事，我想，肯定是我在搞開航儀式時，讓宮女們披紅掛彩站在河邊，象徵性地拉了一下，就相當於你們現在開業典禮上的禮儀小姐一樣。這樣說來，我還是中國用禮儀小姐的第一人哦！

現在再來說說用工問題。從古以來，中國就有徭役制度，我可能一次性用工太多了點。史書上說我一年間每月役使民工就達二百萬人。雖然真實的數字沒這麼大，但到底是很大的，畢竟是一號工程嘛！這其實不是我急於求成，而是因為挖河這個「水利工程」的特殊性。你想：一段河挖了一半，雨季來了，一進水，第二年工程量又要增加多少！所以，一個河段，最好能一次性挖成。數個小河段組成的大河段最好也是越快越好。沒辦法啊，只能搞突擊！這是科學！那些寫史的儒生怎麼明白呢！他們寫的「每月役使民工就達二百萬人」這句話就有問題，因為你們知道，興修水利，只是在枯水季節進行。一般枯水季節又是農閒季節。雨季、豐水季節，你能挖河？怎麼可能「每月」都挖河？這與築長城的成年累月完全是兩碼子事！

做這麼大的工程，是讓當時的老百姓吃了很多苦。但聖人也說過：「民可以享成，不可以慮始」。做成了，老百姓就得利了嘛。難道我還要去做思想工作啊？那時的國民可沒你們現在這樣有文化、有素質、有覺悟哦。所以聖人又說「民可以使由之，不可以使知之」，沒辦法，只能用朝廷的權力驅使他們去幹。你們讀過《戰國策》中〈西門豹治鄴〉的故事，這兩句話上面都有。中國古代就這樣。成則王，敗則寇。要是我沒被推翻，你看後來的人，怎麼讚揚我的英明、偉大吧！

## 發展城市和商業經濟的思想

我另一個大工程，就是建設洛陽城。洛陽當時是中國的經濟中心，在我手裡，無論是它的城區面積、人口，還是它的經濟繁榮度，都絕對堪稱當時全世界最大的城市！

發展城市，主要是為了繁榮商業，商業發達，國家稅收就大。這是我走南闖北得出的經濟學真理。因為農業的收成幾乎是固定的，即便是大豐收了，但豐年米賤，仍然富不了，國家稅收要增長，只能加重稅賦比例。商業就不同了，商業活動越頻繁，稅收就越多。我年輕時打仗，好多軍費和軍需物資都是商人提供的，這比向農民攤派好多了，也容易實行得多。我是實踐出真知啊。

還有說我在運河沿岸建設一些接待站什麼的，其實，那也是發展商業的需要。算是小城鎮吧。

我們這麼大的工程實施過程中，肯定出了不少腐敗問題。這是歷朝歷代都有的事。因為有的官員假公濟私，或貪汙、或欺榨百姓，都有可能。但我的反貪力度是很大的，我頭腦清醒，早把這個問題看清了，你翻翻歷史，我就運河工程一項，懲辦了多少貪官汙吏！

總之，在工程建設上，我步子可能是邁大了點。但這並不是我亡天下的原因。更不能因此證明我是為了個人的荒淫娛樂。至少，功過是不能相提並論的。

## 征高麗有著複雜的歷史背景上的原因

說到征戰，我首先講講我當政時的對外關係政策和舉措。

我們隋王朝建立後，就立即著手恢復幾個世紀以來因割據紛亂幾乎中斷的對外關係。其中在我的手裡做得工作最多。

首先是通過「絲綢之路」的商業往來，促進了中國與西亞的相互交流。其次，在東亞，我們與新羅、百濟、日本的使者來往頻繁，特別是日本有不少的僧人、學生到中國來學習。我派裴矩到西域，招引各地商人來參觀貿易，還派使者遠至東南亞真臘、赤土等國，使中國在亞洲的地位和影響力都得到增強。也為後世盛唐打下了一定的基礎。隨著對外關係的改善和交流的發展，當時的地理學也有了較大的發展。我下令撰寫的《區宇圖志》共一千二百卷，是一部圖文並茂的全國地理專著，在中國地理學發展史上佔有相當高的地位。從這些舉措上你會看出，我是十分注重與外邦建立友好關係的，我們奉行的是和平友好的外交政策。

那麼，三征高麗是怎麼回事呢？

這裡，我要先說說中國和朝鮮的歷史淵源關係。中朝的歷史關係源遠流長，但也極其複雜。最早可追溯到周朝，司馬遷的《史記・宋微子世家》就有「於是武王乃封箕子於朝鮮而不臣也。」——就是說，朝鮮本來是周天子分封的一個諸侯，但他不聽話，不向周天子稱臣。在漢初，就有燕人衛滿渡過清川江打退朝鮮末代王箕準，自立為王。百餘年後，漢武帝遣大將征朝鮮，平之而設四郡，佔有朝鮮半島北部。《史記・朝鮮列傳》上說：「天子募罪人擊朝鮮……誅成巳，以故遂定朝鮮，為四郡」。而朝鮮半島南部則分為馬韓、辰韓、弁韓，稱為三韓，都臣服於大漢。歷史上徹底征服朝鮮，此為首次。東漢時，朝廷無力東顧，朝鮮人則伺機而起，其中首先是高句麗崛起，它在百多年間陸續吞併北方諸小國和漢四郡。高句麗的另一支王族由於害怕將來王位繼承的紛爭，率部眾南下，約在公元前十八年，即西漢成帝年間，建立百濟國。百濟、高句麗和由辰韓崛起發展起來的新羅合稱為韓國歷史上的「三國時代」。韓國人一般以這個時代為韓國信史的開始。他們不承認以前我們史書上記載的那些歷史，而認為朝鮮歷史是從神話傳說中的檀君建立朝鮮國開始的。這倒是沒什麼大關係，因為歷史上的親緣不能說明任何問題。但問題是，中國向來以中央大國自居，四夷小國應該要臣服的，而這個朝鮮卻有時服、有時不服、有時不僅不服還要來侵擾，特別是中國內亂時，他們就來侵擾。所以，當我們強大時，也要去征服。如魏晉時期，就有幽州刺史毌丘儉征朝鮮的記載，這次魏朝採用了殺戮政策，朝鮮只得向曹魏稱臣。南北朝期間，朝鮮是時而歸順，時而反叛。慕容氏的前燕、後燕和高句麗之間就有勢力範圍的重疊，可見衝突不斷。

隋統一了中國後，必須征高麗，因為它如果不臣服於我們，則我們在北方就會東西兩面受敵，邊防線太長了。但高麗偏就不服於我們。第一次征高麗，就是因為高麗王夜郎自大，以區區一萬兵馬，進犯遼東。隋文帝舉大軍三十萬，水陸並進而去。然而，不幸的是，天公不作美，先是陸軍中由於道路泥濘，糧草供應不上，導致疾病流行；繼而是水軍又由於遇到大風，船多傾覆，使這次算計失敗。

十幾年後，高麗見我們國內有人在造反，以為機會來了，又來搞摩擦。於是，從公元六一一年開始，我又發動了大規模的征高麗的戰爭。為了揚我大隋之威，我舉全國之兵而征之，本想一舉成功——我當年伐陳就是這樣幹的，沒想到，那裡地形複雜、地域狹小，百萬大軍去了，迴旋很難，而且糧草消耗又大，加之大將無能，以失敗而告終。最後一次，我是親自率兵出征，結果是「壯士一去兮不復還！」

我征高麗的直接原因是，我當時已經征服了突厥，而高麗卻還在與他們悄悄地來往，妄圖搞聯合。不征服它，邊防隱患太大，永無寧日。

征高麗是導致我政權跨台的直接原因。但決不是主要原因。

## 這些殺人的事歷朝歷代都有

關於濫殺無辜罪名也是不太能成立的。

我主要是殺三種人，一是倚老賣老，或懷有異心想謀反的人，他們不聽我指揮，對我的決策常常唱反調，這樣犯上的人，不殺，朝廷之法、天子之威如何顯示？二是辦事不力，特別在軍事上，打敗仗，那是要按軍法處置的。有次突厥來犯，我派李淵領兵去抗擊，他戰敗後，按軍法應該將其處死，但後來有人求情，我饒了他一命。沒想到，我的江山最後就落到這個人手裡。抗外敵不行，搞謀反、打自己人倒有一套。我要真是「濫殺」，就沒有這個反賊的後來歷史了。三是對那些貪贓枉法之徒，一律嚴懲。

我這些殺人的事，歷朝歷代都有，許多開國皇帝，大肆屠殺功臣，最終不也把江山坐得穩穩的嗎？相反，不殺，反而不穩。

有人說我們的法令、刑律太苛刻了，其實，這也不是理由。諸葛亮治蜀時，有一套著名的言論，說是刑律有寬有嚴，要依形勢來定。漢初時刑律寬，是因為天下人苦秦太久，而秦律太苛；他治蜀時，刑律很嚴，是因為蜀地從後漢以來，一直法律很鬆懈。

我也是。我們隋初時，考慮到南北朝以來戰禍頻繁，老百姓受苦太多，所以採用與民休養生息的政策，刑律定得也很鬆，這和漢初用意是一樣的；但經過十多年的治理，已經民富國強，就要依法治國了，所以，我就把刑律定得嚴一些。可見，在理論上，也沒什麼錯的。

話再說回來，即便我定寬鬆的刑律，繼續搞與民休養生息，就行嗎？漢朝到了景帝時，因為太寬鬆了，諸侯權力反而大了，照樣謀反。

## 我比李世民偉大

前面把我父親楊堅和秦始皇對比了一下。現在，我想把我和唐太宗李世民對比一下。我們兩人，一個是千古有名的暴君，一個是千古有名的明君，似乎沒有可比性。然而，我要說的是，這只是唐朝寫歷史的人的看法。我們兩個人其實有著驚人的相似之處。

你看：我們都是老二，我們的父親都是開國皇帝，在我們父親打江山過程中，我們的軍功又都是最大，功勞和能力都遠遠超過其他兄弟，特別是太子。後來，我們又都殺了當太子的哥哥和一個弟弟。我們都繼承了皇位。

不同的是一些細節：我繼位是靠我的品德表現得來的，你說我虛偽也好、做假也好，但我是兵不血刃，是父親廢太子而立我的。我是在父親死後當皇帝的，殺兄弟也是繼位後的事。李世民則不然，他是直接發動兵變，殺死了兄弟，然後讓父親不得已讓位於他的。至於他是不是逼著父親退位，不得而知，但他父親的退位肯定有不得已的地方。相比之下，我的繼位，可比他清白多了、光明多了！

而他派人寫的歷史，卻把我寫成一個篡位者，不知他讀後，會不會臉紅！他繼位後，當然不需要建大工程了。他坐享其成啊！享我們大運河和城市建設的成果啊！但他也征高麗，也死了很多人，也勞民傷財。只能說他運氣好點，有薛仁貴、郭子儀這樣優秀的將軍。更幸運的是，他有我們失敗的經驗。失敗是成功之母。他有我們這樣的好「母親」！

## 隋朝滅亡的眞正原因

聽了楊廣對自己的辯護，我一時也不知怎樣反駁。然而，他的政權到底是在他手中崩潰了。事實勝於雄辯啊。於是，我問道：那麼，你認為隋朝滅亡的原因何在呢？

他回答：我以為，根本原因是人們的心理，已經適應亂世了。我們隋朝是在經過兩百多年——如果從東漢三國時算起，就是四百多年——的亂世了。所以，我的失敗原因主要表現在以下方面：

第一，國家經常易主，前天是宋，昨天是齊，今天是梁，明天又是陳了，他們取得政權以後，一律都自吹自擂一番，而同時又把前人揭露批判一番。結果，國人都看透了，沒有什麼是非觀和大局觀了。他們覺得誰都一樣，跟誰都是朝不保夕，誰也靠不住，誰也不是好人。在這種情況下，他們有三種選擇——一是有野心、有欲望的人，就抓住機會撈它一把，什麼道德標準都沒有的，只要自己富貴就行；二是看透世事的人，就明哲保身，要麼去當隱士，要麼難得糊塗；三是做牆頭上的草，哪邊風來往哪邊倒。這樣一來，誰還在為國家著想？為發展著想？開運河、征高麗，都被說成我一個人的事了。

第二，因為有人想趁火打劫，又有人做牆頭上的草，這樣，一旦對國家政策不滿，只要有人挑頭作亂，登高一呼，就會有很多「草」倒過去。所以，我那時犯上作亂的人很多。到我第三次征高麗時，國內諸侯占山為王搞得勢力很大，人馬上十萬以上的造反者，就有十幾個。我在集中兵力征高麗，他們則趁機會壯大勢力、擴張地盤。於是，我就著急，想快點征完高麗來收拾他們。結果，我越急越壞。終於「出師未捷身先死」了。

第三，我的一些發展經濟的政策，被反賊們所利用。比如，大商人很多，通商很方便，所以，這些叛軍很容易籌集軍需；另外，我建的那麼多儲備糧倉庫，一旦被他們佔領一個或幾個，他們就糧草無憂了。

聽到他這種高論，我還真佩服。想想也有道理。至少可以作為一家之說吧。

## 用失敗來喚醒英雄主義

他意猶未竟，又說：其實，我後來也想通了，不就是亡國嗎？改朝換代嗎？死嗎？有什麼呀！自古以來，有哪個朝代千秋萬代了？長短而已。商紂王自焚的、周赧王被害的、漢獻帝受盡了窩囊氣鬱鬱而終的、漢平帝被藥酒毒死的、南唐李煜也是被藥酒毒死的、明代崇禎皇帝是上吊自殺的，只有陳後主，遇到我們父子這種寬容的人，得個善終。自古沒幾個末代皇帝有好下場的。所以，與其讓自己的子孫末代皇帝去遭罪，不如就亡在自己手裡。我死了，也讓兒孫們不做替罪羊。為此，當我覺得局勢不對勁時，我就做好了死的準備了。我曾在梳頭時，對著鏡子端詳半天，對著我的老婆說：你看我這顆好腦袋，還能晃蕩幾天？她驚駭得說不出來話。呵呵，婦人之見，注定我做不了項羽——沒有一個虞美人陪著我死。因為那已經不是個英雄主義的時代。要喚醒這個英雄主義，必須從我死開始。

## 如何不亡國

我對他苦笑笑，問他最後一個問題：如果可以重來，你認為怎麼做，可以不亡國？

隋煬帝：不亡國是不行的，但不亡在我的手裡，是有辦法的。

我沒理會出他的意思，就問：什麼辦法？

他笑笑說：我不當太子，找幾個文人做朋友，整天吟詩、喝酒，像曹植那樣，讓楊勇去當皇帝。到時國家亡在他們手裡，不就與我無關了。我呢？可能做不出個七步詩來，被他找個藉口殺了——他肯定會殺我的，因為我能帶兵打仗，對他威脅太大，曹植是個純文人，曹丕還想殺他，何況我呢！這樣，後人就會為我鳴冤。中國人的道德評判標準裡有一條：同情失敗者、同情文人。所以，我被殺了，但我可能就因此揚美名於青史了。後來的唐朝詩人們就不會說曹植才高八斗，而只說他才高四斗了。為什麼呢？因為他要分一半給我呀！

面對他的幽默，我卻笑不出來。

## 成爲暴君的代表之後

他繼續說：當我成為暴君的傑出代表之後，凡是痛恨皇帝的中國人，總算找到了發洩的對象。畢竟，過去罵皇帝是有顧忌的——即使是罵過去朝代裡的皇帝，因為罵得不好，就有人會說你「影射當今聖上」。現在有了我，就好辦了，把皇帝們的壞習慣、壞性情、壞作為都放在我身上，然後，集中火力，向我開炮。

總結一下中國皇帝大壞處，我都有：

一是篡位不擇手段，虛偽的道德和血腥的殺戮並用，連兄弟姊妹都要殺。你翻翻歷史，恐怕有一半以上的皇帝這樣做過。

二是專制獨裁，順我者昌，逆我者亡。有幾個大權在握的皇帝不是這樣呢？除非他是傀儡。否則，你極有可能大權旁落啊！

三是驕奢淫逸。有本事的人，一旦給他提供了機會，他就會「驕」，而如果沒有監督，表現驕的方式就是「奢」，奢者當然要「淫」，淫之後是「逸」，就是不想作為了，或者是「暴」，就是亂作為，而「暴」，當然是離不開一個「殘」字。這幾個字，我至少還沒達到「逸」的地步呢，因為我死也還是死在軍中啊。相比之下，那位唐玄宗可是把「驕奢淫逸」四個字占全了哦！

現在好了，道德審判結束了，我被釘在歷史的恥辱架上。但中國人的命運、中國皇帝的命運、中國歷史的命運，並沒因之而改變。一個個殘暴的君王此伏彼起，手段不斷翻新，謊言更加美麗。但你們回頭看看，又有哪個帝王真正為歷史的進步、經濟的發展做過我那麼偉大的業績。所以，相比之下，我當仁不讓地應該成為中國最偉大的皇帝！

我懷著很複雜的心情與楊廣道別，那一刻，我真想告訴他：他是一個偉大的詩人！大運河就是一部最偉大的史詩，但他這部史詩，是用太多的百姓的血和淚寫成的。以儒家的「三不朽」而論，他的「功」是很不朽的，但他的「德」呢？沒人承認他有德。除非他能萬壽無疆，能永遠在位子上，用鐵權讓天下人都閉嘴。

# 9

# 【李白】

李白（七〇一～七六二），字太白，號青蓮居士，祖籍隴西成紀（今甘肅秦安東），生於碎葉城（當時屬安西都護府），後遷居四川。李白不僅是唐代最偉大的詩人，也是中國文學史上最放光芒的大詩人，被人稱為「詩仙」，有《李太白集》流傳後世。

本篇我們將借李白之口，談中國傳統文化中文學的地位，傳統文人的命運，特別是他們追求自由與追求功名之間的矛盾給自身所帶來的無盡痛苦。

【李白訪談錄】

# 中國沒有眞正意義上的職業文人

●採訪人物：李白
●採訪地點：太白樓
●採訪時間：二〇〇二年六月十五日（端午節）

## 千秋萬歲名，寂寞身後事

我與李白神交已久，見到他時，自然是有萬語千言要說。但我的訪談任務很明確，時間有限，我只能和他談名、官、文學藝術三個方面的內容。

望著眼前這位飄飄然的詩仙，首先想到的是杜甫的那首〈醉八仙〉歌，禁不住哼唱起來：

李白一斗詩百篇，長安道上酒家眼。
天子呼來不上船，自言臣是酒中仙！

李白感歎地說：杜甫對我很瞭解。他凡是寫我的詩，都寫得很好，而且都很出名。有很多名句。如他說我是「千秋萬歲名，寂寞身後事」，還真給這杜二說準了。我的地位是詩仙，他小子憑這眼光做個詩聖的位子，也無愧。

聽他這麼說，我不禁問道：你「詩仙」的大名，是當時詩壇領袖賀知章給喊出來的呀！你可是當時就有名氣，而且名氣很大，並不是「寂寞身後事」啊。

李白搖搖頭：名大也寂寞。而且僅僅是詩名，一個只會作詩的人，能成什麼大事業？

我很不解地問：可唐朝時，很重詩名啊。號稱「大曆十才子」之一的韓翃，不就是憑一句「春城無處不飛花」而從一介布衣一下子當了朝廷三品官嗎？

李白說：那僅僅是個特例。再說，我是詩仙，仙氣太重，「非廊廟之器」，就是我的才，不是能治國的。當官不行。

我還是一個勁地追問：讀你的詩，確實感到是在聽一個飄飄然的神仙在說話。但你這位神仙也很關心世事啊，你不是常常念叨著要「申管晏之談，謀帝王之術」嗎?!就是說，你的理想，也是很像諸葛亮，自比管仲、晏嬰，要輔助帝王，治國安邦。而且，你的名氣也很大，皇帝也知道，為什麼沒好好用你呢？

李白苦笑起來：問題就在這裡。他處在亂世，我處在治世。他可以遇到受挫折的明君，我卻總是面對著太平盛世裡的花天酒地的皇帝和達官貴人。我要當官，只能按程序走。但我是「仙」，怎麼走得了人間的程序呢？比如，我參加科舉考試，文章寫得洋洋灑灑，發人間所無之聲音，那幫呆板的儒生主考官能看上眼嗎？

傳說主考官是高力士或楊國忠，其實是誰，都一樣的。都不會看上我的文章。

本來我以為，憑我的文才，進京趕考，取功名易如反掌；但事實是，我第一次趕考，就碰壁。而且我這個壁，碰得與別人不一樣。別人是可能文章寫得不夠水準，這樣，他們可以繼續學習、苦讀，待下次再試；我則不然，我是文風不對。這是改不了的。就好比說，我是一塊金子，現在人家選拔的條件是這塊材料的含鐵量，而不是含金量。所以，任憑我怎麼努力，也做不了這塊料的。

我們唐朝科舉考試，還有個不成文的規矩，那就是考前要有一定的名氣，要有名人也就是達官貴人給你推薦一下。那位唱「前不見古人，後不見來者。念天地之悠悠，獨愴然而涕下」的我的老鄉陳子昂，當年在進京趕考時，就是先找到文壇領袖駱賓王推薦的。還有那個在當時與我詩名差不多的王維，據說他為了當狀元，雖然有皇帝的兄弟歧王推薦，也不行，硬是想法子找到了當時國家詩會會長、皇帝的姊姊太平公主，經她推薦，才如願以償地考上了第一名。以作詩的才氣論，整個唐朝出的科舉狀元，恐怕就他王維一個人名副其實。

按理說，我也找到了賀老先生，但他說我是「謫仙人」，這下好了，我詩名是有了，但不對路子，神仙的文章，怎麼能與科舉對路呢。

我後來就不再考了。一者是怕再考不取，丟面子。更重要的是，我明白我不是這路人。我經過思考認為，既然說我是「仙」，我就走「仙」的路子，一步登天，也不是不可能。亂世有，治世也該有，如果自古還沒有，那就從我李白開始吧。

從此，我走上了一條不歸路，開始了一生的飄泊生涯。杜甫說「敏捷詩千首，飄零酒一杯」，就是我一生的真實寫照。

我從四川出來的時候，是心雄萬夫的。我也是先走「干謁之路」，就是找王侯將相來推薦。我家裡很有錢，我是帶了三十萬出川，「渡遠荊門外，來從楚國遊」。可是，我一直沒遇到能幫助我的人。遇到的都是道士、或者寫歌詞的文人。

我從小也喜歡道家。不僅喜歡讀《莊子》那飄飄然的文章，也喜歡遊歷名山大川，想著做一個雲遊天下的神仙。這種人生的志趣，與仕途是大大相悖的。但我從小又畢竟讀了很多書，知道人生正途是「學得文武藝，貨與帝王家」。

但後來，我在歷史與民間傳說中，找到了二者統一的路子——姜子牙、范蠡、張良這些人，他們走的是「功成—名就—身退」的「天之道」。那就是先建功立業，然後歸隱名山，修道成仙。人生的意義應該有兩條，一是在家國之間，要實現人生的價值，就應該建功立業、名垂青史；一是在天地之間，要實現人生的價值，則應該自由自在，與造化同逍遙。

我考試失敗時，還沒有反思得這麼深。我當時分析的原因是，我結交的達官貴人還不夠格。特別是我的出身也不好。我是商人出身，商人是最沒有社會地位的。為了改變這一點，我後來在安陸，與一位退休宰相的女兒成了婚、聯了姻。這也是受諸葛亮的啟發，他不是取了名門之女黃阿醜嘛！然後以此為橋梁去找那些權貴。

最有名的是找韓荊州。他那時很有愛才之名，推薦了好多有為的青年，朝野都很有名望。

他對我第一次倒很客氣，但第二次就沒消息了，總也見不到。我就寫了一篇自薦信。這篇〈上韓荊州書〉，寫得可謂才華橫溢、志氣沖天。我說，我五歲讀六甲、十歲觀百家，十五學劍術，氣干青雲。為了為國家貢獻才智，我也曾「遍干諸侯，歷抵卿相」，只可惜沒遇到伯樂。現在聽天下才子都說「生不願封萬戶侯，但願一識韓荊州」，那就是說，你一定能為我架起雲梯了。再看你推薦的那些人，現在確實都成為國家的棟梁了啊。所以，我就找上你了。如果你對我的文才不放心，可以當場面試，上萬言的文章，我可以讓你「倚馬可待」。憑我李白的才氣，只要你一賞識，我必然就能像毛遂一樣脫穎而出！

但結果是泥牛入海。

好在我能寄情山水、沉醉詩酒之中。

後來，宰相死了，老婆也早逝了，我就去南方找一些道士們學劍、學仙了。一直到四十二歲時，我年輕時結交的道士朋友吳筠，他在指導皇帝煉丹修行時，推薦了我。這使我想到漢代的大文豪司馬相如，也是給他的老鄉朋友、漢武帝的管狗太監楊得意推薦的。

本以為我從此可以大鵬展翅、鴻鵠高舉了，所以，進京的時候我是高唱「仰天大笑出門去，我輩豈是蓬蒿人」的。沒想到，唐明皇召我，並不是委以重任，連賈誼的待遇都沒有。賈誼被漢文帝召見，雖沒委以重任，好歹還與他促膝長談，問了一些治國安邦之策。我只是被當做一個歌詞作家，為他與楊貴妃歌舞昇平時，填填詞讓李龜年們譜上新曲來演唱。這與我的初衷是八竿子打不著啊。

當然，寫好詞，是我的拿手好戲。我寫出來的，沒有不讓人叫好的。但我心情鬱悶，只能以酒澆愁。身邊見到的那些人，除了溜鬚拍馬，就是拉幫結派，然後損公肥私，沒一個在想著國家的事，沒一個不在想著自家的利益。以前遠觀，還覺得官場也未必那麼黑暗。現在是進之越深，見之越清，簡直是暗無天日，真正是奸臣當道，而皇帝卻一點也沒覺察到。從此，我對那些達官貴人，就格外傲慢。傳說就有我趁著酒興，在為皇帝作詩時，讓高力士脫靴、楊國忠磨墨。所以，就遭了他們忌恨。終於被他們找到一些缺點，進讒言，讓皇帝把我解雇了。我從此就再也沒進過京城了。我知道我的命運了，除非遇到亂世，否則，我是注定只有漂泊的命。

但我對這一段生涯還是念念不忘的。畢竟我到了天子身邊，然而，又畢竟天子沒有和我談過國是。這是何等痛苦的經歷！

醉時，我不自覺地大叫「大道如青天，我獨不得出！」「欲渡黃河冰塞川，將登太行雪滿山！」

醒時，我只能喃喃自語「總為浮雲能蔽日，長安不見使人愁！」「抽刀斷水水更流，舉杯澆愁愁更愁！」

我也明白「棄我去者，昨日之日不可留」；但卻仍然是「亂我心者，今日之日多煩憂」！我勸自己「人生在世不稱意，明朝散髮弄扁舟」。發誓「安能摧眉折腰事權貴，使我不得開心顏」！

後來就「五嶽尋仙不辭遠，一生好入名山遊」。但那個杜甫又笑我：

秋來相顧尚飄蓬，未就丹砂愧葛洪。
醉飲狂歌空度日，飛揚跋扈為誰雄。

說我這樣一心成仙，藐視人間權貴，是沒有用的。但我做什麼有用呢？我還能怎麼樣？小杜啊小杜，你還沒嘗到這人間的大痛苦啊！好歹你沒有見到天子，你還抱著希望。我可是連希望都沒有了啊。我做美夢都沒法做了！

過去，我也漂泊，但人家會認為像我這樣大才之人，或許會有大發達的時日，所以對我總是高看一眼，王公大人也給幾分顏色的。現在呢？現在就不行了。不再有像王倫這樣上百里地追著給我送行的人了。他們都知道我是被皇帝解雇的人了，沒用的人了。窮途末路了，所以，誰也不願理我了。世態炎涼啊！

有次，山路走得晚了，只能到一個山民家借宿了，這老太太給我擺上粗茶淡飯時，我就想到韓信少年挨餓，曾受漂母的一飯之恩，後來報之以千金。但我這個窮途末路的人，哪有什麼回報的呢。真令人辛酸啊！

我插言道：後來安祿山造反了，你也算真遇到亂世了。

李白歎口氣說：可惜沒遇到劉備啊，結果更慘！

我當時隱居在廬山，永王李璘招兵買馬，請我做他的幕僚，我以為機會來了，就興沖沖地趕去。大敵當前，我想到了東晉的謝安，說「但用東山謝安石，為君談笑靜胡沙」！現在想來，真讓人臉紅。最令人想不到的結果是，這永王竟想不聽太子李亨的調譴，被視為謀反，很快就被朝廷打敗了。我也被捕，開始被判為死罪，後來小皇帝即位，我才遇赦被改判流放夜郎！當時那麼多朋友，在平叛後，很多做了大官的，特別是那個大詩人高適，官那麼大，對我又那麼知曉，當年在泰山遊樂時，我們好得同臥一床呢，這時也見死不救啊。那時的世界，在我的眼中，真如杜甫所說的「世人皆欲殺」！

京城裡到處都在開慶功會，一個個論功行賞，官帽子滿天飛，我呢？我快在牢裡死了，杜甫說「冠蓋滿京華，斯人獨憔悴」！

後來總算有人動了惻隱之心，沒讓我去夜郎。但從此流落人間，日子更不好過，年老體衰，山當然也是爬不動了。好不容易找到一個遠房堂叔，在當塗當縣令。說是叔叔，比我小好多呢。我就投奔他那兒，做個養老的打算了。

孔子說：「鳳兮！鳳兮！何德之衰？往者不可諫，來者猶可追。已而，已而！今之從政者殆而！」

我在江邊，酒喝多了，迷迷糊糊掉到江裡。少年時，我是從這江上「仗劍去國，辭親遠遊」的，老了，也還要去這江上，孔子說：「道不行，乘桴浮於海。」我雖然信道教，卻一輩子逃不出儒家宗師孔子設定的命運。

哦，我不甘心啊！我在大江裡，不是要乘桴出海的。我是來撈月的！那麼美好的月亮啊，怎麼能讓她掉進江水裡呢？小時候，我就喜歡她，把她叫做天上的白玉盤；青年時，我最欣賞

「峨眉山月半輪秋」；孤身在外，我半夜裡會把她的光華認做地上的秋霜；飲酒時，我會把她當作我人生最好的知己、伴侶！

花間一壺酒，獨酌無相親。
舉杯邀明月，對影成三人。
月既不解飲，影徒隨我身。
暫伴月將影，行樂須及春。
我歌月徘徊，我舞影零亂。
醒時同交歡，醉後各分散。
永結無情遊，相期邈雲漢。

## 天生我材必有用

我太息良久，才轉過神來，說：你的身世遭遇，真是人生的大悲劇！但我們是否可以換過角度來討論一下，如果你不想做官，就只寫詩，好好寫詩，也很好啊。做個大文學家，職業文人。如果沒有你，唐詩會遜色一半，中國文學史也遜色一半，大唐氣象也遜色一半。所以，現今台灣詩人余光中說你是「繡口一吐，就半個盛唐」。而你要是當了官，日理萬機、或者忙於鑽營，未必能寫出這些錦繡篇章啊。

李白一臉無奈地說：身為中國文人，怎麼能忘得了功名啊！關於我們中國人的人生意義和價值，是「太上立德，其次立功，其次立言」。可見，立功總在立言之上。司馬遷是受了宮刑，感覺到再也不能當官建功立業了，這才轉而專心著作《史記》，以「究天人之際，通古今之變，成一家之言」啊。揚雄也是這樣。

我試圖反駁他說：但是陶淵明呢？他一看做官沒戲了，立馬掉頭去當隱士，過他的詩酒人生了。你說是「天生我材必有用」，成為大詩人，也是一種「用」呀，而且是大用呢！

李白苦笑一聲道：我那「天生我材必有用」的詩，原意恰恰是指我遲早能建功立業的；而不是說，除了建功立業，還有別的事可以做。我根本沒把做大詩人當目標。我的人生目標，一是功名，一是神仙。我是在做官不得、做仙不成的狀況下，一不留神成了詩人的，而且是大詩人。就像我們最景仰的大詩人屈原一樣，他是被流放以後，用詩排譴胸懷，才成了大詩人的。他的原意是要做詩人嗎？

反過來講，如果胸中無此大志，我們還會寫出那樣的詩嗎？我最多也只寫寫像陶淵明那樣的菊花詩了。這樣的人，我們那時也有，王維、孟浩然都是隱士型的。王維是「大隱隱金門」，他雖然當官，而且後來的官位還挺高，但不是以建功立業為目標。他無意於此，他的樂趣在詩、音樂以及繪畫上。他是個藝術家。他要是不當大官，也同樣是個好詩人。孟浩然的官癮不是很足，年輕時出來求了一下，見沒有什麼效果，就「歸臥南山陲」當隱士了。我是很景仰他們這種人格的。為了自由自在，不求聞達。但有一點，不知你們注意到了沒有，他們的詩，水準並沒有超過陶淵明。論才氣，我以為，他們兩人都不在陶之下，但詩品只能隨其後。因為開山的地位已經為陶淵明占了。我要是當隱士，也不過如此，最多帶一點仙氣。杜甫一開始評我的詩說是「清新庾開府，俊逸鮑參軍」，清新、俊逸，你們明白，但庾開府、鮑參軍是誰，可能後世都無名了。可見，我一開始寫的詩，雖說優秀，也只是如此；但後來就不一樣了，杜甫說是「筆落驚風雨，詩成泣鬼神」！這是何等的氣派，何等的了不起！這當然和我的人生有關，和我的胸懷有關。

所以，我李白之為李白，是必然如此的。

我於是問他：但你究竟有沒有想過，如果是職業詩人，日子會過怎麼樣？至少不會那麼痛苦吧。

他說：那時也想過，就是孟浩然的樣子。

我是有一個機會去做一個非常舒適的職業文人的，那就是從兩年多的翰林院大學士下來，離開京都。那時，我還年富力強，所謂「富貴非吾願，帝鄉不可期」了，名也有了，物質生活也可以。我可以買幾畝地，或找一座山，結廬而居，詩酒度人生的。我也覺得蠻好的。但我沒有，問題還是出在「天生我材必有用」上，我就認為我不是陶淵明的「材」，而應該是諸葛亮的「材」，所以，我們的用不一樣！

你可能要問我，孟子也說過「窮則獨善其身，達則兼濟天下」，既然仕途無望了，為什麼不獨善其身呢？

這麼說吧，我是個非常自信的人。我從沒失望過。「天生我材必有用」啊！再說，屈原都被放逐了，也沒去「獨善其身」呀！

我禁不住還是問了句：你說過「屈平詞賦懸日月，楚王台榭空山丘」，可見你知道詩詞的價值。你同樣可以用你的詩詞，為國家、為人類做貢獻啊。那才是不朽的事業呢。

他歎息道：這就是我們的局限啊！好像只有當局者，才行；出局者，就無為了。比如，後來的白居易也當大官，也寫詩，他的詩還寫得很多，保存下來的比我還多。他身在其中，文以載道，用詩表達自己的思想，干預政治。功名與文學結合起來了。而出局的人，就不是這樣。為什麼？出局者，也會寫詩，寫時事、品歷史。但影響太小。你都不是官場的人了，誰還看你的東西呀？

只是到了明朝，老百姓識字讀書的也多了，氣象才不一樣，那時，有了專門寫書或寫詩的人。寫得有思想，影響也大。比如，有個思想家叫李贄，他後來辭官，專門研究學問，發表文章，說自己的見解，影響就很大。可惜明朝思想上受儒教統治太大，他們做不出更大的思想來。自己就受束縛。

但說到文學，還是明朝以及明後的清朝，有些大成績，戲劇、小說，都是。原因就是平民讀書人多了的緣故。

# 中國沒有職業文人

我於是請他就此談談古時候文人的生存狀態。我說，我這裡講的文人，是專指搞文學的。因為中國傳統上習慣把知識分子都叫做文人；而習慣思維上，文人，又專指寫我們後世稱之為「文學」的文章的人。這也是中國特色吧。

他說：古時候有三種文人，一是官方的，二是民間的，三是隱居的。

官方的又分兩種，一是御用的，即專業的，包括寫歷史的史官，寫官家文書的秘書和作歌詞的，後者，皇帝和比較大的官府都有。這些人當然是吃誰的飯，為誰執筆。春秋時說的所謂史官「秉筆直書」，實際上是指周天子派到各諸侯國的史官，他們的標準是周天子，而不是諸侯，因為他們吃的是周天子的飯。真正能完全照實寫的，很少。歷史寫得好，是可以當文學作品來讀的，比如《左傳》、《史記》，寫得曲折生動，而且又有思想、有觀點。相當於你們現在好的紀實文學。有些寫應酬性詩文書信和歌詞的，也寫得不錯，唐朝是專門有這樣的皇家創作隊伍。

另一種官方的文人，就是當官的文人，如韓愈、柳宗元、白居易，包括帝王自己，如曹操、李煜。因為中國人向來以文章、詞賦定一個人的學問高低，所以，當官的文人都積極創作。唐宋兩代，雖然印刷還很麻煩，但已經很盛行；明清就大行其道了。有些大人物，朝廷會為他們出集子，也有人專門幹這事的，為當世名人印集子；明清時有些小官吏，寫得文章也不錯，但出不了集子，因為沒錢，或者名氣小，出了也沒人看。鄭板橋的詩寫得那麼好，開始也沒法出詩文集，後來當了縣令，才自己設法出了。李賀則是死後才出集子的，其實他生前經過韓愈等人的品題，還是很有名氣的，但太窮了。

這種當官的文人，作品大體上分三大類，一類是公文性的，有的寫得相當好，文采斐然，如賈誼的〈治安策〉、王安石的〈上仁宗皇帝書〉。一類是言情抒志的，寫自己的感遇。這方面，憤激的特別多。因為中國文人在官場，如果文人氣息太重，是很難得志的，像韓愈、柳宗元、蘇東坡等一些大家都是如此，不要說一直沉淪下僚的孟郊之類了。這也是中國文學的一大特色。他們想為國家貢獻才智，但無路可通，和我一樣。後來有人批評說，你們都是奴才理想，是「當奴才而不得」的憤激。其實，在那時，除了當奴才，你還能當什麼？難道有「反對黨」？有議會議員給你做？朝廷是代表國家的，皇帝不僅代表國家，還代表天命，所以，忠君愛國是一體的，建功立業，就是給朝廷當奴才。這方面寫詩的特別多。因為詩方便，構思、寫、給別人看，都很方便。中國的詩史，是很有特色的，也是值得驕傲的。這一點，等一下，我們再專門談。還有一類是應酬之作，比如聚會時，大家在一起做做詩；一個人遠行了，也要寫首詩送送他，相當於你們現在的畢業留言之類。再就是造個什麼樓閣亭台，寫篇記文在上面；死了個人，請名人寫墓誌銘，等等。這些作品，也有寫得很好的，詩詞不說，文章如〈岳陽樓記〉，可是千古傳頌的。也算是托物言志吧。

民間的文人和作品自古就有很多。但很多文章是仿官方的，詩歌要好些。很可惜的是，純粹的民間文人，是名不見經傳的。中國歷史，向來是給帝王將相做的，即便有其他類別的人，如司馬遷為做生意的人寫〈貨殖列傳〉、為江湖俠士寫〈游俠列傳〉，後來的史書還有所謂〈文苑傳〉、〈儒林傳〉，但也多因為他們和帝王將相是有關的。總而言之一句話，是和建功立業有關的。無關的人，是列不入正史的。這樣，民間作品，只有被官方文章引用了，才能被流傳下來。但作者是誰，多數情況下，是不知道的。即便有時寫了作者名字，也沒任何意義。因為名字只是一個符號，這個符號下如果沒有一個事蹟身世可考的人，有什麼意義呢？所以，像《詩經》裡的〈國風〉、漢代的大量好的樂府詩、《古詩十九首》，應該都是民間文人的作品，可惜，我們無法知道那些作者是什麼個樣子。

這也是文人都想當官的原因。

從這個意義上講，中國是沒有職業文人的。

唐朝算是最開放的朝代了，有人專門模仿正史為一些文學家寫傳的，如《唐才子傳》之類，但裡面卻是不放過任何一個官職的，對實在沒有官職的人，也要記載他們和當官來往的事蹟。真正民間文人，是很少的。

隱士類的，也很複雜。因為當隱士的背景複雜。南北朝時，就流傳一句話叫「終南捷徑」，就是說，有人是通過當隱士沽名釣譽，實際上是為了引起朝廷注意，把他當個人才，能更快地得到重任。所以，他們當隱士是不會跑遠的，只在皇城邊、天子腳下的終南山。這種叫

「假隱士」，或者叫「偽隱士」。他們寫的作品，顯然感情是不真摯的，多數體裁也是應酬類的。另一種人與之相反，是真正的隱士，前面說的陶淵明就是。他們的文章，是真性情的自然流露。他們比職業文人的文章還好，因為職業文人會以文章換衣食，難免媚俗、矯情。陶淵明們則只是為自得其樂。就像我的〈月下獨酌〉一類的作品。可惜這種文人，又在文法上下功夫太少，多數質樸，過於質樸，則不能歸於精品了。除此之外，還有一種隱士，出於不得已，當不了官了，比如考不取，或得罪了朝廷和權貴，仕途是完蛋了，就只能當隱士了。陶淵明的偉大之處，是他為了自我人格的完善，主動當隱士的，而這些人則是被逼的。所以，他們胸中多數是還有些不平的。你看那個風流才子唐伯虎，自稱「桃花山人」，看破紅塵，看透功名富貴，經常說一些像《紅樓夢》裡「古今將相在何方？荒塚一堆草沒了」一類的話。實質上是一種牢騷，還是沒看透。真正看透了的人，是沒有憤激之語的。另外，這些人，也要靠文章掙錢餬口，叛逆的表現，也是迎合市場的一種方法。你們二十世紀九〇年代，不就出了很多專寫自己如何玩世不恭的文章嗎?!

中國詩歌作品沒有鴻篇巨著，也是這個原因。中國詩歌這麼發達，不僅抒情詩寫得好，敘事詩寫得也不錯，以前有〈孔雀東南飛〉，唐朝有〈長恨歌〉，都是極優秀的。但卻沒有像《荷馬史詩》、《神曲》、《恰爾德哈樂德遊記》、《浮士德》那樣的作品。因為文人，沒那份心，也沒那份精力來搞這玩意兒。有功名心的，就去當官；沒功名心的，誰還來費心搞這東西。

要是有稿酬制，也許會好些。

但問題是誰給你稿酬？朝廷嗎？如果朝廷重視你的詩文，會給你官當的，當了官，什麼都有了，自然也就不存在稿酬問題了，但你也就不是職業文人了。

另一種就是人家請你寫文章，什麼祭文之類，那是有稿費的，我們那時叫「潤筆」，可這種潤筆之下，寫的都是命題作文，往往是有很多違心之詞的，所以不能叫創作。

而且這種「約稿」，是有講究的。文名很重要。文名和官職也是要相配的。至少你要當過大官。韓愈當過國子監大學士，相當於現在的科學院院長了，所以，他最厲害，約稿的人最多，當然，潤筆也極高。

由此，中國還有了一個壞習慣，就是稱人一定稱官名，死後就稱他生前最大的一個官的官名，而且很含糊，往大的靠。比如我，是沒有什麼正式官職的，但皇帝讓我當過大學士，就稱李學士，或李翰林了；杜甫叫杜工部，其實他只做過幾天工部侍郎，還不是工部尚書。就像你們今天一樣，叫副職時，前面一定是去掉一個「副」字的。平民就可憐了，沒得叫。宋朝有名的詞人柳永，從來沒當過大官，什麼像樣的官職也沒有，原因是他喜歡填詞，皇帝不高興，說你要是喜歡填詞，就填詞去吧，也別考什麼科舉了。這就斷了他的仕途。但他卻因此自稱為「奉旨填詞」的「白衣卿相」，真有意思。我是不是可以自稱為「夢中宰相」呢？

真正的創作，應該是一種精神的創造活動；真正的稿費是你創作的精神產品——詩文——得到社會承認，滿足了一些人的需求，有人購買時所支付的勞動回報。但這種購買是市場化的行為，不是像潤筆那樣一對一的。你創作的時候，是可以不管誰來購買的。

後來也有這種情況發生，那就是文人的書畫。因為書畫是有使用價值的。

還有就是元朝，有一段時間沒搞科舉制了，文人沒有出路，就為戲班子寫劇本。那時，文人不是叫「老九」嗎？元朝初年曾把人分為十等，叫做「一官二吏」什麼的，列在後面的是「八娼九儒十丐」，文人的社會地位僅比要飯的叫花子高一點，比娼妓還低。從某種意義上來說，那些寫劇本的人可以稱做為職業作家了，比如關漢卿。

當然，你會說，明清小說也是這樣的，那些寫小說的是職業文人。其實，這裡是有問題的。明清很多小說作家，並不是依靠小說來賺錢的。要不然，蒲松齡也不會那麼窮困潦倒了。要知道，他的《聊齋志異》可不是純文學作品、也沒什麼讀者群的。那他們是為什麼呢？他們是為了表現自己的文才。這和我們唐朝人寫傳奇小說一個道理。唐朝士子為了表現才能，會把自己創作的詩文裝訂成冊，請名家點評，以期賞識。但讀這些詩文是很費力的，於是，他們就創作成傳奇故事，然後，藉故事裡的人物、情境，在其中穿插一些詩、文。蒲松齡是學司馬遷的，如果別人認定他是司馬遷的才能，那是何等了得的事啊，說不定皇帝會請他去編《四庫全書》的，那他也就成了大學士了。曹雪芹也是這樣，他寫《紅樓夢》的出發點，是為了展示作者的文才和詩才的。所以，那時流傳一句話叫「開堂不說《紅樓夢》，讀盡詩書也枉然！」把《紅樓夢》與詩書相提並論。這說明，曹雪芹的詩才得到了大家的認可。可惜他那時已經死了，不然，估計撈個小官做做，問題不大。

# 流行歌詞是最正宗的詩

我還是說說詩歌吧。

你們現在，詩、歌是連稱的，但在古時候，詩是詩，歌是歌，用來唱的叫歌，把歌詞寫下來，才是詩。這正像「語文」一樣，語是說話，文是記錄下來的東西。「文」本來是通「紋」的，是刻下來表達要說的話的。文人照人們唱歌的內容寫詩，詩就獨立了，並且不再按譜寫或譜成曲子，只給人閱讀。

所以，任何民族，都是有詩歌的，因為人們為了表達感情，總是要哼幾句的。

但在沒有文字記錄的時候，很多歌詞無法記下來，就失傳了。

有文字記錄時，就不失傳嗎？回答是否定的。好的歌詞，藝術價值很高的歌詞，也同樣會失傳的。因為文字使用權是掌在統治者手中。他們以為好的東西，對他們有價值的東西，才傳下來。否則，一律不予記錄。

當然，他們的記錄也是有功勞的，這就使人們有了《詩經》，其中裡面的〈國風〉，很多是採自民間的。為什麼這樣做？這是中國的一個特色，國王要聽民眾的聲音，看老百姓有什麼想法，特別是情緒。

我以上講了這些詩歌道理，似乎都是你們的常識。其實，我是為了講我的一個觀點鋪墊的。我要說的是「情緒」。

你們現在讀《詩經》，以為國王「采風」是聽內容，其實錯了，他們是聽音樂，從音樂裡反映出來的情緒。否則，你看那麼多愛情詩，對統治有什麼意義？

不同處境的人，有不同的情緒，有的喜氣洋洋，有的哀怨悱惻，有的婉，有的怒。別看內容是寫男女戀情，情緒則與時代背景極有關係。因為採來的都是流行很廣的歌，所以，說明那個音樂的旋律是在大家心靈裡有共振的。有共振，就說明這是個普遍心理、普遍情緒。比如，多數人在唱關於失戀的歌，曲調很哀怨的，說明這裡的人生活得很壓抑，統治制度可能就有稅賦過重等問題，或者是人們看不到前程；如果是只說戀愛的難度，但仍很執著，則說明統治制度有點嚴，但前景還是光明的，人們對未來有信心。比如正在實施大規模的治水工程和政策，治水很苦，但治水患有利於未來，因此，曲調還是昂揚的。

後來的文人作詩，模仿《詩經》，也寫愛情，寄託對國家、對君王的愛心。這只是學了點皮毛，因為他們不懂音樂。音樂的旋律表達的一種情緒，才是更重要的。

《離騷》肯定也是戰國時楚國一種很哀怨的曲子，而且很長，歌詞是敘事的。可能就是一種「巫」的歌舞劇。屈原用它來表達自己的情緒，內容也是寫自己怎麼追求心目中的一個美好的愛情偶像。在這首詩中，你看他一會兒上天，一會兒下地，遇到很多美女，就是不如意，不是他意中人。說明他心中愛國的理想，在現實中找不到出路。現實中倒是有很多其他的路可以走，比如到別的國家，比如回家好好過日子，不關心國家大事了，等等，但這些路，他都不願走。他對理想很執著。所以他「路漫漫其修遠兮，吾將上下而求索」！甚至是知其不可為而為之。從哲學意義上講，這是最具悲劇意義、也最有浪漫精神的人生態度！

當時，流傳下來好的詩，其實大部分都是歌詞，只有歌詞才能傳唱得廣啊。請注意，我這裡說的不是「背誦」，而是「傳唱」。不像後世，印刷術發達，有很多讀書人，大背特背唐詩宋詞。

曹操、謝靈運他們的詩是唱的，古詩十九首、漢樂府也是唱的。

到了唐朝，我們的絕句，都是唱的。你看那個「勸君更盡一杯酒，西出陽關無故人」的〈陽關三疊〉，不正是唱的嗎？那個「黃河遠上白雲間，一片孤城萬仞山」的〈涼州詞〉，也是唱的，旋律特壯美，意境非常遼遠，光讀，是體會不出來的。我那個時代，王昌齡、王之渙、高適他們，都是寫詞高手，其中以王之渙名氣最大。王維和我的絕句，也是很優秀。因為我們都懂音樂。後來的杜甫，就差些，他是文人詩，寫什麼「律詩」，僅從文字藝術上著眼，寫得很好，但流傳不廣，所以，名氣小得多。後來文人作詩的越來越多，他的詩被尊為榜樣，再加上我們詩的原樂失傳，他才有了大名的。

文人為了把詩做好，是很費功夫的。他們是「為求一字穩，撚斷千根鬚」的，我曾開玩笑對杜甫說「借問別來太瘦生，總為從前作詩苦」！

到了宋朝，文人就完全是作詩了，因為詩做得好，代表他有學問；反過來，他們也通過作詩來賣弄學問。於是，用典成風。這時的詩，是根本不能做歌詞的，因為你聽是聽不懂的，必須對著文字慢慢理解。這樣，詞就獨立出來，而且很流行。柳永是這方面的代表，歌詞寫得很好，名氣也非常大。但儒學思想統治下的文人，是不太看得起詞的。文壇領袖歐陽修甚至不好意思把自己的詞放進自己的文集。但你們後人看，在文學上，宋朝反而是詞的成就大。你想，一首唱出來，能引起共鳴、被流傳開來的作品，能很差嘛！

宋以後，詞也被文人來「做」，而不是「填」了，這樣，詞和格律詩，就沒有本質區別了。這時，就有了「曲」，小曲、長曲。其實，元明時期的詞與曲，與宋朝的詩與詞，是一個意思。

你們現在一方面說「詩死亡了」，一方面又看不起流行歌詞，這是很奇怪的，是與宋朝及以後的文人犯了同樣的毛病。你們現在很多流行歌寫得非常好，雖然多數也是唱戀愛的，但情緒絕對與時勢有關。比如，電視劇《外來妹》插曲唱道「很多的愛，可以拒絕；很多的夢，可以省略。可是我不能忘記心中的感覺。望望可愛的天，摸摸真實的臉。你的心情我能理解！一樣的天、一樣的臉、一樣的我，就在你的面前！一樣的路、一樣的鞋，我不能，沒有你的世界！」歌詞表達了一種為了生活、追求物質利益而只能把內心的理想放在一邊的無奈心緒，這是你們那個時代普遍心理啊！特別是那種旋律，聽了讓人腸子都能繞起來。在「可是」那一句開頭有個音樂的轉折，特別盪氣迴腸。這樣的歌，還有很多。為什麼說沒有好詩呢？

# 詩的出路

我聽了很振奮，於是問道：那今天詩的出路，是不是要關注流行歌詞？

李白說：這是很重要的一個方面。

歷朝歷代，當一種詩體被確立了正宗地位後，流行歌詞就換了另外一種詩體，而這種詩體，是不被認可的。比如，〈國風〉的四言詩，在漢朝地位確立，但歌詞是五言的了，因為語言逐漸白話化，需要這樣，但五言詩在西漢時是沒什麼地位的。到了東漢以後特別是三國、兩晉、南北朝時，五言又成了正宗，這時，歌詞是七言絕句了，所以，在初唐，我們把這種詩叫「近體詩」。到了宋代，絕句、律詩才是正宗，而歌詞則是長短句了，長短句同樣不是正宗的地位。

你們今天，流行歌詞沒有地位，也很正常。這是幾千年的傳統習慣嘛！

什麼叫「正宗」呢？

儒家認為「詩言志」。君子之志，怎麼能用低級的流行歌詞來表達呢？當然要有所謂高雅的形式、體裁來表達了。其實，詩，本來就是歌詞，詩也不僅是言志的，還要抒情，也可以表達，就是敘述。他們不也說「賦、比、興」嗎。但後來不是這個樣子了。他們把「情」與「志」混為一談，而且自認為士大夫的情志是與小民們的情志不一樣的。

比如，有一個傳說，講的是我在黃鶴樓上看到崔顥的詩，覺得非常好，我寫不出更好的，就說「眼前有景道不得，崔顥題詩在上頭」。然後，我總想和他比一比，就在遊金陵鳳凰台時，寫了首和他差不多的詩。第一聯都寫樓台的來歷，第二聯是懷古，第三聯寫景，尾聯是感歎，即抒情。崔顥的尾聯是「日暮鄉關何處是，煙波江上使人愁！」這句很好，景中寓情，交織一體，在藝術上是絕對的上品。我的詩尾聯是「總為浮雲能蔽日，長安不見使人愁！」也是這個意思。他一個遊子在外，思鄉之情因景油然而生；我是從長安才貶出來的，想著長安，也很自然。可偏偏有人說，我的「愁」偉大一些，因為我是國愁，而崔顥是個人之愁。其實，若按這種邏輯，我倒要問問：他這種思鄉之愁，乃是人間人人共有的真情；我那想長安，也未必是憂國憂民吧，我或許是為自己沒當到官，沒取功名呢。我的這種愁是不是更勢利一些啊！

這都是腐儒的看法。

我是很看不起這些腐儒的。假道學，追求形式，掩蓋內心欲望。

真正的知識分子不是這樣的。

真正的詩，就應該是真性情的自然流露。

現在有人貶斥流行歌詞，說是用詞很俗，詞語簡單。試問，唱的時候，把感情表達足了，不就夠了，為什麼要用艱深的詞？其實，過分地用心來遣詞造句，還能正常地流露真性情嗎？而且詞意一旦艱深，聽眾聽起來也就費力。

還有一種說法，說唐詩太偉大，現在沒法比了。

其實不然。唐詩，近三百年不才流傳下來五萬首，其中絕句一萬首。特別好的，不就是所謂「唐詩三百首」嗎?!現在才多少年，但要選好詩，也有數千首了，其中好的歌詞，也有幾百首吧。

別急嘛！我們那時，作詩的人很多，應該有上百萬首吧，也就傳下百分之一不到嘛。現在有很多品質不高的詩詞，很正常啊，它們應該占百分之九十九！

## 大文學觀

我想趁機讓他談談對當代文學的看法，就說：文學體裁有多種，我們現在一般把它們分為詩歌、散文、小說和劇本四大類。但現在我們說的文學家，一般是指寫小說的，詩人，好像地位很難和小說家比。所以，有些詩人，也在寫小說了。

李白說：主要是閱讀問題。

首先，詩，不是來閱讀的。唐朝以後，文人詩，有一種說法，叫「吟」。但吟詩，文人作派太重，今天的人怎麼會看重。那時，也只有萬分之一的國民在吟嘛！既然讀詩的人少，詩也就吃不開了。但唱流行歌的人很多呀。你們不把歌詞看成詩，所以才有這種認識。

現代人讀詩，當然有點可笑。除了記一些格言，恐怕讀其中的意境者，是太少了。那本來就是富貴風雅之人幹的。

劇本也是，劇本是用來演出的，就像詩是用來做歌詞的。所以，捧劇本讀的人，也極少。這是體裁的特點，並不能因此斷定它有地位。

再說，現在傳播途徑，也在發生翻天覆地的變化。過去在西方，有人把故事唱給人聽，這就有了《荷馬史詩》；中國明清時，有人說書，才有了《三國演義》；現在是影視時代，影視好作品，才是時代最好的作品。

最重要的是內容。

什麼樣的內容，就應該選擇什麼樣的體裁。

當前，商業文化，是文化的一項重要內容；商業活動，也是人們的一項重要的社會活動內容。從詩而言，古詩裡有很多談做官主題，比如當官的言志、升官的祝賀、貶官的牢騷、棄官的感歎、求官的期許、恨官的激憤等等，都是圍繞「官」來做文章，因為那時是個「官」本位的時代；你們現在是一個大力發展經濟的時代，經濟或者說商業活動，應該有很多表達這些內容的詩。一是歌詞，打工的感遇、從商的甘苦、商場的風雲，都可以表現；二是寫出來做為格言的，如企業精神、員工品格、經營理念等；三是廣告詞，好的廣告詞，就是這個時代好的詩。

你們現在真是有太多的好詩，為什麼要用我們那時的標準來衡量呢？用我們那時的標準衡量，說沒有好詩，甚至說詩已經走向滅亡了，真是荒唐啊！

## 關於「詩」的中西方對比

聽到這些高見，我就很想請他以詩為例，談談中西方的差異。

李白說：西方把詩作為一門藝術在發展，而中國作為「言志」的一種手段。這是根本的不同。

西方從思考人生角度，將文化分為宗教、哲學、政治、科學、藝術等幾個方面。中國則將實現人生的價值分三種途徑，即立德、立功、立言。「仕」這個群體，主要是講「立功」為目標的，並以「德」和「言」相濟。德很難做到時，就趨向虛偽；言是為了表達的，不免因此走向「功利」。

但詩文畢竟是一種藝術性的東西，是要講技巧的，所以，在表達方式上，也出了很多講技巧的流派，比如我們唐朝時，有元白體，以通俗易懂為追求；也有郊島體，以艱澀奇險為追求。但他們的主體，即寫詩的人，還是為了「立功」，即為了功名，所以，不可能有「純藝術」或「純文學」的東西。

國家，即政治制度，也沒給純文學和純藝術一塊生存土壤。這和科學一樣。雖然中國也需要曆法，所以要有天文學家；要治水，所以要水利學家；要造宮殿，所以要工程學家；要理財，所以要經濟學家，等等，但卻不會專門給這些專家以特別的待遇，而只是封官，當不到官，什麼也做不成。西方則不然，牛頓搞出了科學成果，英國皇家會授動的！

後來，他們的私有制發達了，公家不用私人用，科技、藝術又有了大的發展。中國卻私有制一直未能得到很好的發展，就是明朝東南沿海的工商業發達了一點，但私有財產卻一直不能得到很好的保護。官府要滅掉一個大財主，真是很容易的事。

當然，另外一面，也可以從反面證明我剛才說的觀點，那就是明清時期，畢竟工商業發展了，所以，很多詩畫家，有了新的價值體現之處，他們的創作的熱情得到了一定程度的發揮，個性得到了張揚。比如徐文長、唐寅、祝枝山等。可是，他們終究未能脫離當官的功名思想，所以，境界還是有了局限。

中國文人的境界一直停留在「功名」上，那麼，憂國、憤激的詩，你肯定不會超過屈原、杜甫和我，因為你沒有開拓新境界，也不能開闢新境界。而西方，他們或愛國、或爭取自由、或呼喚人性解放、或思考人性異化、或關心弱勢民族等，境界不斷更換，所以，大詩人、大藝術家，層出不窮。

我們中國文學，不可以學外國，而要弘揚我們的特色。我們的特色是什麼呢？就是「大文學」觀。凡是用「文」來表達思想的，比如經濟、哲學、歷史、科學等方面的作品，只要有文才，就是好的文學作品。我看那些好的商業企劃書，就是你們這個時代的好文章，也就是好文學作品！

我自己的反思是，在詩的國度裡，我黃袍加身，君臨天下。但我的人格不完善，我的世俗之心總沒忘，我還是想當官，功名之心脫不了，想有權有勢，想出將入相。就是氣得要去當隱士，也只是這種心理的一種反動。

總之，還是一種文化精神的問題。

從這個意義上講，我只能代表一種境界。就是我們詩界的最高峰屈原，也不能做一切詩人的楷模！

對李白的採訪，一直使我感覺是在夢中。這個被譽為「詩仙」的人，一輩子追求兩件事，一是求官，二是求仙。結果都是竹籃打水一場空。他的求官影響了他求仙超脫；他的求仙又影響了他做官升遷。他只能在半醉半醒狀態下說些夢話，他的詩就是他的夢話全集。我很想有一天靜下心來，把他的詩梳理一下，編成一本連貫的敘事詩，當然，這詩是寫一個詩人夢遊的，既像屈原的《離騷》、又像但丁的《神曲》，但由於他遊的好多地方不是仙境而是人間，所以，又像拜倫的《恰爾德哈樂德遊記》。或許，我會在裡面，陪他一起去遊。在這個號稱「詩已經死亡」的時代，我以為，恰恰是詩復興的時代。因為「詩」這個字、這個詞，概念不一樣了！

# 10

# 【王安石】

王安石（一〇二一～一〇八六），字介甫，晚號半山。撫州臨川（今屬江西）人。北宋政治家、思想家、文學家。他被列寧譽為「中國十一世紀最偉大的改革家」。梁啓超稱他是「三代以下唯一的完人」。

本篇我們將借王安石之口，談中國歷史上改革及改革者的命運，傳統歷史上改革的實質以及所謂國有制（皇權所有制）問題。

【王安石訪談錄】

# 眞的，我那還叫改革嗎？

●採訪人物：王安石
●採訪地點：半山堂
●採訪時間：二〇〇六年十月二十九日

## 失敗的人生

深秋季節，草枯葉落，西風凜冽。

走進半山堂，一股挾帶千古悲涼的氣息便撲面而來。看到神情落寞而蕭瑟的王安石，忽然想到他那首著名的〈泊船瓜州〉詩——

京口瓜州一水間，鍾山只隔數重山。
春風又綠江南岸，明月何時照我還？

公元一〇七六年，明月終於照著這個失敗的政治家回到金陵，在這個山下，度過了一生中的最後七年。在這之前，除了政治上的失意，還有兩件被中國人認為最讓人感到不幸的災難發生在他身上，用一句簡約的成語來表達叫做「眾叛親離」。

他不是一般的「親離」，而是愛子早夭！而中國人認為「老年喪子」是人生三大悲劇之一，可以想知，從個人生活上來看，他是以悲劇收場的。

他也不是一般的「眾叛」，而是他的得意門生、一手提拔的政壇新秀呂惠卿，為了個人功名出賣了他，古往今來的許多大政治家遇到這種事時，都是有「死不瞑目」之恨的。

在他最後的七年失意生涯中，歷史記載來半山堂看他並與他談詩論文的名人，只有蘇東坡。而當年這位少年得志才氣沖天的人，曾是他的大政敵之一。蘇東坡曾極力反對他的新法，他也毫不留情地貶了他的官。現在，他們同樣地失意，是「流淚眼觀流淚眼、斷腸人對斷腸人」。他們共通的語言有兩個：禪與文學。前者讓他們參悟人生，後者讓他們表達人生。他們常常把二者結合起來，然後融入到大自然的山水之中。他們談禪或論詩時，或許能暫時忘記人生的不幸。他們也一同在周邊出遊，以寄情山水。但歷史沒有記載他們「論道」。他們似乎還是「道」不同。

對自己曾經堅守的「道」，以及由此而釀就的人生苦酒，他只能一個人慢慢品嘗。品嘗的辦法還是古人的那一套：寄情山水，而後，化為詩文。

在半山堂，有一首他遊山的詩——

終日看山不厭山，買山終待老山間。
山花落盡山長在，山水空流山自閑。

很多人把它理解為王安石變法失敗後，要退隱深山的「言志」之作。然而，我分明看出他為變法失敗的無奈心境——新法如「山花」一般在秋季裡紛紛落盡，曾經創立新法的人也如同曾養育著山花的「山」一樣，賦閑於此！

他怎麼能忘得了他的新法呢！

他曾經是那麼的自信！

他曾經是那麼的無畏！

他曾經是那麼的嘔心瀝血！

他還是千古以來及以後少有的一位「德學俱隆」的宰相！

他不僅是生前失敗、終老林下，而且是死後還背上亡國禍根的罵名。

按我的想法，他晚年寧願像商鞅那樣——「身」死而「法」行——對一個義無反顧的改革戰士，死算什麼！「人生自古誰無死，留取丹心照汗青」。

在他之前的一千多年，商鞅被車裂而死，但他的「法」一點也沒變樣地被在位者實施著，直到一個強大的帝國崛起，並吞併其他六國。

在他之後的八百多年，康有為、譚嗣同們死的死、逃的逃——如果沒有列強的領事館，他們全得死——但他們的「法」也被後來者有過之而無不及地實施了。

就他王安石沒有死，而他的「法」卻被執政者們清除得乾乾淨淨。他將這種苦果，一個人慢慢咀嚼了七年，直到含恨離開人間！

對一個「德、才、志」都完備的人，這才是最失敗的人生！

直到八百多年後，他才在離北極很近的地方遇到一個知音，為他說了一句讓他重放異彩的名言。

那句話是「王安石是中國十一世紀最偉大的改革家」。

那個人就是革命導師——弗拉基米爾・伊里奇・列寧。

## 「三不足」精神可與日月爭輝

王安石顯然對我的來訪很意外，所以，一見到我就說：我在史書上，既不是聖賢，也算不了大奸大惡，應該不屬於你要訪談的人物。

我堅定地搖搖頭說：不！你是被中國傳統歷史排斥的一種精神，是別一樣的靈魂。如果是但丁，他會把你安排在天堂的入口處，那裡和地獄的入口處一樣，既上不了天堂，也入不了地獄，但你的思想光芒會照耀每一個後來的人。

這就是你的改革精神。

也就是那「天命不足畏、祖宗不足法、人言不足恤」的「三不足」精神！

人類雖然一直沿著創新的路子在發展，但每一個被確認了的創新思想，又都會成為下一個創新思想的障礙。人類的那些思想先行者們，在攀登探索的高峰之時，還要不斷跨越前人思想的高峰。儒家們所尊崇的周禮，難道不是周朝先聖先賢們——歷史上一般說是周公姬旦——的創新?!但它卻正好成為後來制度創新的最大障礙。

古聖賢的創新，一旦被世人接受，就會有三種結果表現出來：一是說「這就是真理」，在中國傳統說法裡，真理被稱為天道，天道在人事上又稱為天命；二是將它認做價值標準，來品評世事，這叫做人言；三是統治者將依照此種標準來立法，這就是「祖宗之法」。如果這三者都是牢不可破的話，則就意味著對制度不能再作任何創新。所以，要創新，就要從思想上先摧毀這些障礙。孔子偏偏說了句「畏天命、畏祖宗、畏大人之言」。於是，在儒學思想統治下的中國，就信奉這「三畏」了。孔聖人的教導，能不遵守？

但孔子為什麼這樣說呢？那是因為孔子想恢復「周禮」，諸侯們已經不把周禮當回事了，他們各行其是。孔子說服不了他們，周天子也控制不了他們，於是，孔子就搬出「天命」、「祖宗」、「大人」來嚇唬他們。不想被後世腐儒們曲解了，從而讓中國歷史進程大大地減速。

你的「三不足」精神，第一次與這種保守落後的思想進行了一次交鋒，所以最為難能可貴，可以說是「一塌糊塗的思想泥淖中的光芒」，在自漢至晚清的中國思想史天空裡，可與日月爭輝！

王安石滿意地點頭道：幹大事業，不僅要有大智慧，還必須要有大思想的支撐。其實，我思想的基石，還是以儒學為主的，那就是忠君愛國、為蒼生立命！我的改革，是為了朝廷有錢花、國家強盛、百姓富裕。「倉稟實而知禮儀」，這是先聖之訓，國家那時積貧積弱，必須先讓經濟強盛起來。

我說：儒學思想也不是一律的不好，它有很多精華，你說的這些就是精華所在。愛國、愛民、建功、立業，這種入世的理想，是精華之一；仁義禮智信，從倫理道德上說，也是中國思想的精華。但「以德治國」是錯誤的，正確的說法應該「以法治國」、「以德化民」。你個人的品德就很偉大，和你一道變法的當世者和後來者，都被那些儒生史家列為奸臣，唯獨沒把你列進去，足見你人格的力量。你的文才也好生了得，從來沒人敢抹殺的。我從少年時，就讀了你很多文章，對你有「三佩服」：佩服你的改革精神、佩服你的道德品格、佩服你的詩文水準。

## 中國歷史上三大變法運動

王安石說：你們現在處在一個大改革時期，我忽然間也成了一個熱門人物。其實，中國歷史上有很多次改革，從涉及的內容上看，我還不是最廣泛的，應該是比漢代的桑弘羊、唐代的王叔文多一點，但比不上春秋時的商鞅。

在中國歷史上大大小小的變法和變法運動中，我以為，有三個變法，是最有代表性也是影響最巨大的，它們就是春秋戰國時的秦國商鞅變法、北宋年間我的變法、晚清時期的戊戌變法。而且，我把它們對比了一下，發現了幾個很有意思的問題。

一是成敗：商鞅成功了，後兩者都失敗了。其實成功的變法，還有很多，只是多集中在先秦，史料不詳，如黃帝，肯定是變神農之法的；周公，也是變三代和夏、商之法的；還有就是大體上與商鞅同時代的楚國吳起變法、魏國的李悝變法、趙國的武靈王變法等。這些人，不管是死是活——其實死的也只有商鞅一個人——無一例外的是他們所推行的「新法」最後都實施了。但從漢代以後，如桑弘羊、王叔文、張居正等的變法，幾乎都是失敗，例外很少。而例外的又大多是非漢族，如北魏孝文帝改革、耶律阿保機改革、清初皇太極改革等。說明什麼？說明在中國歷史上，凡是儒學思想統治的朝廷，改革都失敗，反之則成功。

二是背景：這三次大變法，都有一個「國際背景」。商鞅的秦國自不必說，因為秦是「國際上」很多國家中的一國；大宋，那時北方有遼、有金，當然還有蒙古；晚清是真正的國際了。三大國際背景下進行的，「國家強大」成為主旋律。所謂富國強兵，富在前、強在後，富是強的前提，強是富的目的。但宋和晚清時，因為外敵太強大，朝廷想讓國家強大的心理便十分迫切，因而，改革完全是以「強」為主線。這種急功近利、棄本逐末的方式，注定有問題。

三是都為了加強皇權，但內容完全不同。商鞅是看到國家政令不統一，皇權——那時叫王權——有限，所以，他的辦法，重點是加強中央集權、加強中央號令的權威，另外就是鼓勵戰士打仗、將軍立功，目的也是擴大國王的統治區域；我們那時主要是朝廷財政拮据、國防力量薄弱，其中國防力量差多半也是軍費不足引起的，因此，讓朝廷富起來是首要任務；晚清時，主要是受外敵侵略，原因是他們認為「器械」不如人，即工業不發達，但頭等重要的卻還不是這個問題，而是「皇權」旁落，「后權」——太后的權力——太大，他們搞了個「君主立憲」的法來。想想也好笑，英國搞君主立憲是為了削弱君權，他們搞君主立憲恰恰好是為了加強君權。

四是流血問題，即變法人的下場各不相同。譚嗣同說中國歷史上沒有為變法流過血的，要「請從我始」。他似乎忘了商鞅，而只記得我王安石。其實，對事業而言，流不流血是次要的，關鍵是要讓事業成功。商鞅雖死，而他的新法，一點也沒走樣地被實施著，並全部取得甚至大大超過預期效果。

五是變法效果完全不同。秦國因變法而強大，大清國後來也實施了「新法」，但依然弱。我們那時呢？新法被廢了，不知道要是能全部實施了，會有什麼結果。但後人評價說，南宋其實是亡在我的「新法」手裡的。

六是他們有個共同的特點，就是否定私有制，所有經濟政策都是強化國有制。

七是變法依據各有不同。商鞅既沒有學古制，也沒說要學其他國家，其實那時已經有不少國家有先進制度了。因此可以說，商鞅既不守舊、也不崇洋。我和康有為們則拚命從儒學裡找理論根據。我以儒學為依據，是有道理的，因為不僅我是儒生出身，我面對的人都是儒教徒，我只能用這個辦法說服別人。但康有為還搞了個什麼《孔子改制考》來，真是可笑。另外，康有為還學外國，學到的不是精華，而是糟粕。八是太后干政。商鞅變法不存在這個問題，我那時遇到了，但比之於康有為他們，則又要好一些。所以，雖然在形式上，我們變法都得到了皇帝大力支持，但因為有太后的插手，結果完全是不一樣的。商鞅的新法得到了全面的推行；我只推行了幾年；康有為們只推行了一百天。

我聽了，深深覺得，王安石是個非常有學問的人，善於歸類總結。他的這八個方面對比，確實很有意思。但是，他一直不能釋懷的，還是他變法的失敗。我好想對他說：你成功了，又能怎麼樣？你那是變法嗎？但我沒有這麼問。因為我素知他有一個外號叫「拗相公」，這名兒從正面理解，叫堅定；從反面理解，叫固執。我如果一下子否定他，我們的談話就進行不下去了。為了策略一點，我就此說：你把這三次變法進行對比，很有意義，但你知道王莽改制的事，我認為，他的改制，也算是一種變法。

王安石很意外地看了我一眼，又不得不點點頭說：他也是變法，方向不同而已。難道和我們的變法有可比性？說來聽聽。

## 王莽的改制也是變法

我說：如果把「法」從廣義上理解為朝廷的法令、禮儀、制度和政策，則「制」也就是「法」的意思，「改制」應該與「變法」同義。

我總覺得，古人用字、詞是很講究的，也很有學問。比如，「改制」和「變法」這兩個詞、四個字。只說「改」、「變」，沒說是往「新」的改變還是往「舊」的改變。我們現在之所以不同意把王莽改制稱做變法，是因為他是倒退，是復辟周禮。但從他要改變現有的「制」，恢復古「制」這一點看，他就是變法！

現在的人還有一種誤解，即把「法」和「禮」對立起來，其實，要好好研究一下《周禮》，我們會發現，「禮」是包含一切法令、禮儀、制度和政策的。李悝、商鞅們的「法」，可能是刑賞成分多一些；而董仲舒、王莽他們提出的「禮」，可能是道德規範多一些。但用現代語來解釋，其實質都是國家的一種公諸於眾讓天下人來執行的規則。

同意這種立論後，我們就可以來探討一下王莽的改制了。

自從東周王室式微、禮樂崩壞後，天下混亂、諸侯爭霸，孔子看到這種局面，提出要復周禮以安天下的主張。他在魯國施政失敗後，曾周遊列國，但沒有任何一個國君願採納他的那一套方法。戰國時，他的頭號信徒孟子雖然結合時代實際，做了一些變通、修改，依然沒人用。

倒是荀子把他所說的「禮」中，加進去了好多「刑賞」內容，以至於他的兩個弟子——韓非、李斯——都被後人稱為法家，後來，是這些以「刑賞」為主要內容的「法」，成就了秦國的帝王之業，讓秦始皇統一了全國。然而，秦始皇是成於斯、敗於斯，他的酷刑暴政讓他很快垮了台。原因是什麼？因為他沒把國民當人看，而是當成他法令下的牲畜來役使。他連好聽的話都沒有說過。

漢代立國後，汲取了秦亡的教訓，實行「無為而治」。但這樣，中央政府就失去了控制力，中央財政也吃緊，皇權也就隨之旁落。在這種形勢下，漢武帝採用了兩套辦法：學術言論上，聽董仲舒的「獨尊儒術」；而財政政策上，則聽桑弘羊的「中央集權」。一時間，朝廷也有錢了，思想也安定了。後來就演變成滿朝文武、所有的士大夫、天下的讀書人，言語中都是「仁義道德」、行為上都是周禮規範。因為這些東西說起來實在動聽。

王莽就是在這種環境中成長的，他克己復禮，並因此而取得步步高升。他以為，周禮是再偉大不過的東西了。但在工作實踐中，他發現，很多事情是不符合周禮的。這怎麼行呢？他開始用自己的權力，來實現當年孔子的理想了。

孔子如果能在魯國當政時間長一些、權力大一些，或許孔子的結局就是和王莽一樣的。可惜他只幹了不到三年，而且權力小得很可憐。

王莽那時，已經有了很好的「天下一統」和「中央集權」的基礎，他大權在握，自然與孔子不可同日而語。

但王莽的改制是徹底地失敗了。

王莽的失敗為孔子的「復禮」打了一個歷史的句號。後來的近兩千年，雖然執政者們都尊儒學，而且越尊越厲害，但他們只有變法的，沒有「復禮」的了。

我想，「禮」和「法」在概念上的對立，應該就是以王莽失敗為開始的。從此，「禮」主要是指「德」，是一種理想，明白人都知道，理想的東西，只能做為一種目標、旗幟、方向和口號。

中國歷史上，凡是「做」與「說」一致的統治者，沒有不失敗的，比如秦始皇，說的是「法」，做的也是「法」；王莽說的是「禮」，做的也是「禮」。而凡是說和做不一致的，說的是「禮」，做的是「法」，就一定會成功，而且是大成功。比如漢武帝、唐太宗。

話扯遠了。還是講王莽的改制。

王莽的改制主要有六大內容：一是「更名天下田曰王田」，私人不得買賣，用恢復井田制的辦法來解決土地問題。二是改奴婢為「私屬」，亦不得買賣。三是實行「五均六筦」，即在國都長安及五大城市設立「五均官」，政府管理五均賖貸及管理物價，徵收商稅，即由政府來經營鹽、鐵、酒、鑄錢和徵收山澤稅。四是改革幣制，主要是減輕錢幣的重量。五是改革中央機構，調整郡、縣劃分，改易官名、地名。六是改變少數民族族名和首領的封號。

他改制的內容從廣度上看，涉及面比你還大，其中在經濟政策上，主要特點是加強中央財政、限制私商交易以及土地公有制。最有意思的是「五均六筦」，幾乎與桑弘羊的變法沒什麼區別，與你變法內容也相接近。

這說明什麼？說明「禮」也好，「法」也好，都離不開一個以朝廷為核心。好像只有讓朝廷來控制一切活動，才是最合理的。

如果說天下商人都是見義忘利之輩，難道朝廷裡的那些官員們，就個個大公無私？

王安石聽了我的話，似乎有所觸動，歎了一口氣。

我說：你變法的內容，現在很多人都討論了，我們不妨略微展開說說。

## 經濟上的新法其實就是國有制

王安石說：如果說王莽改制主要動機是為了實現儒家的理想主義，我的變法動機則完全是出於一種富國強兵的現實主義。宋朝開國之初，多少也有點漢初的味道——無為而治，與民休養生息。到了我那個時期，國家已經是積貧積弱，朝廷用度極其緊張。我們那時，比漢唐兩代起碼要多兩個用費：一是給北方的強國進貢；另一個是官員開支很大。眾所周知，有宋一代，都是善待文人的，善待的辦法就是儘量讓有能力的人當官，讓當官的享受優裕的生活。結果是機構重疊、臃腫，人浮於事，財政入不敷出。怎樣讓朝廷財政增長，是當務之急，也是皇帝支持我變法的主要原因。

我變法內容總起來說是三大塊：一是富國，實際上就是經濟政策和法律；二是強兵，屬軍事方面；三是用人，屬體制改革問題。

你剛才說了「五均六筦」，我就重點談談經濟上的變法吧。這方面，主要實行了七項「新法」，即均輸法、市易法、青苗法、農田水利法、免役法、免行法、方田均稅法。

我在任參知政事的前幾天，曾和司馬光爭論理財問題，司馬光從保守的史學觀出發，認為天下的財富是不變的，因此「不藏於官，就藏於民」。而我針對性地提出了「民不加賦而國用饒」的「富國」方針。均輸法和市易法就是貫徹這一方針的兩個新法。

那時，負責朝廷採購的機構叫發運使，他們根本不管國家的物資儲存和需要情況如何，只要把諸路「上供」的「定額」物資督運到開封就算了事，所以，實際上只是一個搞運輸的機構。而那時朝廷徵用的稅賦都是實物，由於供求關係脫節，經常是花了巨額運輸費用，卻運來了許多過剩物資，只得在開封「半價」拋售；而遇上軍事或其他重大開支時，則只能急匆匆地派人去民間大肆搜刮，如果是災年，即不能完成任務。基層官吏們怕受處分，就設法採用「支移」、「折變」的辦法，在豐年多徵，並「巧為伏匿」，以預防所謂的「年計之不足」，以至民戶納稅「倍其本數」。大商人則借機屯積居奇以控制市場，從中牟取暴利。我在基層當官時，深知其情。所以，熙寧二年（一〇六九）七月，在我的主持下，朝廷頒行均輸法，就是預先瞭解清楚首都開封的庫藏以及朝廷一年所需物資情況，然後由朝廷撥錢給轉運使，讓他們依照「徙貴就賤，用近易遠」的原則進行採購、調撥，這樣就可以達到「便轉輸，省勞費，去重斂，寬農民，庶幾國可足用，民財不匱」的目的。

「均輸法」公布實行後，全國市場交易異常活躍，但因此就有一些大商人操縱物價，牟取暴利。於是，熙寧五年（一〇七二），又頒佈實施了「市易法」。就是設置市易司，由朝廷出本錢，收購市上的滯銷貨物，等到市場上需要時，商販們以產業或金銀作抵押，向市易司賒購貨物以進行販賣，半年或一年後，加息一分或二分，歸還市易司。這樣就控制了市場，市易中的利潤都成了政府的財政收入，從而達到了「商旅以通，黎民以遂，國用以足」的目的。

我插言評論道：「均輸法」的理財思路是正確的，但方法呢？你不是依靠商業的辦法，而是官營的辦法。你讓當官的去採購，實際上就是一種國營商業形式。實際上首先是形成一種壟斷，發運使採購時，地方就要聽他的，他不免就會暗箱操作。現在的辦法是政府招標採購，陽光操作。無怪乎你用的那些人會成為奸臣，他們想不貪都不行。

「市易法」的問題是一樣的，官不可與民爭利，官就是要整頓市場秩序，執行好規則，比如物價管理，招標採購制度的執行。

政府要增加財政收入，收稅就行了。市場越活躍，稅源越充足。政府只要保持市場的穩定發展，就可以坐享千秋之利了。而抑制民間的商業活動，結果只能叫「殺雞取卵」。

王安石點點頭，繼續說：我們那時是以「農」為本的經濟，為了促進農業生產，我實行了青苗法和農田水利法兩個新法。

農業主要靠天收，豐欠相間已成為規律。農民如何在豐欠之間持續發展，是經濟的大問題。過去有種「法」，叫常平倉法，主要是通過朝廷在豐年穀賤的情況下，加價收購糧食，欠年再由朝廷補貼低價出售。我的均輸法實施後，這個問題已解決了一半；另一半問題，是農民欠收之年後，來年之春沒有錢購種子。這種情況下，有錢的大戶就向農民借高利貸，常常有農民為此破產賣田，大戶則趁機壓價搞土地兼併。這時，我就對舊的常平法進行了改革，開始叫常平新法，後稱青苗法。就是官府以所存的資金作本，「依陝西青苗錢例」，由民戶自願請貸，每年分二期貸款，每期取息二分或三分，分別隨夏秋兩稅交納；遇有「災傷及五分以上」時，允許延期歸還。這樣一來，不僅解了農民的困，也使政府得到了利息收入，達到了「廣蓄積，平物價，使農人有以赴時趨事，而兼併不得乘其急」，「抑兼併，濟困乏」的目的。

我插言評論道：最關鍵的問題是，你如何考核地方官的業績——如果下貸款利息收入指標，則地方官就強攤任務，農民不貸也要貸，而且會加利息。如果你認為官府可以虧損，那就使很多人做假，甚至損公肥私；如果不下指標，則該法就無法實施，形同虛設。事實是，你下了指標，結果，官府收入是有了，但農民卻不堪負荷了。難道大戶借貸就一定是高利貸嗎？政府可以定利息上限啊。利息收入也要交稅，這樣叫「規範管理」，官民兩利。

王安石說：農田水利法應該沒什麼問題了吧。這個新法是為了「因天下之力以生天下之財」，即發展農業生產，增加社會財富的。當時我們頒佈了「農田利害條約」，獎勵各地「開墾廢田、興修水利、建立堤防、修貼圩埠」，由「受利人戶」出工出料興修，如果是「工役浩大，民力不能給者」，可依據青苗法向官府借貸錢穀，作限歸還。如果還不夠，州縣官就勸諭富戶出錢借貸，「依例出息，官為置簿及催理」。在農田水利法的推行時，長期廢棄的古陂廢堰修復了，重新發揮了灌溉的效能；許多新的水利工程也興建起來，大量的薄地成了良田。如京東路修治了濟州的南李堰、濮州的馬陵泊等，得到良田四千二百多頃。在興修農田水利的過程中，「淤田」也是一項重要措施，北方各地紛紛決放河水，將河水中的淤泥放入農田，使瘠土成為沃壤。同時，許多河道如汴河、滹沱河、漳河等，都得到了大規模的修浚。據不完全統計，自熙寧三年至九年（一〇七〇～一〇七六）的七年期間，興修水利共達一萬零七百九十三處，水利田達三十六萬三千頃之多。熙寧六年（一〇七三）朝廷還特設「疏浚黃河司」以治理黃河，由於技術上的原因和守舊派的反對，疏浚黃河的事沒有取得成效。

我說：這本來是一項極好的措施，既加大了基礎設施建設，讓農業生產有了後勁，又可以拉動需求。但問題的癥結在於：地方官要政績，他們可以隨意地編制項目，又好大喜功，結果當然是勞民傷財。

王安石繼續說：我的免役法和免行法兩個新法應該是不錯的，還有點符合你們現在的市場經濟思想。免役法主要是廢除以前的按戶等輪流充當州縣政府差役的辦法，改為由州縣政府出錢募人充役，各州縣預計所需募役的費用，然後按戶等徵收。原先輪充差役的農村上三等戶出的錢，稱為「免役錢」；原先不服差役的城市上五等戶，以及農村的未成丁戶、單丁戶、女戶和享有特權的戶，按等級減半出錢，稱為「助役錢」；此外，還加收十分之二，稱為「免役寬剩錢」，以備災荒年分使用。

免行法則是針對工商戶的。過去官府所需要的物品、人工，都向各行勒派。「官中每所需索，或非民間用物，或雖民間用物，間或少缺，率皆數倍其價收買供官」，因而，工商戶負擔很重。我實施的免行法，是各行根據獲利多少，按月或按季交納免行錢，官府用這錢去採購所需物品或雇人代役。

我說：以上兩種，都是稅賦改革的內容，你換了一種方式，用錢代人、代物，計算方式就有問題，徵收面又擴大明顯，而且與過去對比強烈，在這種利益重新分配的快速變動下，既得利益者全都站在了保守派的立場上。

還有，你的新政出台也太多了，一下子添了這麼多錢，大家受不了。這是一種平均主義的理財觀念。稅收是幹什麼的？就包括「役」用。你可以加在稅賦裡，不動聲色地推行。

王安石說：我再講講方田均稅法吧。我認為這是各朝各代都遇到的問題，遲早都應該實施的。中國農村長期存在「詭名挾佃」、「隱產漏稅」以及「產去稅存」等種種弊病，不僅造成了田稅不均，而且嚴重地影響了政府的財政收入。早在宋仁宗時期郭諮等曾在一些州縣實行過均稅法，但為豪強地主所反對而作罷。熙寧五年（一〇七二），我們終於頒行了「方田均稅法」。就是要通過清丈土地，消除上述弊病，平均賦稅負擔，並以此來增加政府的稅收。

我笑笑說：這個新法的實施問題在於工作量太巨大，你想畢其功於一役，必然就會有粗疏、濫的現象。而官僚們有幾人懂理財？又有幾人能靠那看不見的道德力量來自我約束？丈量之中，肯定有無數的以權謀私。再說，通過丈量，農民稅收必然增加，農民負擔加重，當然會反對你。

總之，政府搞經營，就會出問題。因為政府和商人的標準不一樣：商人為利，政府為政。政府倘若把經濟效益與政績掛鈎，官員們就會運用行政權力，輕則與民爭利，重則巧取豪奪。而讓商人經營，你們會認為商人見利忘義。但政府是幹什麼的？政府就是裁判，執行規則就行了。

綜上所述，你的經濟政策，沒有脫離「國有經濟」的窠臼，從生產力的發展角度而言，這種改革，其實是一種倒退。

你軍事上的改革，就不說了，我想，那主要都是增加民間負擔的。一下子又實施這麼多新法，民間負擔太重，官僚也不適應，非失敗不可啊！

還是談談你的教育改革吧。

## 教育改革也沒有重大突破

王安石說：為了統一思想，並造就一批銳意改革的人才，我對科舉與教育制度進行了改革。我認為：「古之取士，皆本於學校，故道德一於上，習俗成於下，其人材皆足以有力於世」。因此提出了「宜先除去聲病偶對之文，使學者得以專意經義、以俟朝廷興建學校」。我們頒佈了「貢舉新制」，規定應舉人不再考試詩賦、帖經、墨義之類，而以《詩》、《書》、《易》、《周禮》、《禮記》為本經，《論語》、《孟子》為兼經。考試分四場進行，第一場選考本經中的一經，第二場考兼經，要求「務通義理，不須盡用注疏」，第三場考論，第四場考時務策。同時廢罷明經諸科，另設明法科，凡是原先應試明經諸科，而又「不能改試進士」科的，考明法科，「試以律令刑統大義斷案，中格即取」。

我積極宣導科舉以經義取士，目的是以此來改變那種「閉門學作詩賦，及其入官，世事皆所不習」的狀況。

統一思想的重要途徑是辦好學校。為此，我們對太學進行了改革，實行「三舍法」，即初入學的為外舍生，不限名額，以後經過考試升為內舍生，名額二百人；內舍生經過考試升為上舍生，名額一百人。上舍生內「學行卓然尤異者，委主判及直講保明，中書考察，取旨除官」，不再參加科舉考試。

那時，科舉考試與太學學習內容都是儒家經典，但是注釋不一，不能達到統一思想的目的。於是，我親自組織學者們撰注《詩義》、《書義》、《周禮義》，合稱《三經新義》，頒於學校，作為學生的教科書和科舉考試的依據，並以此選拔擁護改革的官員。隨後，對地方學校也進行了相應的改革。

改革太學之後，我們緊跟著還重新設置了武學、建律學、改組太醫局，分別培養武官、法律和醫藥方面人才。

我插言評論道：你這方面的改革，進步意義是很大的，特別是在提倡「實用之學」上，無疑是一個大突破。但最重要的、最根本的問題沒有解決：一是以儒家的經典「一經定天下」，仍然是束縛人的思想，特別是所謂的統一思想，難道不是與你的創新思想相違背嗎？二是提倡讀書為了做官，最大限度地限制了知識的作用。這一條，是中國一千多年封建社會一直沒能解決的問題，而且從宋到明清，越來越嚴重。用科舉取士沒錯，錯在讓天下的讀書人都以當官為目標。當然，這不是你所能改變的。但既然你作為「偉大的改革家」，是可以在這方面有所突破的。

王安石說：你們現在有許多學者在批評我的改革，可以說是眾說紛紜，你總體上有什麼看法？

## 變法失敗的根本原因

我說：我總體看法是，你的改革屬於「以舊革舊、以古變古」，結果是革了舊弊，來了新弊，甚至產生更嚴重的問題。這就好比一個人趕著牛車費力，就換為驢車，怎麼也想不到要用馬車，更不用說要用汽車了。

今人評論你改革失敗的原因，主要有四點。一是出發點有問題，不是從富國的根基即富民出發，而是從朝廷的「需用」出發，絕大部分的新法，都是為了增加政府的財政收入或減少政府的財政支出，其結果必然是兩條——增加百姓稅賦或與民爭利，你的新法主要表現在「與民爭利」上，就是實行國有制，由政府來從事本該由商人從事的商業活動，這樣一來，既扼殺了工商業的繁榮，也更多地滋生了政府官員的腐敗，即使是財政收入取得了一點增長，也是「殺雞取卵」和「竭澤而漁」的辦法。二是急功近利，妄圖畢其功於一役。你們在幾年間，推出了那麼多的新法，而且絕大多數是採用與過去完全不同的辦法，需要設立很多專門的機構，官、民、商，都沒法適應，也沒法承受。每個新法公布，都是要全面推行、實施，很少有做試點的，即使做，也是時間短、區域小。雖然你在地方官任上，對有些新法做過嘗試，但中國地方差別太大，是不能以點概面的。你對新法實施中會產生哪些新問題，沒有進行應有的考慮。三是從根本上，沒有發展私有制，而是打擊私有制，這樣是達不到你所說的「不取之於民」而「國用自增」的目的的；四是由於各級各地的官員們在能力、品德上良莠不齊，政策在執行中會大大地走樣。另外，黃仁宇還提出了一個大歷史觀，其實就是關於政府對經濟的宏觀管理問題，他認為你變法失敗，是因為中國太大，沒有科學的「數目字」管理辦法。比如，你那些政府貸款專案，應該屬於銀行業務了，那時，這方面的技術是不成熟的。所以，又有人「一言以蔽之」地說，你變法失敗原因是「受時代的局限」。其實，這些話，都不是全對的，是見末不見本。我只要反問一句，就可以推翻他們——「為什麼商鞅變法能成功？」

我以為，你變法失敗的深層次原因，是儒學思想統治的結果。一切以「君」為核心，就是「尊王攘夷」的指導思想。一是為什麼變法，因為國家積貧積弱，朝廷外不能抗強敵，內不能支用度，因此要變法，變法時，皇帝聽你們討論的第一個問題就是如何增加財政收入；二是新法的實施，全靠皇權推動，一旦皇帝動搖或受人干擾，新法就受挫，比如太后的干政，其實，一個好的新法，也是要用時間來檢驗的；三是把變法上升到道德層面，持不同經濟政策觀點的人，從政敵變成道德上的敵人，互相攻擊對方為小人，標榜自己是君子，時時祭起孔聖人的大旗，讓知識分子無所適從；四是那些辦事者，都是讀經、做文章成長起來的知識分子，沒幾個在理財、發展經濟上是有真才實學的，這是儒學思想統治中國的惡果之一。

私有財產得不到保護、不用民營企業去從事商業活動，說穿了，也是儒學思想統治的結果。儒家從孔子、孟子開始，都是把義、利分開並認為是對立的，君子固其本，就是用儒學思想修身，以達到齊家、治國、平天下的目的。他們是「只患不均」而不患「寡」，認為商人逐利，則必然是「棄義」之輩。

現在我們再回頭看看，商鞅變法為什麼能成功：因為那時秦國文化上還不成熟，沒有什麼統治思想，更不存在儒學的影響。他們的目的很簡單，就是要「富國強兵」。

## 變法的惡果

你變法失敗了，不僅是你的悲劇，也給時代以及整個中國歷史帶來悲劇性的後果。

第一，變法從反面刺激了道學──就是程朱理學的發展，使儒學思想走向越來越保守、落後的境地，從而影響了元明清三代的發展。道學最大的特點是貶斥「人欲」。其實從孔子到周敦頤，也就是說在北宋以前，「人欲」還是被很多人肯定的。范仲淹在〈遺表〉中還懇請皇帝

「上承天心，下徇人欲」。但你變法失敗後，面對混亂的政局，人們把罪過歸結於士大夫提倡「追逐利益」上，於是，他們在闡述和宣揚儒家經典時，開始嚴格地分辨王霸、義利、理欲，直至後來提出「存天理，滅人欲」的教條口號。另外，你們撰注儒家經典作為國家法定教材的方法，被道學家所用，朱熹注的《四書》竟然成了後來歷代的法定教科書和科舉考試唯一的標準答案。

第二，你的開放性財政政策因為最終是失敗的，結果被後人望而生畏乃至生厭。明朝的稅賦一律實行實物繳納制，就是一步很大的歷史性倒退。

第三，就是你的「三不足」，也被後人反其道而行之，使「三畏」成為一面旗幟，這樣，就更加的尚古崇聖，孔子說的話是絲毫不能懷疑的；更加的教條，如朱元璋時定的法典，後面的繼承者都是不能做一點點改動的；更加的崇尚清議，以至於在明朝中後期，有能以清議定罪問斬的。

第四，是黨爭更嚴重。你那時與司馬光是兩大集團的領袖，但你們之間的政見之爭演變成了「黨爭」，直到明朝，結黨營私，「一損俱損、一榮俱榮」的情形，愈演愈烈。

如果沒有你的那次急於求成的變法，也許歷史發展得會更好些。

王安石忽然問：如果讓你來，你會怎麼做？

# 應該從思想大解放運動開始

我說：你那個時代，是中國歷史的一個「轉捩點」，如果歷史容許假設，也就是說，如果我是你，我只設三樣制度，不僅當世會建奇效，而且整個中國歷史會大變樣。

第一項制度是思想上的，要掀起一場思想解放運動，以衝破儒學思想影響下長期以來形成的「政教合一」的統治，像歐洲的文藝復興運動反對中世紀神學統治一樣。這場運動的旗幟或者叫口號就是你的「三不足」。朝廷重點是圍繞思想解放，制定一些政策。

解放思想，首先是解放知識分子，就是讓知識分子不再圍著當官這一條路轉，讓他們有獨立的思想、獨立的人格。讓他們以獨立的人格來做學問、搞科學研究、寫文章。那時候完全有這方面的條件，因為宋代有了印刷術，文章出版、傳播很容易。可以實施稿酬制，讓文人可以脫離官俸去謀生，不要為「五斗米折腰」，他們的人格就獨立了，隨之，思想也就獨立了。讓他們敢於疑古、議古、非古，這與你的「三不足」思想是一致的。國家大量招用科學技術人員，重視技術成果在生產中的應用。

把儒學思想與國家權力分開，可以大力提倡儒學的「道德」經義，但決不是朝廷用人的標準。朝廷用人標準可以受儒學思想的影響，但不是決定性的。要「法後王」，因事設官，德才兼備，有一整套取仕標準和考核標準。做人、修身，按儒家標準；做官、做事，按朝廷法令和政策。

第二項制度是保護私有制，發展工商業。科技進步了，大量的勞動力向工商業轉移，中國地大物博，商業活動一定會活躍起來，加工業就會興起，財稅就會因此而增長，技術成果也就有了出路，文人也就不會再擠在當官這一個層面上。

這一方面，只要沿用北宋初年的「放任」政策就行了，朝廷重點是選用一些懂經濟和法律的官員，去斷一些經濟活動的糾紛。官府就是當好裁判。

第三項是皇帝管法令的制定，宰相管規則的實施，宰相府相當於政府，朝廷就變成了議會。皇帝對政府實行問責制，朝廷管法令的制定、頒佈，政府管實施、執行，皇帝可以派人監督實施，政府則有人專門向皇帝提建議。

有此三項，國家也富了，百姓也富了。

與王安石告別時，我似乎感到他還有很多話要說。

# 11

# 包拯

包拯（九九九～一〇六二），字希仁，廬州府合肥（今肥東縣）人。正史中記載的包拯，是一位公正廉明的清官。野史、小說、戲劇、民間傳說則將他神化為一個無比清正、廉潔、智慧的為民做主的「青天大老爺」，是中國清官最完美的代表人物。

本篇我們將借包拯之口，談中國歷史上的吏治問題、官本位問題、中國傳統社會裡老百姓的理想與是非觀。

【包拯訪談錄】

# 你知道做清官的條件嗎？

●採訪人物：包拯
●採訪地點：包公祠
●採訪時間：二〇〇六年十一月二十三日（感恩節）

## 「出污泥而不染」

站在包公祠門前的照壁前，我佇立良久、思緒萬千。所謂照壁，就是一座白底黑框牆，吸引我的是這牆的前、後、正中均繪有的一葉青荷以及青荷側旁一枝亭亭玉立的荷花。那寓意不言自明：「出污泥而不染」！這是把清官包拯比做「蓮花」，那麼，相形之下，包公所在的社會或官場就是「污泥」。

蓮花所以高潔，就是因為它能出污泥而不染。那麼，可以這樣反過來做兩點推論：如果出污泥而「染」了，則它就不顯得高潔了，或者說是不能叫「蓮花」，也就是說，如果包公在混濁的官場裡隨波逐流，也就不會為他建祠；蓮花如果不是出「污泥」，而是出在其他什麼清潔之「泥」——假定有的話——那也是不算高潔的。正因為它出污泥，而且不染，所以，它才高潔。而那些出污泥而染的，以及不是出污泥的人，都統統享受不到「高潔」之名。

因此，結論是：那時的官場是污泥；在這潭污泥裡，別人染了，而包拯沒有染。

我們今天的人，可以輕鬆地說「封建社會的官場，當然是污泥潭了！」但，身處在「封建社會」裡的人也會這麼說嗎？特別是身處在「封建社會」官場中的人，也會這麼說嗎？回答竟然是肯定的——會！不僅那些不得志的、有反抗精神的人會說；就是得志的、甚至身處染污泥之中的人，也會說！不信，你查查包公祠是誰重建的？是李鴻章的哥哥、以及李鴻章本人！他們對官場忠心耿耿，並以此為安身立命之處。為什麼他們也認為它是污泥呢？這就不能不引發我對這句話更深一層的思考。

這句名言出自周敦頤的一篇僅一百一十九字的小品文——〈愛蓮說〉。周敦頤何許人也？他是北宋著名的思想家、理學的開創人。他當了一生的小官，其實是半官半隱，把當官作為一種謀生手段而已。他無意於功名，並非像唐伯虎一樣不得志，或者像陶淵明一樣憤世嫉俗——不願為五斗米折腰，而是他把興趣和精力都投入到做學問上來。他研究最多最深最有成就的是「天、地、人間」的道理，是真正的「究天人之際」。像他這樣一個人，忽然說出「出污泥而不染」的話來，斷然不僅僅是對官場的憤激，我以為，應該是對整個滾滾紅塵的一種看法。也許，在他眼中，天地之間，就是一個大泥潭。身處這樣的泥潭之中，被「污泥」所染是正常的；不染，才是高潔的，也就是極少數的「另類」。

那麼，李家兄弟是不是覺得自己也是另類呢？抑或想做另類呢？抑或敬佩另類呢？歷史證明，他們不是這樣的「另類」，也不想做「另類」，自然，也就談不上是敬佩「另類」了。

原因只能很簡單：他們是做給別人看。

所有要立清官祠的人，恐怕都是做給別人看的。

這「別人」之中，除了芸芸眾生而外，還有一個重要人物，那就是皇帝。皇帝是需要清官的。皇帝要清官的目的，並不是為了愛民如子——即使是「愛民」，也是怕「民如水、君如舟，水可載舟亦可覆舟」；皇帝最大的目的，是保護他自己的私有財產不受侵犯。因為皇帝認為，天下都是他家的，怎麼能讓他的家奴們中飽私囊呢？

從「反貪」角度講，皇權並非一無是處，相反，卻使天下財產的歸屬權更明確了。

## 一個「清」字包含了一切美好品德

包拯頭戴烏紗帽，身著紫羅袍，腳蹬粉底靴，白臉長鬚，儒生氣派。最顯眼的是，他的帽翅格外長。據說那是他在開封府任上時，經常要深入現場辦案，百姓為了爭看他的風采，往往把他擠得寸步難行。後來，仁宗皇帝知道這事，就賜給他一頂特製的烏紗帽，其帽翅比別的官吏要長三寸，並下令：凡碰到包拯帽翅者，殺無赦。由於包拯愛民如子，不忍加害於民，所以每逢他步行辦案之時，就由隨從高聲吆喝：聖上有令，碰到帽翅者殺。百姓聽到後，便紛紛讓出一條路來。受百姓擁戴到了跟今天偶像派明星遇到「追星族」一樣的地步，真讓人歎為觀止。幸虧他遇到一位寬厚仁愛的皇帝宋仁宗，要是遇上了嫉妒心強的朱元璋，不是殺頭，至少也是罷官回家。罪名很簡單：沽名釣譽！你是「青天」，那把我這天子放什麼位置了?!

我見到包拯，首先問他的是：好像中國古代的官員大體上分為清官、貪官兩種。但這「清」與「貪」也只是品德。一個優秀的官員，除了品德，應該還要有才能，就是我們現在說的「德才兼備」。

包拯說：在老百姓心目中，一般都認為，清官都是很有才幹的。「清」是一種品德的總稱，包括忠君、愛民、廉潔、剛正不阿等，同時，又滿腹經綸，就是很有才幹。因為儒家把「智」也列為君子美德之一啊！你翻開歷史書看看，哪一個清官不是很能幹的！一個個都德才兼備呢。相反，大部分貪官都是愚蠢的。至少，他們「貪」的行為和想法，本身就是愚蠢的。

中國一直奉行儒家的以德治國，為什麼不提「法」呢?因為「法」也屬於「德」的範疇。中國不是號稱大一統嗎，這儒學思想自然是博大精深、兼容並蓄了。什麼道家、墨家、法家思想，是無所不包的！就是後來傳到中國來的佛教思想，也被改造為「禪」學了，而且還用它那「悟」的精義來發展儒學呢。所以這個「法」，自然包含在儒學之中啦！儒家道德包括「仁、義、禮、智、信」，朝廷的律令都屬於「禮」的範疇，規矩嘛！然後，執行這個律令，就是「信」。你們後世研究儒學的人，不懂這一點，將「法」和「德」分開，說我們統治者實際上是「內聖外王」，這是錯誤的。儒家學說，博大精深啊！要研究儒學，多請教一些宋儒。

他們才是大學問家啊。大宋是以儒學思想和理論治國的。很成功。

我聽了，不免皺皺眉頭說：所以，才出了你這個大清官，中國清官的偶像！

## 一個盡善盡美的清官

包拯卻侃侃而談：作為清官，我主要是表現在民間傳說裡。真正歷史上的包拯，也是一個清官，但還有很多瑕疵；而民間傳說裡的清官，則是盡善盡美的。

我就先談談作為偶像的清官吧。傳說也罷，虛構也罷，我們姑且就當是解剖一個文學作品形象。

我的出生就很神奇，傳說是文曲星下凡。我長相也特別，黑臉龐，象徵著鐵面無私。真叫奇人異相。這表明，我生來就是為百姓做主的。中國古代老百姓，就盼望有個明君、清官為他們說話、主持公道。而盼清官比盼明君還迫切。因為一者皇帝只有一個，出個明君太難；二者，天高皇帝遠，皇帝的好壞，百姓是沒有切身之感的。而官則不同，是直接管著自己的人。

我從小當然讀的就是聖賢書，宋朝提倡這個，靠儒家禮義治國。開國皇帝雖然是馬上打下的江山，但他不好戰，也不好鬥，他喜歡文的。他把失敗的敵手養起來，與存在的敵人簽訂和約。從不亂殺大臣。讓打江山的武將放棄帶兵權，好好過富貴日子。用閉卷匿名的辦法舉行科舉考試，使有學問的人都有同等當官的機會。定儒學思想為指導思想，當然，儒家經典也就成了教科書。儒家經典可了不起啊，全部教人做品德高尚的人，仁、義、禮、智、信、忠、孝、悌、勇、恥等，說得清清楚楚，不容你想歪心思，想得都是如何孝敬親長、精忠報國、正直愛民，等等。修身、齊家、治國、平天下的道理無所不包。我們大宋的第一個宰相，就是靠半部孔子語錄——《論語》——輔助皇帝治天下的。我讀了這些書，自然從少年時，就樹立了遠大理想，要為朝廷、為百姓建功立業。

所有的品德中，皇帝最重視的是「忠」。而在當官以前，怎麼知道這個人「忠」呢？儒家先師說得很清楚，那就是「孝」。比如，大聖人舜，就是一個名揚天下的大孝子；漢代時沒有科舉制，選拔官員主要是憑「孝」名，叫「舉孝廉」。我就是一個大孝子，我第一次被任命為官時，是到一個比較遠的地方當縣令，但因為父母年歲已高，需要人照顧，我就棄官不就，在家奉親。這是不是大孝子的表現啊。孔子說「父母在，不遠遊。」雖然他後面又補充說「遊必有方」。但我那時實在想不出什麼好「方」來，只有不去就職，在家伺候老人。

我的才學可也是了不得的，能中進士就是一個證明。那時中舉，可比你們現在考大學難萬倍啊，因為三年一次，一次只有幾百名，比上清華、北大還難！

上任後，我就一心為老百姓做事。我們那時實行很嚴格的官員考核制，三年一次，憑政績和聲譽升遷。我很快就升官了。

我是很聰明的，這一點，在斷案上表現得最為突出，也是我的主要政績和名聲的來源。最有名的一個案件叫「烏盆案」，說的是我在定遠當縣令時，有個以打柴為生、又好管閒事的老傢伙張老三，有天突然想起東塔灣趙大三年前欠他一擔柴火錢，四百多，就趕去要。沒想到這窮小子已發了財，成了「趙大官人」了。趙大倒也客氣，出來開門，還有個怪模怪樣的婦人給他倒茶。趙大給了他四百錢，這張老三卻看到他家有好多瓦盆，就要了一只，說是算零頭吧。沒想到，張老三回去後，就出了怪事：夜裡解小便時，這盆子說話了。瓦盆說他是揚州人，姓李名浩，本是做緞行生意，回家路上，在趙大家借宿，被趙大夫妻謀財害命，將其骨肉燒化並和泥做成這盆子。現在陰魂不散，請求老頭替他去包公那兒申冤。老頭次日便趕緊帶這盆子來告狀。我聽他說後，便對那盆子發問，它竟發出的嘰裡咕嚕聲音，眾人無不駭然。我知道此事拿證據不易，就想出一條妙計，先貼出告示，說三日後，開堂審烏盆案。然後派公差潛入趙大家臥室窗外竊聽他們私語。三天後，讓公差直接將趙大夫妻二人押來，喝問殺李浩因由。二人先是不肯招認，我就叫兩個公差把他們夜間說的話陳述一遍，然後將二人分開審問，先對女人說：你們謀殺李浩，奪取黃金百兩，將他燒骨為灰，和泥作盆。黃金是你收藏了，你夫已招認著，你還抵賴什麼？女人驚恐，遂招認有黃金百兩埋在牆中。公差將黃金取來與趙大一對質，趙大只得也招認了。這一件無頭案斷得實在太神奇，連皇帝都聽說了。

以後，朝廷就委我以大任。官當大了，我敢與權貴鬥爭、執法如山、剛正不阿的品格也就表現出來。這一點，以「陳州放糧」的故事最有代表性。講的是陳州遇荒旱，國舅的兒子趁開倉放糧之機，大肆搜刮，農民張憋古與之辯理，竟被打死；張憋古的兒子上告，朝廷派我到陳州私訪，經過一番曲折，我探明了真相，處決了貪官。

這個故事，還牽扯上我一個大義滅親的故事。就是我的親侄子包勉也參與了此事，所以，我把他也一併斬了。

當然，我還辦了一件驚天大案，就是「狸貓換太子」。說的是宋真宗有劉、李二妃，劉得寵，而李有孕。待李妃生產時，劉妃買通接生婆，用一隻剝皮狸貓將嬰兒換下，然後汙稱李妃生了妖怪，說是不祥之兆，皇帝就將她逐出宮外。劉妃讓太監將嬰兒拋棄，太監感到這個嬰兒是龍胎，不敢謀害，就送到八賢王那兒。八賢王正好沒有兒子，就將他收養了。後來真宗死了，沒有兒子，就讓八賢王的兒子繼位，說是這皇位本來就是他家的。這裡有個插曲：原來太祖皇帝死時，他的兒子趙德芳太小，就先由他弟弟太宗接了位，並說好待趙德芳長大後，再讓給他。但太宗直到死時也沒讓，而是把皇位傳給了自己的兒子，就是真宗。真宗覺得對不起自己的堂哥，就封趙德芳為八賢王，還給他「上可罵君、下可訓百臣」的權力。現在真宗無兒，正好做個順水人情，把皇位再傳給八賢王的兒子。然而，他沒想到，還是傳給了自己的兒子。這樣，李妃的兒子就即了位，即為仁宗皇帝。仁宗認劉妃為母，並尊為皇太后。而李妃則流落人間。後來我在陳州放糧時遇上她。然後，我就設計將此案斷清，讓仁宗皇帝母子相見，並懲處了壞人。同時，我做得最絕的還有一招：大宋的法律，體現儒家以德治國，其中，不贍養父母是有罪的。現在皇帝讓母親流落在外，吃盡苦頭，自己還認賊為母，按律應當責打四十大板。但龍體如何消受得了那大板子？而且伸出屁股來挨打，多沒面子？更何況也沒人敢去舉那個大板子啊。我就想出一個辦法來：打龍袍。想當年，曹操犯了死罪，割髮代刑。我們象徵性地打打龍袍，有何不可！

這件案子為我撈取了太多的政治資本：一是查出多年冤案，可見我的才能，絕對是天下無雙；二是為皇帝找回老娘，影響太大，世人皆知，名滿天下；三是皇太后自然成了我的大後台，皇帝、八賢王就更不用說了，這些頂級人物都成了我的政治後台，我以後還有什麼不敢做的事？四是執法如山，都執到皇親國戚頭上了，比如懲辦了劉妃、大太監，還有，連皇帝也打了；五是也為皇帝贏得了「以身作則」的美名。皇帝和太后不感謝我的妙計？不佩服我的智慧?!

正是有了這樣的背景，我才當上了首都開封府的府尹，然後就演出了另一個傳頌千古的故事：鍘美案。這個大家都知道了。也是陳世美合該命絕，遇上了我，又有智慧、又有膽量，他能逃得了此劫？陳世美那時是非常得意的人物呀，金榜題名——而且是狀元，洞房花燭——而且是娶公主、當駙馬爺。自然是讓人羨煞、妒煞！所以，斬他，也是件讓天下大快人心的事！

## 做清官的第一個條件：高尚的品德

從這些傳說故事裡，你可以梳理出來當清官應該而且必須具備的條件了。

首當其衝的是要有極其高尚的品德。

一是「忠」，忠君、忠於朝廷。

二是在忠之前，有一個孝，孝敬父母。我為贍養年高的父母，不到遠地方做官，就是表現這一點的。

三就是有遠大的抱負和理想。這從我中進士的文章裡可以看出來。我們那時都是讀聖賢書出身的，從小樹立的就是為國家、為朝廷、為百姓建功立業的理想。

四是愛民，為百姓做主。那時把縣令叫「父母官」，當官自然就要為民做主，否則，「不如回家賣紅薯」。任何時候、任何地方，有君子也有小人，甚至有壞人、惡人。這些人專門做不利於君國、不利於百姓的事，需要我們與他們鬥爭。這就是愛民。愛民具體表現在這種鬥爭上。

五是廉潔，兩袖清風，一心為公。我死的時候，家徒四壁，一無所有，連皇帝都很感動。

以上諸方面，我都十分具備，所以說，我具備了做清官的第一條件。

## 做清官的第二個條件：大智慧

做清官的第二個條件是大智慧。

大智慧就是辦事的能力。那些無頭案，沒有足夠的聰明才智能查出個水落石出來？有很多官員，也想為民辦事，但他們還是會辦出冤案來，就因為他們能力、辦案水準有限。像「烏盆案」，神啊！神，我也能斷出來。還有個故事，說有個凶殺案，疑凶抓到了，但實在找不到證據，他也死活不招。怎麼辦？我就利用人們信鬼神迷信的心理，把他灌醉，然後像唱戲的一樣，擺出一個陰曹地府來，我親自主演閻王爺。疑犯醒來後，發現自己到了閻王殿，我們就詐他說，他已經死了，正在接受陰間的審判。面對凶惡的牛頭馬面、滾沸的油鍋，他嚇得屁滾尿流，把什麼都招了。可見，我裝神弄鬼的智慧都用出來了！

另外，對付那些惡人、壞蛋們，也是要鬥智的。你看「鍘美案」中，我就有三個大計謀：一是抓陳世美，沒那麼容易吧，萬一他不到場，待在駙馬府裡關上門死不出來，我能怎麼辦？開封府是鬥不過皇家的。最後很可能皇帝把這案子交給別人去審，什麼刑部啊、大理寺啊，那就便宜他了。所以，我就用「請」的辦法讓他來；二是他面對證人，要無賴，最後擺出一副死豬不怕開水燙的架式，一口咬定找上門來的兒子老婆都是假的，那時又沒親子鑑定技術，怎麼辦？我早就將他殺秦香蓮的凶器留在那兒了，駙馬府才有的劍，不容他不承認。三是我本意是要定他死罪，但不認老婆也不至於死罪。怎麼辦？我就換一個角度，以大宋刑律，定了他三大死罪：得了功名富貴不回家，讓父母遇上荒年活活餓死，是「大不孝」；家有老婆卻騙皇帝說自己未婚，然後娶了公主，是「欺君」；派人追殺孤兒寡母，是「買凶殺人」。所以，最後他才死定了！這叫「以其人之道，還治其人之身」，不能就事論事。你看明朝一批比較清正的官員，懲治大奸相嚴嵩父子，定的就是「謀反罪」，其實，他沒有謀反，雖然他有另外的死罪，但因為關係到皇帝，投鼠忌器，定不了，只有這個罪在明朝可以從重從快地法辦。

最大的智慧是認清形勢，有長遠目光。比如「打龍袍」，不是屈服於權勢，而是長遠策略。因為只有這樣，才能籠絡皇帝的心，從此我堅持正義的時候，就有了皇帝的支持，我會更多更好地執法。反之，如果我硬要把皇帝打上幾板子，他不恨我入骨才怪！不僅前功盡棄，說不定什麼時候他找我個碴，就把我給滅了。皇帝要滅一個臣子，實在是比殺一隻小雞都容易。

## 做清官的第三個條件：大智之外，還要有大勇

做清官的第三個條件是大智之外，還要有大勇。

當清官要有一股浩然正氣，威武不屈，凌然不可犯。有時，要有一種不怕殺頭的勇氣。想想人生就是一場賭博，有時遇到本錢太大的對手，你沒東西可以再賭下去了，怎麼辦？就把身家性命押上去！

「陳州放糧」、「鍘美案」裡，我不僅把烏紗帽押上，把性命也押上了！

這正是《孟子》說的：「生，我所欲也，義，亦我所欲也。二者不可得兼，捨生而取義者也。」——立志當清官，就要有殺身成仁、捨身取義的大無畏精神！要讓浩然正氣貫滿胸中、貫滿宇宙！

當然，智與勇是要相結合的。沒有智的勇，不叫勇，叫莽撞！比如，如果我氣勢洶洶地帶上衙役上駙馬府抓陳世美，肯定會把事情搞砸不可。

反過來，大智一定要有大勇的配合，否則，智就派不上用場。不敢堅持正義，被權貴嚇唬

住了，只有玩弄小聰明來為自己趨利避害了。那就不是大智，是滑頭。

## 做清官的第四個條件：時代背景清明

做清官的第四個條件是時代背景清明。也就是說，要遇上好時代、好主子。

我們大宋的皇帝，大部分是明君，對國家有責任心、有一定的事業心、能守法，而且不濫殺無辜。如果皇帝昏庸或者殘暴，是肯定沒有清官立錐之地的。

北宋時，官風也還是很正的。

首先是科舉制，相當完善，也很公平，走後門是很難的，有真才實學的人，一般都能考取，這也是我這樣的清官能踏上仕途第一步的唯一途徑。沒有第一步，你連出頭露臉的份都沒有，後面不都白說了！

其次，考核制度也很好，只要有政績，一般都能得到提拔，不會讓你在一個位子上坐太久，從而能使你對政治充滿激情和信心。

再次，俸祿也是很豐厚的。大宋官員的待遇水準，在中國歷代絕對排名在前列，比之明朝不知好多少倍。所以，只要你好好幹，沒有太貪婪的心，生活是優裕而無憂的。因此，宋朝官員出的貪污犯也最少。雖然「高薪養廉」不是根本的辦法，但卻是不可少的一條。

## 做清官的第五個條件：強有力的後台

當官，最重要的是要有後台，如果是「小寡婦睡覺——上面沒人」，那怎麼行！不僅要有後台，而且是要做多大的事，就需有多大的後台。

根據我的傳說故事，你可以看到，我的後台，是一路的高升的。我中進士時，王丞相主考，我們就認了「師生」關係，這是進入官場後的第一個後台。「陳州放糧」中，我是得到八賢王的支持，才能和那些皇親國戚們鬥的。不然，你的真實情況，根本反映不到皇帝那兒。到辦了「狸貓換太子」一案後，皇太后、皇帝本人也成了我的後台了，這真是「本事通天了」。

## 做清官的第六個條件：齊備的幫手

俗話說，一個好漢三個幫。人非神，能力總是有限的。大事業是靠一個團隊來完成的。我的那個團隊，力量特棒，文武兼備。

我文有諸葛亮一般的師爺公孫策，能神機妙算。斷案時，他「運籌帷幄之中，決勝千里之外」。他是我的外腦，我的智慧不夠時，就由他來替補。

武有功夫超群的張龍、趙虎、王朝、馬漢四大跟班，他們執行能力特別強，查案神速，能打能拚，吃苦耐勞，忠心耿耿。

無論我當哪個地方、哪個級別的官員，他們都一直跟著我。也就是說，我一直有一支完備的團隊。

## 做清官的第七個條件：道上也要有人

我前面說了六條，你以為就夠了嗎？不行啊，有時，狗急跳牆，有些惡人，明裡鬥不過你，可以暗裡來，動用黑道人物，搞暗殺，讓你防不勝防。不過，我沒事，因為我江湖道上也有人，以黑對黑。知道有個「三俠五義」嗎？有時，又叫「七俠五義」。中國把凡是能除暴安良的江湖人物，稱之為「俠」或「義士」，到底是三個俠還是七個俠在暗中幫我，數目不是主要的，主要的是他們的能耐。我那道上的人，最有名的是「南俠」展昭，他的本領可是無人能比的。「陳州放糧」中，我就遇到暗殺，當時，黑道人物下手時，我是渾然不覺的，多虧展大俠及時相救，而且救得不動聲色。原來，他早在暗中相隨，擔任義務保鏢。

## 做清官的第八個條件：要有天助

不要以為我前面連黑道也算上了，就全了，早著呢！中國有句古話叫：人算不如天算。當清官，最終還要有天助，否則，還是不行。

最大的天助，叫「命」。

比如，我要是生在漢朝，根本就沒機會當官，縣令都當不上，不要說開封府尹了。

其次，叫「運」，就是機遇。

明朝時最著名的清官是海瑞，他的最大的一次機遇，是他與一個權臣作對，恰恰這位權臣很快倒台了，凡與這個權臣作對的人，都得到了表彰和提拔，海瑞就憑著這樣的「運」得到提拔的。我也是這樣，如果沒有狸貓換太子這事，我能攀上皇帝、皇太后這樣的大後台？我能名滿天下？以後我會有機會做出那麼多執法如山的事來？

可見，為什麼傳說故事要編出「陳州放糧」、「狸貓換太子」這些案子來？為的就是讓老天給我機會。反之，史書上的我，並沒有這麼多的政績，不是什麼了不起的大清官啊！

## 歷史上哪有什麼眞正的清官

我深深地吸了一口涼氣道：原來做清官這麼難啊！

包拯終於也笑笑，說：沒嚇著你吧，做清官這麼難！不過沒關係，我這清官是虛構的——造星嘛！歷史上哪有什麼真正的清官！史書裡的我，也就一般般啦，幹了幾件有利於百姓的事，也斷了幾個小案子，懲治過有權有勢的人，但不是皇親國戚。

我真正有名的，恐怕還是在當諫議官的時候，上了好多本，彈劾一些大官。有時，彈劾一個大官，一本不行，就連著上好幾本，最多時上個七本，表現得很勇敢、很堅定。這確實很難得，但也不是太難的事。因為這是我的工作，份內的事。我們那時，就有這麼個官，就幹這樣的事。你如果在這位子上，不去彈劾人，那才不正常呢。

我做得最不錯的地方，應該是為官很清廉。基本上是兩袖清風。這方面的傳說有很多，比如，關於在端州為官時，連一個硯台也不帶走的故事。但真實的我，也差得不遠。我死的時候，家裡是沒有什麼財產的，讓皇帝看到，都很感動。但那時，制度好，我雖然沒有貪財，但我這樣的清官，會得到朝廷的獎賞。獎賞當然很豐厚，足以讓子孫過上中產階級的體面日子。

其實，像我這樣清廉的官，古時候也有不少，以宋朝出得最多吧。

能做一兩件事、某個方面品德高尚，這樣的人，很多。但，又清廉、又剛直、又有智慧、又有勇氣、又有機會、又有人相助，什麼驚天大案都能做得了的清官，歷史上沒有，也不可能有，連最好的皇帝，他自己也做不到。

中國老百姓受權勢者欺凌太多，他們渴望有個人來主持正義，就找了我，經過神化，做了這個典型。

其實，他們也找了其他人，包括一些真正的神仙，如濟公、鐵拐李、呂洞賓等八仙、以及觀音菩薩等，但神啊仙啊佛啊，到底怕靠不住，所以，就找到歷史人物我來了。

## 爲什麼沒有眞正的清官？

我問道：中國歷史上沒有真正的清官，是因為制度問題嗎？

包拯說：我認為，這和制度有直接關係，但主要是文化精神。文化精神，讓後代選擇了這樣的制度。

先說制度。我把中國的統治制度分為兩個時期：「天下人之天下」的時期和「家天下」時期。我們大宋時代，就是一個「家天下」時期，我們常說的什麼「趙家天下」、「食趙家的俸祿」就是這個意思。這兩個時期的分水嶺，是前後三代。前三代，就是堯舜禹、後三代就是夏商周。

我們的主流文化，是形成於周朝的儒家文化。儒家文化的思想體系就是《禮》，實際上是周禮。當然是「家天下」的一套。

家天下的特點是什麼呢？就是這江山是皇帝打出來的，所有和他打江山的人，只是跟著他、響應他號召的人，所以，只有做臣子的份。以後，這江山就是他家的了。他為了讓這江山世世代代傳下去，當然要想辦法治理好它，所以，皇帝就要有一些制度、用一些有本領的人。

但出發點好，效果就一定好嗎？顯然不是。

首先，這制度制定得就有問題。它雖然是考慮甚至充分考慮了民意，但它的出發點是維護皇家的統治。當民意和自己的意圖有衝突且不可調和時，當然是捨棄民意。捨棄民意最好的辦法，一是糊弄、二是強姦。說「君權天授」，既是糊弄，也是強姦。

其次，制度還在人的執行。最高執行者是皇帝。皇帝可以制定、也可以更改這些制度。更嚴重的是，他不執行，你也拿他沒辦法。除非所有的人都反對，齊心合力地反對，但這是做不到的。一兩個忠臣、諍臣、直臣，沒用啊，他可以輕則根本不理你，重則殺了你。一些殘暴的皇帝就是這樣對待臣下的，直殺得別人怕了，殺得別人心寒了，就再也沒人敢管或想管「他們家」的事了，然後，他就為所欲為了。更何況，還有一批佞臣，為了個人的富貴，去討好皇帝呢。總之，「家天下」裡的皇帝，有點像你們現在一些個人創業成功的公司老闆，即便他給你一點股份，也是「給」的，既然是「給」的，也隨時可以收回。所以，有人說，古代皇帝設有「諫官」，很民主的，其實是胡扯。

「天下人之天下」就不是這樣。這就相當於幾個人合夥創業，是真正的股份。

黃帝以前，是誰有本領，大家就尊崇他，他是各部落的公推的盟主。前三代都是這樣。所以，禪讓，是一種制度，並不是堯自己如何偉大，把位子讓給有本領的舜，而是制度就這麼定的，有本事的人上，不讓也不行。但到了禹，他讓給了自己的兒子。讓兒子也是可以的，因為他的兒子也可能最有本領。但啟就沒再讓下去，而且是形成了傳位給自己兒子的制度。無能、殘暴的君王占了這個位子，就會得到別人的反抗，於是，只有用暴動、戰爭的辦法，把有本領的人推上這個位子。這就叫「打江山」。打下的江山，自然是「家天下」。

再說文化精神。中國人本來是崇天的，春秋以前的說法是：天生萬民，讓有能力者做他們的頭領，頭領是推舉出來的，他是為民服務的。但創立於王室式微時期的儒學，是講尊王的，最後當然被統治者看中，於是，說法就改了：皇帝是天生聖人，是天授皇權來統治天下人的。官，就是協助皇帝來統治的，在見不到皇帝的地方，官就是皇帝的代表，從而也就是天的代表。所以，我們又叫「父母官」、「青天大老爺」。

文化精神形成了制度，但制度又影響了文化精神的形成。最後，就變成了我們那時的樣子。現在很多史家說我們宋朝是中國封建時代最完善的一個朝代，也是最好的一個朝代。可從出清官這一點上看，也好不到哪裡去。真正的清官，還是要靠虛構。因為說代表天的人，並不一定會或不一定能代表天；而說代表天子的人，也不一定會或不一定能代表天子。天是無形、無語的，所以，天子怎麼說、怎麼做，全在天子個人；天子是有形的、能說話的，所以，官必須按他的意思做，按他的要求做。這就是全部的要義所在。

## 中國古代地方長官的十大職能

聽包拯談制度和文化，不無道理。但我想，包拯畢竟不是一個思想家，也不是學問家，在文學上也沒任何地位——這一點連岳飛這個武將都不如。但他是個務實的人。所以，我就想問問：為什麼在中國老百姓心目中，像「縣太爺」一類的地方官，主要職責就是審理案子。

包拯說：其實是一種誤解。我們那時的地方官，如府尹、縣尹，工作範圍還是很廣的。至少有幾個方面的工作：

第一是徵收稅賦。這是一項硬指標，對縣一級，工作量尤其大，因為縣是最低一級政府了，面對千家萬戶。對農民，一般有按田畝徵稅和按人頭派賦兩種方法，計算起來還比較方便；但對工商業，就很麻煩，因為那時沒什麼增值發票，他做多大的生意，官府很難搞得清。他們當然是儘量地瞞、儘量地少交稅。我想，古代政府對商人一直沒好的看法，這也是一項原因。最難的事，是徵實物，這還牽涉到實物的儲藏和運輸。你知道，那時的稅賦，絕大多數是實物徵收。你看柳宗元在〈捕蛇者說〉中寫那些縣衙公差們是「叫囂乎東西，隳突乎南北；譁然而駭者，雖雞狗不得寧焉」。其實他們也是很辛苦的。收幾條蛇就這麼難，收那麼多糧食，還有什麼水果、蠶絲，就不用說了。

第二是徵兵。這也是一項硬任務，好在不是年年有，或者有時工作量不大，遇到國家安寧、邊境無事，可能連續多少年沒有，但一旦國家需要，任務往往就一層層攤下來。那時又沒辦法做什麼宣傳鼓動工作，因為沒有廣播、報紙這一類的宣傳工具。只能抽丁，看著戶籍冊，按「十人抽一丁」或「五人抽一丁」的方式攤派下去。但遇到國家動亂、兵源不足的年頭，這徵兵的任務就難做了，老百姓又躲又藏、又哭又鬧啊，杜甫〈石壕吏〉的詩裡寫到「吏呼一何怒，婦啼一何苦」，那是多麼的形象，哪像你們現在徵兵，能當兵的人都覺得光榮得很！

第三是做工程。主要是水利工程，其次是交通等工程。這裡分國家的和地方的兩種。如水利工程，每年都要組織老百姓去挑圩，這叫冬修。圩口多的地方，還要在秋天利用農活的空隙搞「穿插」小修。人員要組織，工程還要設計，還要籌集資金。道路、橋梁、城牆等工程，也因情況不同而要修建。另外，就是國家工程的按任務包幹，如秦始皇修長城，那是分段包給地方幹的。

第四是徵役。就是徵用勞動力，去給國家、朝廷幹活，因為朝廷要建大工程，如為帝王修造陵墓、開挖運河、在大山裡開路、修邊關的城牆，等等，都需要徵調大量的民工。任務自然都落在地方官身上。這比收稅賦還難，比徵兵略好一點。

第五是選拔人才。隋以前是舉賢良，隋以後是科舉，這都是從下往上的工作。這項工作主要是靠良心和水準來完成，工作量倒不是很大。但平時要注重教育工作，要宣導讀書人愛學習、為國家做貢獻的精神。

第六是教化工作。中國從周朝開始——再往上就不好說了，因為沒什麼過硬的史料——就是政教一體，地方官對轄區內的民眾負有教化的責任，因為考核官員的內容裡就有一條「民風」是否淳樸。這裡的工作很多，比如要表彰在孝敬父母、家庭和睦中做得很好的人，南宋以後就有立牌坊的做法。這一條，就相當於你們現在的思想教育工作，雖然不是硬任務，但很煩瑣的。因為還有人沽名釣譽，如果我們被人欺騙了，就會落得個「糊塗官」的壞名聲，而這個名聲對我們的升遷是極為不利的，有時會葬送前程。

第七是救濟工作。河東有災，從河西徵糧救濟；河西有災，從河東徵糧救濟，這是自古以來的中國救濟套路。但這只是小災，大災呢，河東河西都受災呢，只能靠朝廷發放救濟糧了。但地方官要做組織工作，要瞭解情況上報，還要向朝廷爭取救濟。向下分發救濟物資工作量也很大，弄不好，分配不公，就會鬧大禍，稀裡糊塗丟了烏紗帽。

第八是組織生產。主要是農業生產，好的地方官為了讓地方農民日子過得好，就要按農時來指導他們耕種，還要推廣好的品種和耕作方式。另外，如果工商業有基礎，組織就更重要，要打擊擾亂市場、欺行霸市的不法分子。還有就是對礦山、森林、狩獵的管理。

第九是接待工作。這一項工作量非常大，也非常重要，主要分三個方面，一是接待檢查、考核的領導，這是頭等工作，做不好的話，你工作再出色也沒用，因為我們的提拔、使用權在上面。二是接待過境的官員，他從你這兒過，你就要好好接待，特別是朝廷大官，當然，別的地方的官，也不能怠慢，因為「鐵打的衙門流水的官」，說不定什麼時候，他就成了你的頂頭上司，更何況還有「官官相護」呢，你是縣令，現在來了個府尹，雖然不是你所在的那個府，但他可能明年就成了你的府尹，或者他和你的府尹就是好同學，他對同學說一句話，你所有的政績就化為烏有了。三是接待元老級人物榮歸故里，這也很重要，不僅要接待好，還要安頓好，最好能巴結好，因為他們在「上面」可有著「關係」呢，畢竟為官那麼多年了嘛！

第十是治安工作。你所說的審案子，屬於這項工作的一部分。因為首要的是保平安，最理想的境界是「夜不閉戶、道不拾遺」，但最少要讓人有安全感，這樣才能讓百姓安居樂業。所以有「做一方官員、保一方平安」的說法，而保平安，第一位是防，第二位才是治。要保證居民的安全，還要保證過往客人的安全，不能讓盜賊橫行。其次是斷案，就是為百姓主持公道。斷案又分兩種，一是查案，就是查原委、查元凶；二是給原告、被告一個公平，為民做主。所以，有「當官就是為民做主」的說法。這一條，工作量最大，而且效果最明顯。這天下的地是這樣的不平，人間哪會是平的呢？不公平、不公正的事太多。刑事案不說，民事案那是多如牛毛啊！

除了上面說的正常情況下的十條外，特殊情況下還有一項工作：軍事事務。比如出了大盜，我們要參與剿匪，你看《水滸傳》上面，那些地方官，剿匪剿得好辛苦啊！還有就是外敵入侵，我們要搞防務，或參加國家軍隊搞好防務。這對邊關地區，尤為重要。好多文人出身的府官、縣官，也戰死疆場。

綜上所述，按你們現在政府的分類，就是財政工作、稅收工作、民政工作、水利工程建設工作、教育工作、宣傳工作、政法工作、國防工作、人事工作、接待工作等。而你們現在有財政局、國稅局、地稅局、民政局、教育局、公安局、檢察院、法院、宣傳部、工商局、安全局、人事局、社保局、建設局、水利局、交通局、統計局等等，除此之外，還有好多事業單位，如報社、廣播、電視、接待處、城管處、聯防隊、技術推廣中心等等，一個縣的科局以上官員幾百人，吃財政飯的成千上萬人，而我們那時，官不過十，吏不過幾十，衙役不過幾百而已。可見工作量之大！

正是因為工作量大，我們就要抓重點。有人把接待當重點，就是為了保官升官；有人把做工程當重點，搞形象工程，或急功近利，而像我這樣的清官，是把斷案放在首位的，理由是我要為民做主。

因為斷案直接關係到百姓生命財產安全、關係到人間公平，所以，公正執法一次，就會立即樹起口碑，讚譽不脛而走。

我在這方面有盛名，主要是在當京城開封府府尹秉公執法了幾次而流傳開的。其實，我歷史上真正的政績有出使邊關、有加強財政紀律、有彈劾官員，其中以彈劾官員最有名。但那與老百姓直接關係不大。老百姓要的，是眼前的直接利益。

## 中國官制的古今對比

我於是又問他：你能把中國古今的官制對比著說說嗎？

包拯說：我也說不好，這裡學問太多，要說只能說點皮毛。

你們現在的官制，既有繼承古代的方面，也有模仿當年蘇聯的，也有西方的，當然，還有自創的，四大塊。我以為，學古代、學外國，一定要學其精華，光精華還不行，還要適合中國；另一點，就是自創很重要。學習也是為了自創。以後，要有越來越多的自創。

我們那時好的方面，主要有兩條，第一是充分考慮官員的利益，讓他明白，他既是為國家、為百姓謀利益，也是為自己、為家族謀利益，公利有了，私利同時也就達到了；這一點，明朝沒做好，唐宋時做得最好。第二是不太管經濟生產。因為小農經濟，也無須我們管。政府應該主要管制定規則和執行規則，做裁判員而不是運動員。古代政府也有搞工商經營的，但幾乎都會出問題。桑弘羊、王安石變法的主要內容之一，就是把一些民間經營的工商業收由政府經營。但結果都不好。

最好的方法是：把執法和立法再分開，裁判員進一步專業化。否則，裁判從執行角度立規則，往往這規則就不一定公平。公平的規則，一定是要滿足大部分該規則實施對象的。立法就是要從國家和公民利益出發。

古今共同點是官員任命制，這容易造成官員唯上是聽。但也有好處，就是任人的效率高。我們那時最不好的一條，就是一個地方官，統管一切。立法、執法都管，公檢法合在一起，一切都靠行政命令。

還有一樣，就是老百姓沒有什麼話語權，漢代以前還有一些，宋代就極少了，明以後幾乎沒有。

## 也來個古今貪官對比

我說：你是大清官，談談廉政吧。

包拯點點頭說：古今中外都有貪官，這是個客觀事實，就像不管什麼社會都有盜賊一樣，不管什麼官制，都會有貪官。不同的只是出貪官的多少及貪的程度。宋朝出得貪官最少，明朝最多，有人解釋為高薪養廉，其實並非如此簡單。當然，宋代的官俸要比明代高得多。實質是什麼呢？是宋代風氣好，很多人對朝廷充滿希望，大家認為，國家好，自己就好。明朝則是上下對立，皇帝把官員都當賊，上級把下級當賊，官把民當賊，反之則亦然。所以，他們口頭上雖然講的依然是儒家那一套，而心裡都在盤算自己的利益。這實際上是一種信仰的喪失。沒有信仰，沒有理想，能不追求利益嗎？民不相信官、下級不相信上級、百官不相信皇帝。有權不用，過期作廢。所以，就拚命地、絞盡腦汁地去貪。

最近，你們有人組織官員到我面前來搞廉政教育。這也是件很可笑的事。是讓他們向我學習呢？還是讓他們畏懼我呢？不得而知。

我聽說你們現在有人把古今貪官做了個對比，結果是現在的貪官貪的條件比古代條件更優越。好像有七八條吧，記得不多，但我以此為基礎，綜合了一下，也歸納為八條。別以為是諷刺搞笑，我看你們完全可以從這其中得到啟發去開展廉政反貪工作。

第一條，古代是皇帝家天下，「普天之下，莫非王土；率土之濱，莫非王臣」。所以，你侵吞國家財產，就是侵吞皇家財產，財產的主權明確，定罪容易；現在呢，是人民的天下，人民的財產，貪官也是人民的一部分，他可以佔用這個財產。比如國有企業的老闆，揮霍起來，不好管。

第二條，古時候工商業不發達，經濟活動中，執法範圍很狹窄，官員的收賄受賄、以權謀私的空間就小些；現在經濟活動的領域太大，貪的空間也就大。

第三條，古時候人多數相信鬼神，做了壞事，既怕人知，又怕鬼覺，既怕法究，也怕神責；現在呢，多數人是唯物論者，不信鬼神，做了虧心事，不怕鬼敲門。

第四條，古時的法律不是很人道，死刑就有剝皮、杖擊、凌遲一類，更有甚者，是滿門抄斬甚至是滅門三族乃至九族。現在呢？沒有體刑，也不搞株連，就是死罪，有時還是「安樂死」，而且是「犧牲我一個，快活全家人」。

第五條，古代一般是實物交易，即便是貨幣，也是金條銀元，送和收、藏與運，都很費事，抓贓也容易；現在是紙幣，甚至是銀行存摺、現金支票，再多的錢，也就一張紙，太方便了。

第六條，古代是四海之內大一統，你犯了罪，沒地方跑；現在卻是開放時代，犯罪前就可以在國外買房子、放存款，一有風吹草動，就可出境而逃，逍遙法外。

第七條，古代官員，除了當官而外，沒有第二條出路，犯了小罪，做了牢，家破人亡；現在的官員，做牢出來還可以經商，還可以給大老闆當顧問，拿高薪。

第八條，古代官員犯罪不僅被革職，重的要被流犯、被除籍，殃及子孫，整個家族名聲受損，後世好幾代都沒出頭之日，比如科舉，政審，是肯定通不過的；現在的官員，革職、出獄後，照樣可以回家團圓、可以重新做人，最關鍵的是，他們的子孫可以留學，可以當商人，可以當學者，也可以當大法官。

我聽後，想笑卻沒笑出來。這個「包黑子」自然也不會笑。他自始至終就沒笑一次。

我告別包拯時，回頭看看他那鐵面，感到那上面一定是冰涼、冰涼的！

# 12

# 【秦　檜】

秦檜（一〇九〇～一一五五），字會之，江寧（今江蘇南京）人。南宋政治家、主和派的代表人物。他後來成了中國歷史上的奸臣、權臣、佞臣、賣國賊的最典型代表，曾被後人鑄成鐵像，跪在西湖岳廟裡的岳飛面前。民間有無數關於他如何做惡、如何遺臭的傳說故事。

本篇我們將借秦檜之口，談中國傳統文化中的國家觀念，中國歷史上政治人物的下場，皇帝對自身利益與國家利益關係的處理以及關於「忠」的價值評判等問題。

【秦檜訪談錄】

# 奸臣、忠臣，都是上天注定的！

●採訪人物：秦檜
●採訪地點：西湖岳廟
●採訪時間：二〇〇四年九月十八日（國難日）

## 天庭的判決

採訪秦檜，只有去岳廟。因為別的地方，很難見到秦檜的真面目。走進岳廟之前，你是一定會看一下那一副對聯的：

青山有幸埋忠骨
白鐵無辜鑄佞臣

這裡的忠骨，是岳飛，他是中國忠臣的傑出代表之一；這裡的佞臣，是秦檜，他是中國奸臣的傑出代表。

真有點天意安排的意味：大約在五百年前，在被人們譽為天堂的杭州，人們將一尊用生鐵鑄成的秦檜雕像，跪放在岳飛面前。這似乎是天庭的審判結果：秦檜——大奸臣；岳飛——大忠臣。幾百年來，這個審判結果從未遭過異議。在這個雕像面前，南來北往的遊人把對忠臣的敬愛全都奉獻給了岳飛，而把對奸臣的全部憤恨，全部發洩到了秦檜頭上。於是，有數以億計的憤怒的巴掌搧向秦檜的腦袋、鄙夷的唾沫吐向他的臉面，結果，其後腦勺被打得閃閃發亮，那些唾沫如果匯集起來也足以形成一座與西湖相當的口水湖將他淹沒其中。

天庭的審判又叫所謂歷史的審判。

但我對此一直有疑問：人在歷史上、人生天地間，難道忠、奸不也是歷史定下的角色？也是天定的角色？天是大編劇，歷史是大導演，人不過是天地歷史這個大舞台上的一個演員而已！

那麼，我們中國這個大編劇、大導演，是怎麼對待秦檜和岳飛的呢？

為此，我走進了岳廟，開始對秦檜的採訪。

所以採訪秦檜而不是岳飛，是因為以奸臣論，他是中國歷史上傑出的代表，如果把他的野史、民間傳說加在一起，他的奸，沒有另外的人可以與之相提並論；而岳飛只能算是忠臣的傑出代表之一，大忠臣的形象，在中國歷史和民間傳說中，還有很多。

# 該隱之罪是注定的

我見到秦檜的第一句話是：我總覺得你是中國歷史上最大的冤大頭，在西湖邊一跪幾百年，而且看來是永無站立之日了。雖然二百年前就有人為你平反了。你沒見，江南四大才子之一的文徵明在〈滿江紅〉詞裡說了句「笑區區一檜亦何能？逢其欲！」算是給你鳴了次不平，但到底沒說你不是奸臣。前段時間，有人從人道主義關懷出發，為你雕出了一尊站立的塑像，也並不是為你平反的意思。況且這件藝術作品在展出時，還遭到了多方的批評和指責。

秦檜歎口氣說：你不知道，我現在已經不僅僅是南宋時期的一個歷史人物了。我已經是一個象徵，是殘害忠臣良將的奸臣代表。

歷史為什麼要選我做代表？那是天意！天意不僅是從來「高難問」，而且也是「不容問」的。

你們現在的人，應該知道西方《聖經》裡有個「該隱的故事」，我給你說說。

基督教認為，人是上帝創造的，因此，都是上帝的兒子。因為世上有好人、有壞人——就像寫劇本一樣，要先設定正反兩個角色。所以，這上帝的兒子自然就有好人、有壞人。《聖經》裡說，一開始，上帝有兩個兒子，在他們出世時，上帝就給他們打下了印記：一個好人，叫亞伯；一個壞人，叫該隱。——就像劇作家給演員定角色。上帝過生日時要祭品了，兩個兒子就上貢。亞伯的貢物注定是上帝喜歡的，該隱的貢品注定是上帝看不上眼的。於是，該隱就嫉恨亞伯——當然，這種嫉恨也是注定的，就像劇作家設定的情節發展線索。該隱認為，要得到上帝的喜歡，只能把亞伯殺死，於是，他就把亞伯當仇敵殺了。上帝當然大怒，說你果然是壞人、是惡魔！從此，該隱就成了人間的壞人。

中國人信天，天就相當於上帝。歷史也就是「天」的一種表現。歷史需要好人、壞人。歷史裡的人，注定要做一些事，其中一些人做歷史評判時所喜歡的事，另一些人做歷史評判時所不喜歡的事。比如，我們南宋時，外敵入侵，必然有主戰派、有主和派。這樣，岳飛就注定成了亞伯，我注定成了該隱。因為代表「天」的皇帝也需要這兩種人。我要順天之意，只有殺死岳飛。然後，我在歷史眼中，就成了壞人。

所以，這叫「歷史的選擇」。從整個歷史長河來看，我秦檜被定為壞人、奸臣的代表，是注定了的事。用歷史唯物主義觀點來看，也是如此，可以歸結為三條既現實又歷史的原因：

第一，岳飛是死在我手裡的抗金名將。南宋的抗金史上，只有他打了很多的抗金勝仗，很多主戰派卻是大敗。抗敵就是忠臣，不僅是對朝廷忠，更是對國家、民族忠，國家民族的利益高於朝廷；能打勝仗就是良將。只有他能打很多勝仗，說明他是難得的忠臣良將。而他是死在我的手裡。這是史實。在此之前和在此之後，中國歷史長河裡，有無數像岳飛這樣的愛國將領，命運也相同。冤有頭、債有主，我就是那「頭」和「主」。

第二，宋朝亡國了。亡國之痛，最為銘心刻骨。所以，人們格外懷念岳飛，格外痛恨殘害他的人。宋朝是在中國人覺悟——就是說是在漢人有「國家」意識的覺悟——之後，第一次全面亡國的，後來是元朝統治；再以後，明朝又亡一次國，亡在非漢族人手裡；再以後，被八國聯軍入侵、被日本人入侵，有很多次亡國史。這與過去的改朝換代不同。至今你們在進行愛國主義教育時，還有一個主要內容，就是要記住這些亡國史。這種民族之痛，是要有發洩之處、出氣之所的。而我殺了抗敵大將，就相當於自毀長城。所以，我自然就是那「處」和「所」了。

第三，歷史評價人物，中國有句話叫「蓋棺論定」。這話有兩層意思：一是人不到死時，是不能定好壞的，因為他以前做的好事，可能是偽裝，他做的壞事，也許是我們對他的誤解，只有死了，才結束了他一生的表演，才可以論定；另一層意思，我以為，就是一個人做再多的好事也沒用，如果他做了一件歷史認為是非常壞的事的話；反之亦然。比如我吧，因為殺岳飛這件事，歷史上其他的貢獻是可以一筆抹煞的，甚至即便是好事，也值得懷疑。你看看中國歷史對人物的評判，很少有所謂「一分為二」、「功過分明」的。周公就是偉人，連他以前表現得對天子、朝政的反抗，都被認定是流言、是誤解；反之，王莽就是壞蛋，他以前那種勤政、忠君、禮賢下士等等，都是偽裝，是陰謀。曹操也是，因為他兒子篡位了，這帳要記在他頭上，因為他為兒子篡位提供了雄厚的基礎。他以前南北征戰、讓皇帝過安穩日子，都是陰謀。他不是保護皇帝，是為了「挾天子以令諸侯」。

## 南宋滅亡也是注定的

但你們要仔細研究歷史，就會發現：南宋的滅亡，也是注定的，不能把帳記在我頭上。

我們可以分析一下南宋必亡的理由。

第一條，中國歷朝歷代，沒有不亡的。秦以前不說，從秦朝開始，一朝一朝地更迭。秦王嬴政在統一中國後，他自己號稱是「始皇帝」，繼位者將稱「二世」、「三世」一直到「萬世」，但歷史立即否認了他的一廂情願，只讓他傳到二世就匆匆結束了他的王朝。漢也是，劉邦何嘗不想建「千秋大業」，但到了他的第十三代皇帝漢平帝劉衎手裡，就失位於王莽了；後來雖然有漢光武帝劉秀建立東漢，但傳到劉協手裡，就「獻帝」了——帝位獻給了曹操的兒子曹丕，歷史進入魏朝。所以，所謂的王朝「千秋萬代」也和皇帝被稱為「萬歲」一樣，只是一廂情願。《三國演義》裡說的「分久必合、合久必分」的歷史循環論，就是中國歷代王朝更迭的最好寫照。這就難怪漢朝的董仲舒有了一個「五德」循環論。為什麼這樣呢？我以為這是因為這種統治本身就有不合理的地方。首先，世襲制就不合理，一代代傳下去，總會出昏庸無能或殘暴無情的主。上古時有禪讓制，在位的當然永遠是賢能之君。其次，古制不改不行，因為時勢不斷變化，「此一一是非，彼一一是非」，哪能用建國之初的老辦法？更不能總用古人的辦法。你不改，一直用下去，只有自己爛掉。等新的王朝到來時，再改。但他們的所謂改，也只是針對當時的情況、局限於當時的認識，改那麼一點。漢朝立國時，認為秦亡原因有兩條：苛政、郡縣。於是，他們就無為而治、就大搞分封諸侯。結果，朝廷始終沒錢辦事，連軍費開支都成問題；各諸侯也常常不聽朝廷話，搞獨立。我們宋朝開國時，也是汲取唐滅亡的教訓，那就是不能讓邊將集軍政大權於一身，搞分權，而是讓文官帶兵。結果，外敵入侵，我們的軍隊根本沒有戰鬥力。一時之改又成了一成不變。這就是循環。再次，我們國家經濟是以農業為主，土地是主要資源。開國之初，因為戰爭使人口減少，人均佔有的資源就相對豐裕，這樣，國民就易富、易安；而富、安之後，人口必然迅速增長，於是，資源又緊缺，富、安逐漸就變成了窮、亂。最後還有一點，就是太平久了，必生驕、惰，驕會生荒淫、奢侈，進而再生貪婪、腐敗；惰會讓經濟倒退、執政能力下降、國力變弱。如此下去，哪有不亡的道理。

第二條，宋朝本身的一系列制度，決定了它必亡。如果第一條說的還是普遍道理、大道理的話，我們再看看宋朝必亡的內在的、具體的政策因素：

在思想上，大宋立國之初就定下了以儒學思想為指導思想，這一方面是皇帝推崇大漢皇帝漢武帝獨尊儒術的文治武功，另一方面是從隋唐時推行的科舉制在讀書人心目中已經讓儒家經學思想占了主導地位。儒學思想是以「仁」為核心、以「尊長」為特點的。所以，朝廷的政策是不尚爭鬥，而尚文。「郁郁乎，文哉！」是他們的理想境界。他們解武將之兵權，訂和盟之約定，以文才來取士，認讀書為上品。當朝廷用度不支、軍隊戰鬥力減弱時，皇帝想到了變法，但根深柢固的思想，是變得了的嗎？更何況，王安石變法，用的依然是讀書人，即讀聖賢書的人。這些人不說沒有新辦法，首先就沒新思想，而且品德也有問題。所以，注定他要失敗。

在政治上，完全是上下一統的官僚體系、一統的法律體系、一統的財政稅收體系。中國之大、地區之差、百姓素質之別，豈可以「一」論之？朝廷以為一方面有需要解決的問題，就設這一方面的機構、官員，根本沒考慮到機構之間的關係、官員之間的牽制。結果是機構越來越膨脹、臃腫，效率越來越低下。法律條文有的完全不能執行，便形同虛設；有的則只能死搬硬套，咬文嚼字。這樣的法律，要麼是沒有權威性，要麼是授執法者隨意變通的方便，要麼是二者皆備。財政、稅收或者是入不敷出，或者是橫徵暴斂。

軍事上，文人帶兵，隨意調換，一者不懂用兵，二者不熟悉情況。而且文人好議論、不果斷，同時，還喜歡做假大空的文章。這樣的軍隊，哪有什麼戰鬥力？史書上對這一點的評論是「宋人議論未已，而金兵已過江」，就是一種形象的描述。

經濟上，大宋時代，城市經濟、商業經濟已相當發達，各種器械的運用，也很普遍，面對這種情勢，應該改變經濟政策了。比如，農業上，因為大量器械的運用，使水利工程做得更好、農業生產效率更高，這樣，大量的勞力將從農業上解脫出來，從而從事工具、器物的生產即工業，以及產品的交易即商業之中。但朝廷沒有及時更換政策，仍然鼓勵農耕、仍然抑商。特別是用官辦的辦法、加稅的辦法，打擊民間商人。官辦必然效率低、必然腐敗，加稅則是竭澤而魚，必然激起民憤。

風氣上，也有問題。因為提倡高標準的「仁義禮智信」，完全是「君子」標準，人們做不到，就被認為是壞人，怎麼辦？只有虛偽。所以，那時是虛偽成風。這樣，吏治也很壞。就以你們熟知的歐陽修為例，別看他文章裡充滿仁義道德，滿口的「忠君愛民」，其實是整天地花天酒地、歌舞昇平。〈醉翁亭記〉就是他當太守時行樂的一份「自供狀」。至於品德本來就壞的官吏，自不必說了。

第三條，我們當時所處的現狀，決定了南宋必然滅亡。我說的「當時」，是指「靖康」之變後。那時，兩代皇帝被金人擄去當了俘虜，中原完全喪失，民族自尊心已經是受到了極大的打擊，自信心降到極致。這樣的後果，必然是兩條：一是悲觀，認為亡國不遠了；另一條是逆反心理，對金人充滿仇恨，急於想在一日之內，將敵人完全、徹底、乾淨地消滅。岳飛就是後一種的代表，他才打個勝仗，就揚言要「直搗黃龍府、迎二聖還朝」。他寫的〈滿江紅〉詞裡，是一個被逼急了的困獸形象——要喝人家的血、吃人家的肉了。你看人家大唐時，健康心態下寫的邊塞詩，是什麼形象——「但使龍城飛將在，不叫胡馬渡陰山。」——國境線給你劃好了，你不來就行，「你不犯我，我不犯你」，我們相安無事。從沒說過要把他撕吃了的話。——但這一點也不影響詩風的豪邁。在這種種不利的情勢和不健康的心態狀況下，我們還能弄出好的救國政策、對策來嗎？朝廷的想法，只能左右搖晃：「打還是降，這是個問題！」打，就是再失敗；降，就是認賊作父。其實，「和」與「戰」，都只是一種策略。打不過人家，怎麼辦？總要讓人民休養生息吧。君子報仇，十年不晚，只有取得和平環境，才能發展經濟，讓國家強盛起來啊。國計民生，哪能憑意氣用事！但那樣的情勢下，已經沒有了理智的思考。要不是我的「和」的政策，南宋早就完了。後來韓侂胄北伐，以大敗而歸，大傷南宋的元氣，加速了它的滅亡，就是明證。

再退一萬步說，真投降了，讓金國或以前的遼國或以後的蒙古把我們統一了，又怎麼樣？都是中華民族啊，以大歷史觀看，元朝，清朝，不也算成中國歷朝中的一朝？「泱泱中華、大清帝國」，不是這樣並著說的嗎?!

## 歷史的另外一種寫法

歷史不容假設。但為了說明我的這個邏輯，我還是來進行一個假設，以看看歷史可有另外一種寫法。

我們以秦統一六國為例。假定我們是楚國人。歷史現在的寫法是：「公元前二二三年，秦滅楚；公元前二二一年，秦統一中國」。假定：公元前二二三年秦滅楚後，楚人經過八年浴血奮戰，最終又打敗了秦，楚國重新獨立，而且一直持續到今天，那麼，楚國的歷史書就可以這樣記載：「公元前二二三年，秦佔領了楚；公元前二一五年，楚打敗秦，國家獨立」。這說明什麼？說明秦是秦、楚是楚，我們的楚國曾受過侵略，秦是侵略楚的，而不是統一楚。這雖然是假設，但歷史上卻有類似的事件，史書恰恰就是這麼寫的。「公元一六四四年，清入關」，沒說「清入侵中國」，假如清被打敗了，歷史記載必然是「公元一六四四年，清入侵。」然後是「公元某某年，清被打敗，退出關外」。

由此可見，歷史的寫法，就是按歷史的既定事實來描繪的。我那時要真是像後人說的我是金人的奸細，我把大宋弄亡國了，我就是金的一個大功臣，歷史必然這樣記載：「公元某年，金滅宋，統一南北，建立金朝，封秦某為某某公。秦某為了金的統一，設計害死了宋的主戰將領岳飛，加速了金的統一。」──你以為不可能嗎？翻開歷史看看，洪承疇的罵名絕對沒我多，因為他的歷史是清朝人寫的。張儀為秦的統一，設過多少離間計，沒人罵他是奸臣。

歷史，就是這樣的說不清、道不明啊！

我還要說一個觀點是，你們應該有「大中華民族的歷史觀」，那就是：在中華民族現在的版圖上，宋的時代，還有金、有遼，以及其他的民族，至少，宋、遼、金是平等的，不能有大漢族主義。如果不這樣做，元朝怎麼算？元朝的近一百年歷史算成被侵佔史？這在邏輯上，會造成很多自相矛盾和不能自圓其說的地方。

我插言道：現在已經有好多史學家在研究這個問題了。中國有個特別的地方，就是不管什麼民族統治中國，一直是漢文化占統治地位。不像埃及。古埃及文化在古羅馬帝國佔領期間就滅亡了；土耳其佔領埃及後，羅馬文化也滅亡了。古埃及、羅馬時期的埃及和今天的埃及，在文化上完全不是一回事。中國則不然，元也好、清也好，都是漢文化。所以，容易讓人產生大漢族主義。因此，要完全確立大中華民族的歷史觀，恐怕還有一個認識不斷提高的過程。

# 秦檜和岳飛的形象都被歷史歪曲了

秦檜接著說：但寫歷史有一個原則，必須遵守，那就是「尊重史實」。在這點上，我想說的是：我和岳飛的形象都被歷史歪曲了！

首先講岳飛，他其實早在南宋時就已被神話了。因為南宋後來的主戰派高呼抗戰時，要高舉岳飛這面大旗幟。這些人常常說的一句夢話是：如果當年岳飛不死，那中原早就恢復了；如果當年岳飛不死，我們早就直搗黃龍府了。

然而，真實的岳飛，那時也沒打過什麼特別的大勝仗，而且也不是百戰百勝。因為他根本就不是南宋軍隊的主力。即使是主力，也沒有多少軍隊。

真實的岳飛，其個性剛正耿直，朱熹說他「恃才而不知自晦」。他有兩件事做得很過火，可以說，不符合「為臣之道」，因此，也得罪了高宗皇帝。一是在紹興七年（一一三七），高宗本來決定北伐，後來又決定暫不北伐，岳飛就認為他是出爾反爾，便一怒之下，辭官回家給其母守孝。這分明是要脅皇帝嘛！由於當時金兵的威脅還很大，高宗不得已好言相勸其回來。但視其為「要君」，並引太祖趙匡胤「犯吾法者，唯有劍耳」之語，以做警告。二是岳飛老是建議高宗立儲。據說高宗性功能有問題，在揚州潰退時受了驚嚇所以引起性功能障礙，已經無法生育。岳飛上言立儲既觸及了高宗的個人隱痛，也觸犯了宋朝家法「武將不得干預朝政」的忌諱。也許他是為國家著想，而且自認為自己功高蓋世，可以左右皇家事務了。你想，這「要君」、「干政」兩條，以那時的標準，能算一個大忠臣嗎？

岳飛是生逢其時，他是在趙構一手栽培、提拔下成長起來的大將，襄陽大捷之後，皇帝趙構和宰相張浚，對岳飛十分倚重，在解除劉世光兵權後，有意把這支部隊併到岳家軍中，並在〈御札〉中「將雪國家之恥，拯海內之窮」的重任交給岳飛。可見，岳飛的成長，既是時勢造英雄，也離不開皇帝和朝廷的培養。因此，他打了勝仗後就不該不可一世、目空一切、說話無避諱。

再說說對我的歪曲。對我的歪曲就更多了，最厲害的一種說法，是講我是金人派來打入南宋朝廷的奸細。敵國的奸細居然可以做到宰相的位置，也真是匪夷所思。而且這位奸細所用的政策，還讓這個國家一直保持著不敗，到死也沒被敵國完全打敗，也是不可思議的。

我的歷史，你們現在都知道了，平心而論，算是個能臣，應該沒問題吧。我從小讀聖賢書，在宋徽宗政和五年（一一一五）登第，開始只在密州當個教授，後來到朝中任太學學正。北宋末年任御史中丞，與宋徽宗、欽宗一起被金人俘獲，我是學勾踐忍辱負重的辦法，取得了金太宗之弟撻懶的好感，得以有機會南歸，然後因為種種功勞，當上禮部尚書，兩任宰相，前後執政十九年，並為宋高宗趙構所寵信。

你再看看我的升遷之路，也是清清白白的。

第一，北宋亡前，我一直是主張不屈服的，而且把問題分析得很透徹，證明我也是有才幹的。靖康元年（一一二六），金兵進攻汴京時，要宋徽宗割讓三鎮：太原、中山、河間。我那時僅是個職方員外郎，但在一百多個朝官中，我是站在少數反對派之中的，並且提出了四條較為重要的意見：一是金人貪得無厭，要割地只能給燕山一路，再往裡，他們還會提更多的要求；二是金人狡詐，要加強守備，不可鬆懈；三是召集百官詳細討論，選擇正確意見寫進盟書中；四是把金朝代表安置在外面，不讓他們進朝門上殿堂。後來朝廷派我和程瑀為代表同金人進行談判。我在談判中堅持原則，回來後升為殿中侍御史、左司諫。後來，金統治者「堅欲得地，不然，進兵取汴京」。朝中百官在討論中，范宗尹等七十人同意割地，我等三十六人認為不可。

第二，在大是大非面前，我見識遠大、立場堅定、主張明白、義正辭嚴。在徽宗、欽宗被俘後，金人要宋朝遺臣推立張邦昌為傀儡，我是旗幟鮮明的持反對態度。我說：張邦昌過去附會有權勢者，幹的是有損國家利益的事。而大宋江山傾危，人民苦不堪言，這儘管不是一個人造成的，但張邦昌是負有推卸不掉的責任的。對此，百姓痛恨他像痛恨仇敵似的。如果給他地盤，又讓他主宰天下，那麼，各地的英雄豪傑定會聯合起來討伐。我的這種主張，使得大宋沒有出現附屬於金的偽政權，像日本侵略中國時的汪偽政權。同時，也為高宗趙構日後登基掃除了名義上的障礙。金人後來就是以我反對立張邦昌為藉口，把我捉去的。

第三，我一得機會，就不顧性命地冒險逃出。建炎四年（一一三〇），金將撻懶帶兵進攻淮北重鎮山陽，命我同行。山陽城被攻陷後，金兵紛紛入城，我則乘亂登船而去，逃到附近的漣水，找到南宋軍隊，然後回到南宋朝廷的。如果說我自稱是殺死監視的金兵奪船而來有點自我貼金，但冒險是肯定的。說我是他們故意放回做奸細，是沒有根據的。即使是《金史》、《金國南遷錄》中，也僅是說金國大臣擔心南宋復仇、孤注一擲，故而放一些宋朝故臣歸國，他們也許認為只有我們這些人，才知道金國的強大，才會主張「和」議。

第四，我提出的「南人歸南，北人歸北」的和議主張，也是順乎當時的形勢的，這應該叫「識時務者乃為俊傑！」當我遞上一份致金國軍政要人撻懶的「求和書」時，趙構就感到我「忠樸過人」，說是「又得一佳士也」。因為他終於有了喘息的機會了。偏安也好，休養生息待東山再起也好，首先要喘息啊！當年文種、范蠡幫助勾踐復國，開始對吳國採取的不也是有很多屈辱的「求和」政策嗎？他們兩人卻因此而名垂青史。

第五，南宋一旦不用我的「主和」政策，立即出問題，所以，我即使被罷職，但最終還是要被起用。皇帝一旦決定主和，我就成了朝廷決策的代言人。當時就證明了，「和」是唯一的道路。因為我為南宋取得了暫時安定的局面，被任為宰相。可很快，主戰派又占了上風，因為他們自以為力量已經強大，「靖康恥，猶未雪；臣子恨，何時滅！」報仇心切的他們把我視為賣國賊。我很快被罷官。但很快，他們就在戰場上節節敗退，而且背上了「不講信義」的名聲。為了再議和，紹興八年（一一三八），朝廷只有再起用我為相。這時，皇帝趙構議和的決心是很大的。我曾兩次不放心地對他說：「臣僚們對議和畏首畏尾，首鼠兩端，這就不能夠決斷大事。如果陛下決心想講和，請專與我討論，不要允許群臣干預。但這肯定有您覺得不方便的地方，請您認真考慮好，再作答覆。」但趙構兩次都對我說：「我只委派你主持！」可見他對議和之策的堅定不移。這樣，在紹興九年（一一三九），我只有不顧主戰派反對議和的上書，簽訂了第一個宋金和約。當時趙構裝病躲進宮中，由我代行皇帝職權，跪拜在金使面前，簽字畫押。我為了皇帝的面子，把一切屈辱一人承擔下來，當時我就意識到，我承擔的不僅是一時之辱，還有可能是千古罵名！但我是皇帝的臣子，皇帝要我幹，我能不幹？

第六，我上台後，讓朝廷從前線召回了韓世忠、張俊、岳飛，並分別任樞密使和副使。紹興七年（一一三七），徽宗客死異邦，金國主戰派得勢，又大舉南下，高宗急派我主持與金國議和，經過艱苦的談判到紹興十一年（一一四一）終於達成和平協議，史稱「紹興和議」，和議的主要內容是「宋帝向金稱臣，宋每年交銀二十五萬兩，帛二十五萬匹。」「金還歸還偽齊劉豫統治下的河南、陝西部分地區，並送還宋欽宗及宋徽宗梓棺及親族」。這個協議應該是非常成功的，最大成果是我們夢想的兩條：「迎回二帝」和「收回領土」。雖然一時納錢稱臣，但若知恥而後勇、忍辱負重、臥薪嘗膽，終有一天能報仇雪恨的。所以，當時人們都以為和平即將到來，欽宗南歸在即。「紹興和議」簽訂後，宋高宗就下詔：「淵聖皇帝宮殿令臨安府計度修建」，準備讓欽宗回來後賦閑優養。如果高宗不想迎二帝，「紹興和議」簽定前就可以在談判時偷偷地對金人要求不讓二帝回來。而事實是紹興和議的內容是金國答應送回二帝。岳飛也是贊成這個和議的，他還打算辭職，在他呈給高宗的奏章裡說：「今講好已定，兩宮天眷不日可還，偃武休兵，可期歲月，臣之所情，無避事之謗。」其實，岳飛主戰，也不過是這個成果，他以前在請戰的奏章〈乞出師札子〉上寫到：「異時迎還太上皇、寧德皇后梓宮，奉迎天眷歸國，使宗廟再安，萬姓同歡，陛下高枕萬年，無北顧之憂，臣之志願畢矣。然後乞身歸田里，此臣夙昔所自許者。」可見，這和約在岳飛及大多數宋人眼裡根本不是什麼賣國條約，人們也對我這些年來的努力艱苦的談判成果非常滿意。同時也說明「迎二聖」根本不是岳飛與趙構矛盾的根本所在。如果說我是賣國賊，如果說《紹興和約》是賣國條約，那簽定這「賣國」協議也不會長達七年之久，人民也不會歡欣喜悅了。除非所有的人民都是賣國賊了。

可惜岳飛是言行不一，他奏章說贊成，卻又多次在一些場合說「和議失策」，後又上書趙構要求制定國家大政方針，高宗不同意，他就要上廬山當隱士。一會兒「干政」，一會兒辭職「要君」。其實朝廷和皇帝心裡清楚，武將還是要的，「和」之後不能就不要軍事力量了，軍事力量是「和」的前提和保證。更何況，「和」是暫時不得已的辦法，是為了休養生息、東山再起。但你岳飛不能以此來要脅皇帝呀。朝廷決定殺岳飛時，韓世忠曾十分氣憤地質問我：岳飛父子究竟犯了什麼罪？我能說什麼呢？我只能說：「莫須有」。韓世忠說：「莫須有三字，何以服天下？」是啊，是服不了天下，但這是朝廷的需要、皇帝的秘密，我能說嗎？我能說得清嗎？我是最忠於朝廷、忠於皇帝的。皇帝叫我殺人，我能不殺？我是他的狗，他叫咬誰就咬誰。為尊者諱、為師者諱、為長者諱，先聖就是這樣教導的，主子的心思我怎麼能講！問我岳元帥犯什麼罪，我只能說「莫須有」了。說我是奸臣，可為了皇帝小兒，我什麼黑鍋都背了，這應該是最大的忠臣！高宗皇帝心裡比誰都明白，所以，他封我為太師，魏國公。我死後，被高宗加封為「申王」，諡號「獻忠」。

我感歎道：儒家學說裡，被統治者最尊奉的恐怕就是一個「忠」，但自古以來，對忠奸之辯，好一個難字了得！但不管如何，岳飛死得也太冤了。這個冤獄的形成，你是負有不可推卸的責任哦。

## 岳飛就如同亞伯，他的悲劇也是注定的

秦檜笑笑說：首先，我想告訴你們的是，岳飛的死罪是南宋最高司法部門大理寺審定的，岳飛的死刑是南宋最高軍事長官——樞密使張俊和最高文職長官——丞相也就是我共同擬定的。監斬岳飛的人，正是南宋京城最高軍事長官——殿前都指揮使楊沂中。這些部門、這些人，未得高宗授權，我就可以指揮？要知道，宋朝是最重辦事程序，皇權也是很強的時代！楊沂中蓋棺定論是「南宋忠臣」，而且從履歷上看與我沒有絲毫瓜葛。更主要的是，他是南宋京城的最高軍事長官，根本不受我的職權影響。岳飛如果想申冤，完全有機會、有時間上書的。

當然，說我們不想殺岳飛，也是不可能的，因為他至少是我們的異己。但我還是有仁愛之心的，畢竟我是讀儒家經典成長的，我曾上書要求朝廷不殺他的兒子岳雲。可朝廷最終沒採納我的意見。從這一點也可以看出，殺與不殺，都不是我一人所能主宰的。

為什麼到最後，殺岳飛的罪名由我一人來背呢？前面你已經說了幾個大原因，我再說點具體的。

岳飛被主戰派們視為英雄、典型、神話人物，如果說是高宗殺的，或者是朝廷殺的，那麼後來的朝廷和孝宗皇帝都是不能接受的，只有推舉個壞人來承擔。這時，岳飛的孫子岳珂為了給他爺爺平反，就指認我為凶手。岳珂之所以絲毫不提幕後真凶，是因為他明白，一旦提了，就得罪了皇帝，從而他永遠也翻不了這案。他的目的：第一是翻案，其次才是懲辦凶手。因為那時岳飛還是背著謀反罪名的，不平反，他岳珂就是罪臣之後。所以，洗冤第一重要。但冤有頭、債有主，我是宰相，除了皇帝，只有我來承擔了。指我為凶手的最大證據，是他根據野史，斷定我是從金國南歸的奸細。「敵國奸細殺抗戰大將」，順理成章。而證明我是奸細的證據，則是張邦昌一個朋友的女婿朱勝非寫的《秀水閒居錄》。但朱勝非是擁護張邦昌的，而我則反對立張邦昌為帝，可見他是我的對頭。我執政時，朱勝非被廢居八年。他寫的書，能信嗎？

其實，在南宋時，就有許多著名史學家認定我不是「奸細」。例如：李心傳寫的《建炎以來繫年要錄》說我不是金人「奸細」，只是主和派而非抗戰派。徐夢莘寫的《三朝北盟會編》說我和家屬是從金軍佔領的楚州孫村中「逃歸」至漣水軍丁祀水寨。熊克寫的《中興小紀》說我是從敵中「歸來」，也沒說我是「奸細」。這還說明我也不是被金人「縱使」歸宋朝的。從宋高宗的詔令中可以看到他是熱烈歡迎我的歸來，稱讚我「忠樸過人」，比作漢代的蘇武。朝中宰相重臣如范忠尹、李回等人都說我是忠臣，李綱讚揚我「精忠許國」，「立大節於宗社傾危之秋」。

從敵營裡逃脫的例子自古有之，如西漢的張騫從西域匈奴手中逃回漢朝，唐朝的杜甫是從安祿山軍隊裡逃出找到逃亡中的唐玄宗的。南宋的辛棄疾、文天祥也有類似的經歷。

可是岳珂那會，我已經死了，不能抗辯了。其實，即便活著，抗辯也沒用，除非我大權在握、炙手可熱、翻雲覆雨。再說，孝宗為岳飛翻案，主要是為了鼓勵抗戰派的士氣，神化岳飛也是為了鼓舞士氣。因為那時他們要舉全國之力，去做一次魚死網破的北伐。

那麼，高宗時，朝廷殺岳飛最直接的原因是什麼呢？是岳飛不聽調令。大家都知道，朝廷調岳飛回朝，是連續十二道金牌才召回他的。這是什麼概念，就是說，理論上他十一次是抗旨不遵的。雖然說「將在外，君令有所不受」，但那主要是講戰略戰術上的，不是說不聽朝廷調動的。這種不聽調動與擁兵自重是沒有太大區別的。你們看《三國演義》，諸葛亮六出祁山面臨勝局時，阿斗一張聖旨到，他立即退兵而回，功虧一簣。其實，依諸葛亮的地位、忠心，他完全可以一邊派人去解釋，一邊不遵旨的。但真正的忠臣不是這樣的，要絕對忠於主子的，那時的儒學思想就是這麼認為的。宋朝開國就立下了控制武將的規矩。岳飛違反的是國家的根本大法啊！再把他前面所表現的「要君」、「干政」，加在一起，判死罪是必然的。

至於現在你們這個時代普遍流行的說法——岳飛要「迎二聖還朝」，高宗覺得這樣下去，自己就當不了皇帝了，因此，非殺岳飛不可——那也是不可靠的推論。我前面已經說了，再補充一點：趙構在即位詔書上就說過「同奚兩宮之復」。可見趙構在即位之初就定下了以迎回二帝為奮鬥目標。「迎二帝還朝」是趙構首先提出來的。「二帝」也根本就不想再當什麼皇帝了：徽宗四十二歲就傳位給欽宗；欽宗在金國也托人捎信給趙構，告訴他只要把他們迎回來，他做平民都是高興的——一個亡國之君哪還有臉面再做皇帝呢?!高宗也不是皇位迷，他後來也是早早地退位當了十五年的太上皇，而且皇位還不是傳給親生兒子的——他沒有親子，十五年中，他也從未管過朝廷大事，與繼位者孝宗皇帝處得也極為融洽。

岳飛的成與敗，都是時勢的需要。當朝廷主戰時，需要他這樣的戰將，要他快速成長，為朝廷賣命；當朝廷主和時，他就應該消失，最好能自我消失。自我不消失，就等朝廷來讓他消失。「杯酒釋兵權」就是朝廷讓那些武將們消失的一種方式。但岳飛不省事，杯酒釋不了兵權——十一道金牌都調不回來。第十二道才調回來了，但依然不滿，跑到他軍區附近的廬山去當隱士，到處散佈反和言論。所以，讓他消失不成，「消失」只有變成了「消滅」了。

按《聖經》上的故事，我是該隱，他就是亞伯，上帝讓亞伯獻自己喜歡的祭品，但如果上帝有一天喜歡該隱的祭品時，怎麼辦呢？亞伯就該隱忍、退卻、消失，如果他也憤恨不已，就注定他會以悲劇收場。

在《聖經》裡，亞伯和該隱，都是悲劇人物；在中國歷史裡，岳飛和我秦檜也都是悲劇人物，他是生前悲劇，我是死後悲劇。

# 中國的造魔術

聽完他關於「岳秦公案」的敘述，我說：史書和民間傳說裡，除了你陷害岳飛之案、北國奸細之說外，還有許多你作為奸臣的事蹟記載哦！

秦檜滿臉漠然地說：這就是中國的「造魔術」。中國歷史上，有很多造神的事，如孔子將堯舜禹湯周公造成聖人，後人仿此道，造了智聖諸葛亮、武聖關羽、大清官包拯等等，如果把這些叫做「造神」的話，他們還用同樣的方法「造魔」，商紂王、秦始皇、曹操、隋煬帝、李林甫、潘仁美等等就是一批魔。我也是。造魔的方式是正史野史都來，民間傳說、宗教故事齊上。就如同你們今天的造星運動一樣。

我在岳案平反後，被開始造成「魔」。我綜合了一下，正史如《宋史》裡，主要有下面幾個說法：一是撥弄是非，造謠離間；二是「陰險如懸崖陷阱，深危莫測」；三是排斥異己，無情打擊；四是獨攬朝政，蒙蔽皇帝；五是殘害忠良；六是以權謀私。——其實你想想，中國的壞官，大體如此，都是這樣的表現。只要判定你做了壞人，這些罪，你一樣也逃不了。

民間傳說更多，離奇的故事，不勝枚舉。小說《說岳全傳》裡說我和岳飛是在前世裡結冤、後世裡圖報的。當然，他在前世是大鵬金翅鳥，我只是個土鱉精。另一個最荒唐的傳說是，民間某人家有一隻豬，是我轉世的，該豬殺死後，其肉狗都不吃。故事編到這個程度，誠如你所說，人們是把對歷史上所有奸臣壞蛋的憤恨發到我一個人身上了，是把歷史上所有忠臣好人的不幸下場歸罪到我一人頭上了。

所以，我要說：「此秦檜非彼秦檜也！」正像你們說的：《三國演義》裡的諸葛亮不是《三國志》裡的諸葛亮，即便是《三國志》裡的諸葛亮，也不完全是歷史上真實的諸葛亮。我這句話的意思是：傳說故事裡的秦檜不是正史記載裡的秦檜，即使是史書記載的秦檜，也不是真實的秦檜。

出了岳廟，西湖上的習習涼風吹過我的臉龐。我在想：奴才終究是沒有好下場的，岳飛是奴才，秦檜也是奴才。所不同的是，做奴才的方式不一樣。有人說，儒學是一部教人做奴才的學問，但他裡面概念定義不清，「忠」和「奸」，仁者見仁，智者見智，這「仁」與「智」，到底定義是什麼？儒家經典裡是找不到的。無怪乎中國的國劇——京劇中要搞臉譜，因為那樣一來，好壞分明、忠奸昭彰，什麼定義、標準都不需要了！

【後記】
# 中國文化大審判

## 爲什麼能讓古人說話

宗教故事裡，神仙們跨越時空聚在一起的場景很多。比如我們道教裡的八仙，就是不同時代的人，但他們聚到了一起，然後，又走到後來的朝代裡去人間做很多事。佛教裡的菩薩們，也常常如此，比如觀音，他隨時可以化個身，來到任何時代、任何地方。

文學藝術裡，這樣的事，自然更多。不僅所有的神話，都是這樣——西方的《荷馬史詩》、《神曲》，中國的《西遊記》、《聊齋志異》——就是現實主義作品如《紅樓夢》，裡面其實也是明朝的人物在說著、做著清朝時的事呢。

哲學也是這樣，從柏拉圖的《理想國》到莊周的〈逍遙遊〉，裡面人物都是跨越時空地對話、討論。

天地人生的道理，有四種形式進行思考與表現，即前面所說的宗教、文藝、哲學，另外一個就是科學。那麼，科學可以跨越時空嗎？偉大的當代科學告訴我們：可以！跨越空間已經變為現實，因為不僅全球之內，就是太空裡，也是可以隨時對話的。而跨越時間呢？現在已經肯定，有一個時光隧道。當然，要實現這一條，還有待時日。

人們為什麼要進行跨越時空的對話呢？因為一個人的思考，常常受時空的局限。大智慧者，總想瞭解一下，如果換一個時空，他所得出的結論是怎麼樣的？他的思想，在另一個時空座標裡，會是什麼結果。

如果我們能建立一個「思想函數」，那麼，孔子就可以在兩千五百年前演算出他的思想對後人產生的影響。他思想的出發點，是怎樣一次次被時空的因素所影響而走出一條他想像不到的曲線，最後的落腳點竟與他的出發點相距甚遠！軒轅黃帝也會發現，他的後代怎麼走出了一條他意想不到的扭曲的發展曲線軌跡來。

這個函數，我們至今還沒建立起來，自然也怪不得古人。但如果我們要建立這樣的函數模型，就得把我們五千年的歷史，作為已知條件，從而進一步地進行推理、論證。

人類的想像力，遠遠超出邏輯推理的範圍；然而，科學定理所推導出的結果，有時也大大異乎人們的想像。

我們為什麼不能請古人，特別是古聖賢來我們這個時代說說話呢？

為此，我可以像但丁寫《神曲》那樣，開一個科幻小說似的頭：

在我人生中途的時候，
我忽然來到時光隧道的這一頭。
陽光瀉洩在生機勃勃的花草上，
我沿著智慧樹蔭信步悠遊。
在那一排排光耀千古的祠廟前，
先聖先賢們一個個在向我招手。
他們在看到中國的現狀後，
有很多的想法要和我探討研究……

## 從但丁的《神曲》開始的

我寫了很多批判傳統文化的文章，但總覺得不夠系統、不夠有力，所以，一直棄而未用。直到「我人生的中途」，我再讀但丁的《神曲》。

但丁創作了《神曲》，被譽為「中世紀最後一位、文藝復興第一位」的劃時代人物。為什麼？因為這本書裡，對整個西方中世紀的道德觀和價值觀進行了重估！

很少有人讀懂《神曲》，連魯迅似乎都沒怎麼懂，因為他覺得地獄裡太淒慘恐怖，因而沒能「走到天國」（即沒有讀完）。他們不明白但丁為什麼寫地獄、煉獄、天堂，還把那麼多歷史人物放進去。以為那些歷史人物僅是一個道具。大部分人認為寫「三界」是一種象徵，說人的靈魂要經過如許過程。當然這有道理，但卻太膚淺。

《神曲》的意義在於把很多歷史人物放進三界裡不同的地方，也就是對這些歷史人物進行評判，一種全新的道德觀、價值觀的評判！這種評判標準，與中世紀時普遍認同的評判標準迥異其趣！唯其如此，才叫「吹響文藝復興的號角」！

可惜的是，我們對西方歷史人物知之太少，特別是對義大利歷史人物。就如同屈原的《離騷》，裡面寫了很多楚國的神話或巫術人物，我們讀起來就要靠注釋，西方人讀起來，會很茫然。這是文化背景，也怨不得那些讀者。就比如我們到衣索比亞，對一個土著姑娘讚歎道：「你真是西施」。或對一個無能的長官說：「你是阿斗啊！」他們一定很茫然，如果我們對他們解釋一下，說西施是中國美女、阿斗是一個無能的皇帝，他們也僅僅知道剛才的話是一種讚美或譏諷，而沒有什麼更深的理解。

然而，這一點也不影響《神曲》的偉大。如果但丁是中國人，《神曲》裡寫的都是中國歷史人物，而且用的全是「五四」時期反傳統——實際上是反自漢武帝以來的儒學思想為主的傳統道德觀和價值觀——的觀念，對他們進行重新評判，作為中國人的我們，會毫不猶豫地把「劃時代」這頂桂冠給他戴上！

## 中國的造神運動

我們長期以來所謂公認的道德觀、價值觀有問題，這個問題就是：它們不是中國傳統文化的真義！

這裡說的長期以來，是指從漢武帝以後，也就是儒學思想的統治時期。實際上，是儒教的統治時期。相當於西方的中世紀。

「儒教」的說法，是有爭議的；比之於西方中世紀，更會有人大不以為然，而且確實能振振有辭地予以反駁。理由是什麼呢？是一些人，把中西方的對比，當做了一種類比。

例如，有人寫了本《中國儒教史》，說到儒教，立論者就從西方宗教學出發，從教義、神系、傳教方式、組織形式等，找出種種證據，但卻往往有牽強成分，最大的問題是，「儒學」本身在外表是無神論的。這裡的「神」是指具有人格的「神」。但儒學裡有一個「天」，這個「天」，既是精神的——代表公正評判執行者；也是物質的——代表不可抗拒的自然規律，所以，有「天道」、「天理」這兩個詞。而駁論者也是抓住這一點，也是從西方宗教學原理出發，進行類比，發現不當，從而推翻「儒教」之說。

但我們要換一個角度。從宗教統治的結果和目標來看，我們會發現，這種結果就是「用一種統一的、虛偽的、反人性的道德觀、價值觀來束縛人的行為」。注意：是束縛人的行為，而不是思想，因為在這種統治下，有人的思想還是開小差的，他們有的是叛逆、有的是利用。

儒教統治，還有一個特點，就是思想上的「天人合一」導致政治上的「政教合一」。外國的皇帝要登基，由教皇代表上帝為其加冕；中國的皇帝則自己代表天，舉行儀式給自己加冕，從而「奉天承運」地成了當然的大教主。官員們則是教士，讀書人是信徒。但不能和西方基督教完全地類比。因為中國所有的信不信儒教的人，其實都沒有「教」這個概念的。作為大教主的皇帝，他自己也不清楚他這個職位，所以，他有時也會信道教、信佛教、信天主教、信伊斯蘭教，乃至於同時信幾個教。

中國的儒教既然從現代哲學角度來說，屬於無神論，它自然就沒有「神」，但沒有「神」怎麼能稱為「教」呢？有辦法，還是「天人合一」的辦法，除了上帝是「天」外，其他「眾神」就是由「人」來擔當此任，並取名為「聖」。第一位的，相當於耶穌的叫「至聖」，其他各有所司的人，即相當於耶穌下面那些聖徒的人，可分別按他們所司內容叫「武聖」、「智聖」等，比聖次一點的，叫「賢」。聖賢們主要幹什麼呢？就是「代天而語」、「替天行道」。他們「太上立德，其次立功、其次立言」。就是最偉大的人，像周公、孔子，是為天下人建立道德規範；次偉大的人，像周武王、諸葛亮，就是為國家社稷、黎民百姓建功立業；再次一些偉大的人，像司馬遷、李白，就寫寫詩文。反之亦然：西方宗教裡有魔鬼，中國也有這樣的元惡，如隋煬帝、秦檜等，專做殘害聖賢、危害國家、塗炭百姓的事。

這些「聖賢」，或乾脆叫「神」吧，因為他們確實與平常人不一樣，有著「天資之德」或

「天縱之才」，這種「天人合一」的方式，常常把那些治學的歷史學家搞得暈頭轉向，因為他們的形象，與歷史人物已經大相徑庭，不僅沒有史籍做證，也不合生活和歷史邏輯。然而，這些史家不知道，他們已經是「神」了。是「教」把他們造出來的。為了「教」的緣故。

第一個造神大師當首推儒教第一聖的孔子。他一口氣造出了「堯、舜、禹、湯、文、武、周公」等七個大聖；緊接著，「亞聖」孟子，也開始造神，首造孔子，然後是一些小聖，或稱之為「賢」的人，如伯夷、叔齊之流。後世人，更是根據不同的需要，造神不止。

造神的方法也各異，而且與時俱進。孔子是刪改史書，即根據需要，在給三千弟子、七十二賢人編講義時，對史書直接改編。他有這個權力，後來秦始皇又幫了他一次忙，把很多不利的資料燒了，把不合乎他觀點的人——當然也包括合乎他觀點的人——給活埋了。到了漢代後，剩下的知識分子，絕大多數是他的嫡傳徒子徒孫，人們自然對他編的歷史信以為真了。孟子只能造些小聖，因為這些人，史書載之不詳，不怕人不信。但到後來，改編史籍肯定行不通了，於是，就通過野史、小說、戲劇來編。這樣反而受眾更廣，誠如蔡東藩所說的，看《二十四史》多沒勁，當然小說閱讀起來更好！

現在影視歌壇有個「造星運動」，這個「星」，指的是名人。其實，把我們古代這種「造聖運動」說成是造星運動，也是很恰當的。儒教的上帝既然是天，這些眾「神」便如滿天的星辰。古人確實就這麼稱的，說他們是「星宿下凡」。

可見造星運動，古已有之。現在有哪樣新鮮事物、高科技玩意兒，中國古代沒有過呢？電腦原理，不就是二進位嗎，那不是我們最古老的《易經》中的陰陽說嗎！中國文化，真是博大精深啊！——當然，這是題外話，扯遠了。

## 傳統的道德觀、價值觀其實很混亂的

一個時代的道德觀、價值觀，集中體現在對歷史人物的評判上，特別是歷史明星，因為他們是楷模，道德的楷模、功業的楷模。比如，仁愛、信義、忠孝、智勇、清廉、淡泊、才華、功名，都是中國人推崇的優良的道德品質或最有人生價值，往往集中體現在他們身上。造星，就是為他們造出一層層這樣高道德、高價值的光環。但殊不知，這些傳統的道德觀、價值觀，是很混亂的。

至少有三個問題，懸而未決，那就是：孰大孰小、孰輕孰重、孰真孰偽。

第一個問題是：這些詞表面上看上去，是一個明確的概念，但在每一個具體環境裡，卻是有不同解釋的，往往產生邏輯悖論。以過去社會裡的「忠」為例，忠，有忠於國家、忠於朝廷、忠於主人。關羽投降曹操時說他是「降漢不降曹」，既然「降漢」，說明他原來跟著劉備幹是「反漢」或「叛漢」的，特別是他後來又離開曹操，回去找劉備，就是再次叛漢；但劉備是他的主人，他死活要跟著劉備，說明他不僅是「義」，也是「忠」，即忠於主人，所以，歷史上把他當成「忠義」的化身。這樣，他的這個忠，就互相矛盾了。岳飛為了國家民族的存亡，抗擊金兵，可以說是「忠」了，反之，謀害這個「忠」臣的秦檜，就是對國家不忠；但反過來，秦檜殺岳飛，是接受皇帝的旨意，而且為了皇帝名譽著想，他把殺忠臣的名——罪名或者是罵名——一個人背下來。這樣對皇帝，可謂是極「忠」的。可見在秦檜身上，忠與不忠，也是矛盾的。於是，就有人把「忠」分為「大忠」和「小忠」，說忠君比之忠國，是小忠，所以秦檜還是壞蛋。那麼，為了國家統一、黎民安樂，是不是比忠於一個昏君、庸君更是大忠了？既如此，則劉備他們就不應該另樹一幟，搞分裂，引起戰爭，而應該支持曹操這樣的能人，取代無能的漢獻帝，讓天下一統。大一統也是儒家的最高道德標準之一啊！我這裡只說了「忠」，其實，其他方面，也有同樣的問題。最後，孰大孰小，誰「嘴大」，誰說了算。

第二個問題是，各種道德和價值標準之間往往有很大的衝突。西施作為救國者，是英雄；作為國王后妃，是「禍水」；作為女人，又是個「失貞」者。孟子時，就有人針對他常說的「忠」與「孝」，給他出了個難題，問他：如果一個君王，他父親犯了死罪，應該怎麼辦？殺吧，殺父親是何等的不孝！不殺吧，就是對國家不忠。——其實還有對百姓不「仁」，因為不懲辦惡人，怎麼安民呢？當然，這一點那人沒問。自以為聰明的孟子想的方法是：國王拋棄王位，馱著老父親到人跡罕至的東海之濱隱居起來。這其實很有問題，一是他不為國家服務了，是不「忠」；二是與惡人同居，是不「義」；三是棄眾臣與子民於不顧，是不「仁」；四是不打招呼就擅離職守，沒有規矩，那時叫不「禮」；五是徇私枉法，包庇親人，顯然不是清正的行為，叫不「廉」；六是不敢面對這種嚴酷的現實，採用逃避的態度和行為，是不「勇」；七是放棄功名富貴，埋沒自己治國之才，也是不「智」；八是丟下兄弟姊妹不管了——就不說他有沒有老母親，或是不是馱著老母親一道逃——叫不「悌」；九是自己定的法律自己不執行，叫不「信」；十是認賊作父，不知羞恥，是不「恥」。你看，儒家宣揚的「仁義禮智忠信勇悌廉恥」等美好品德，被孟子這一招全破壞了。為了一個「孝」，結果違反了其他十大道德！後來就有一種說法是「忠孝不可兩全」，何止忠孝如此，各品德之間都是如此。但不能兩全時，如何取捨呢？從來沒有定論。所以，孰輕孰重，還是那句話：誰「嘴大」，誰說了算！

第三個問題是，這些道德層面的東西，還是要通過行為表現出來，為人所見，從而得到認可的。得到認可，有沒有回報呢？如果沒有，除了極少數聖人，芸芸眾生就不會再去進行高尚的行為了，那社會還怎麼提倡這些道德價值標準呢？反之，如果有回報，那就會有人利用它，做一些很虛偽的道德行為來博取回報。這是一對很大的矛盾。孔子時代，魯國有個規定，誰要是在國外見到被賣身為奴的魯國人，把他贖回來，國家將補償他的全部贖金，而且另有獎賞。孔子的學生，是個做生意的，能跑很多國家，當然，他也很有錢。他贖回了一些人，但不去領國家的補償和獎金。別人就開始讚賞他品德高尚，「義贖同胞」。孔子卻說：這種「美名」不能宣揚！因為如果以此為美德，則以後人們贖人時，都不去領賞了，這樣一來，沒錢的人，誰還願做這樣的事？就是願，也沒這個能力啊！——可見他老人家，對道德的認識是很清醒的，不是後人說的那種腐儒的作派。還有個流傳很廣的故事，說周武王死後，兒子成王年幼，由他的叔叔周公輔政，結果，日理萬機的周公，被說成是大權獨攬、挾天子以令諸侯、甚至要奪取王位的大奸臣，幸虧成王沒殺他，只是罷了他的官。後來，冤案昭雪，周公也成了歷史大聖人。王莽在篡位以前，表現得十分謙恭好學、勤政廉政、而且無限忠於小皇帝，直到他陰謀成功，人們才看到他那「奸臣」的真面目。對這兩個人，史家評論說：如果他們早點死了，誰能辨得了真偽？那他們的名聲正好掉了個個兒。歷史上這樣沽名釣譽之輩太多，當然，實心眼吃虧的也大有人在。至今，還有人說海瑞廉潔、罵皇帝，也許就是為了一個「名」，而這個「名」，在明朝確實有時能讓人一路高升，海瑞也曾因為敢得罪權貴而官位連升三級，且名滿天下。所以，歷史往往對很多人，難有定論。那麼，孰真孰偽，好像還是那句話：誰「嘴大」，誰說了算。

## 歷史人物的三大審判者

那麼，到底誰「嘴大」呢？也就是說，對歷史人物最有審判權的人是誰呢？

審判者很多，但最有審判權的，是三個：統治的需要、情感的需要和時代進步的需要。

第一是統治的需要。統治者覺得，他要加強統治，需要確立怎樣的道德標準和價值取向，他就會按照他的這種標準來評判歷史人物。漢朝大一統後，為加強中央集權，就提倡「尊王」的思想，孔子得到了極高的評價，被列為聖人。凡搞「大一統」的人，如堯、舜、禹、湯、周公等，都是聖人。楚漢相爭，劉邦戰勝項羽了，所以，尊黃帝為至聖至尊、無所不能的人類始祖，而炎帝則被晾在一邊，甚至有人說他和共工一樣是搞叛逆的。我們今天說「炎黃子孫」，炎還在黃前，但炎帝是被黃帝打敗了的人，就如同項羽是被劉邦打敗了的人，成則王、敗則寇嘛！黃帝始祖的地位是在漢朝確立的，秘密就在這裡。很多史家沒有發現。孟子從漢朝起被列為孔子後面的「亞聖」，但被明朝開國皇帝朱元璋從聖位上拉下來，並踩上一隻腳，批倒批臭。原因是他說了一句對老朱獨裁統治極為不利的話，叫「民為貴，社稷次之，君為輕」，這就是我前面講的「忠」的大小問題，他老先生給排了個序，說是黎民百姓最重要，國家和朝廷算第二，皇帝老兒不算什麼。那意思很明顯：人民安居樂業才最重要；政府要是管理不好，就換屆；皇帝不好嗎，立即重新挑選。他還加了一句威脅的話在後面：老百姓如水，朝廷是船，「水能載舟，亦能覆舟！」聽清了吧，當皇帝，不好好為老百姓著想、辦事，那就自取滅亡。那個朱獨裁如何受得了這等教訓，所以，立即宣稱孟軻是「亂臣賊子」！中國最大的統治者是皇帝，皇帝的「嘴」當然是最大的了。他不僅用真槍實彈，也用糖衣炮彈，來統一天下人的道德標準和價值取向。其中修改和重釋歷史，是矇騙的辦法；制定法律和制度，是強制的方法；給你功名富貴，是誘導的辦法。天下在他的掌握中，辦法當然多多了。

第二是情感的需要。情感總是和時代背景、生存環境、個人經歷以及愛好修養有關係的。而文人，特別是被後世稱為「史家」的文人，是記載歷史的，最有歷史解釋權。他們會根據一定的情感，自覺和不自覺地評判古人。司馬遷受了宮刑，自然對漢家天子不會有好言語，相反，對漢家的敵人，就要褒揚了；更何況，他本人的思想，受道家的影響不差於儒家，意識形態上也不會和朝廷一致。不僅不和朝廷一致，和後來的史家也不一致，因為後來的史家，絕大多數是儒教徒，所以，他們總是對司馬遷有微言的。中國人，還有一個感情心理，就是同情失敗者，所以，一個失敗者，只要做了一些有利於歷史進步的事、建過一些大的功業，大多數是被當好人來判的，如項羽。其實，他肯定是一個大暴君，獨斷專行、狂妄自大、剛愎自用、殺人不眨眼而且是濫殺無辜、還特別不講信用，但在歷史上，他還是一個英雄。相反地，曹操即便是英雄，前面還要加上一個「奸」字，叫奸雄，原因就是他很成功，自己功成名就，兒子還當了皇帝，歷史評價就低點吧。但對呂不韋，態度就很曖昧，因為前半生他是成功的，後半生是失敗的，他對國家做了貢獻，但整個又是玩陰謀起家的。所以，無法評價，史家往往是各執一辭或閃爍其辭，從中也可以看出作者各自的情感來。那麼，史家如何能不顧史實呢？其實，史實是不需要改變的。一個人一生不止做一百件事吧，倘若是一百件吧，九十件好事、十件壞事，這人可算好人，但寫歷史只能選寫其中的十件事，如果你恨他，這十件事中，就寫他三件好事、七件壞事，你看他是不是一個壞人！反之亦然。

第三是時代進步的需要。這是西方人的觀點，「五四」以後，深入國人之心，以為找到了評價歷史人物的「不二真諦」！其實，由於時代的局限，對「進步」的理解是不一樣的。按農耕文明的理念，大一統相對於諸侯割據是進步的，所以，秦始皇就是一代偉人；按現在改革的精神論，王安石就是「十一世紀最偉大的改革家」；按民族大團結精神論，王昭君就是和平的使者。古人也受時代的局限，所以，不能說岳飛就不是愛國英雄。因為在他那時的眼光裡，大宋疆土內，就是中國，保衛這個疆土，就是愛國、衛國。屈原也是，在他心目中，楚國就是祖國，秦國就是敵國。他沒法設想他們是中國的湖南省和陝西省。隨著時代的進步，這種評價還會循環。隋煬帝勞民傷財地開運河，以儒家「愛民」標準論，他是暴君；但以對促進歷史文明進步論，他是犧牲一代，造福萬代；而以今天的人文精神論，他又是個泯滅人性的傢伙。但中國自漢至清兩千年，思想並無革命性的進步，基本上是處在儒家思想統治下的，所以，大部分標準是一致的，因而，《二十四史》也能一以貫之，而且不是進步，是不斷地退步！它們對大臣有一個標準：忠君愛國。哪怕這是個黑暗的朝代、昏庸的君王，他都是忠臣、是好人；無論你品質多麼優秀、才能多麼了不起，只要你代替了你的主子，就叫篡位，就是大奸臣，這對三代的禪讓制是不是倒退？漢唐時人認為，忠於朝廷、有執政之才安民之策、為國家建功立業者，即為英雄豪傑，但宋明以後，卻一定要是能讀聖賢書才算英才；漢唐時，好女孩的標準不是別的，一是貌，二是才，三是溫柔賢慧，只要有三條之一，都是好女子，所以，私奔的小寡婦卓文君、得相思病而死的妓女蘇小小，都是好女子。而到了南宋以後，好女子首先要守節，所謂守節，就一輩子只能認定一個男人，別的男人不說性愛，就是想也是不能想的。真不知道他們怎麼能想像出：世界上有一個女人，開始嫁給父親做小老婆，後來又給兒子做老婆，而且她還廢了做皇帝的兒子，然後自立為帝。這個人，當時那個朝代的文武百官是怎麼容忍的？怎麼同意的？怎麼擁護的？所以，後世把武則天定為一個天大的壞蛋。這是不是也叫時代的倒退？

## 道德觀、價值觀的重估

如上所述，既然道德觀、價值觀有那麼多問題，而評判者的評判又那麼的不公正，因此，「重估」，是擺在我們這一代人面前的一件頭等大事。

現在確實有很多人要從事這項工作了。從鴉片戰爭後，中西方文化的第一次強烈衝突開始，中國人開始反思，到「五四」時，進入全面批判時期，可是，後來卻頗經周折：有人激烈抨擊，最著名的是《醜陋的中國人》——我以為，著名的不是這書本身，而是這書的名字；有人拚死捍衛，其中以所謂「國學」家為主陣營，比如在錢穆眼中，中國的儒家思想、乃至於由此而來的一切制度，簡直是天下最完善的東西了；有人在設法調和，有「體用」之說，有「互濟」之說，有「各取」之說。然而，不論是何說，不是抱殘者，就是破壞者，卻沒有一個真正集大成的建設者，連設想的思路都沒有。

談到建設，我想用建築來做個比喻。建築這東西，是很值得我們借鑒的。比如，我們要在海濱建一幢別墅，這外型是歐羅式、美國式還是中國古典園林式，都並不重要，沒人認為它不是高級住宅，這是其一；建築裝修，是斷然必須用鋼筋混凝土而不是土木，裡面一定是自來水、通電、裝空調而不是用井水、點臘燭、挖地窯取冷氣，此其二；居室裝修、家俱、壁畫，則中式、西式乃至現代派都可以，只要主人喜愛即可，此其三；但廚房是斷然要能燒中國菜的，因為這裡住的是中國人，只適應吃中國餐，此其四。以上說明什麼呢？說明：其一，我們的文化體系表現出的樣子並不重要。難道叫進化論，中國文化就不能用了？或者叫醫學，就不能進入國學範疇了？我們的國學應該包括算術、建築、水利、天文、地理、經濟和中醫嘛！經子史集，經不要研究太多，子要擴大領域，史要重建體系，集要大大挖掘，總之，是適合人的需要就行；其二，內容一定要現代化的。科學的東西是全人類的成果，祖沖之的圓周率是，牛頓的力學定律也是，尤其要用現代的成果，不能說開汽車就不中國文化了，不能說用電腦寫作就不是國學家了；其三，文學藝術的東西，就如同裝飾畫，各有所好，無所謂中西；其四，民族生活習俗，是一定要保存的，否則，就不認識自己是誰了！

這就是我重建中國道德觀、價值觀的總體構想。其中最核心的內容，是從我們的民族繁榮昌盛出發，吸取人類一切文明成果，在我們傳統文化的精神基石上，建造新文明大廈。實際上，我們已經自覺和不自覺地、主動和被動地這樣做了。

我們現在研究中國傳統文化，就相當於建造這幢別墅時，查看地基、瞭解房東的志趣。但我們這個土地、這個房東曾有點問題，他本來有很好的地基，他在春秋時代比人家希臘時代也不差，但在漢武帝時代，他建了一座怪怪的土房子，然後不斷地裝修、改造，越來越封閉、倒退，現在被推倒了，哪些家俱可用，哪些地方適合做門庭，以及他在這個房子裡培養的哪些習慣是好的，哪些已經不適合外在環境了，我們要進行重新的評判，不能用他在這個房子裡形成的標準來評判，而是要用大歷史觀來評判。

## 對歷史研究的四項新發現

第一，中國在儒教統治之前，文化的精義才是最好的。那時，有民主、有科學。你看黃帝時代，包括堯舜禹三代，大事，都是由部落首領會議來定。黃帝東奔西走，幹什麼？領兵打仗、推廣技術、組織生產。那時的發明創造，一撥一撥的，輝煌燦爛。我們要復興，就是復興這種文化，而不是儒學。如果是儒學，兩千年來，一以貫之，談什麼復興？這和西方當年的文藝復興是一樣的，是回到中世紀以前，復興古希臘、羅馬的文化精神。但中國也有不一樣的地方，除了前面說的天人合一、政教合一特點而外，我們這兩千年，也不是像歐洲一樣一直很黑暗，中間也有數度中興。

第二，中國傳統文化被人說成是農耕文明，西方叫商業文明，但這是兩個文明的特點不同，並無優劣之分。這可能是地理資源決定的。但也不能據此說，農耕文明，就不要交易，不要契約；更不存在農耕就不要科技，不要器具的發達。而現代工業文明則是另一回事。那才是一種高於前二者的文明。這一點，是很多人不以為然的，他們把工業文明與過去西方的商業文明混為一體，統稱為西方文明，而把我們的儒學思想為主導的文明說成是東方文明。所以，中西方對比時，爭論不休。

第三，我們古人創造的很多制度，是很好的種子。春秋以前很多制度、思想，並不比希臘差。但儒教統治下，越變越走樣了。好種子沒發出好芽或沒長出好樹來。什麼原因？就是因為偽道德盛行。如果西方中世紀不在文藝復興時結束，他們可能也會這樣的。但為什麼他們那時有了一個文藝復興而我們沒有呢？唐朝中興了一下，沒有搞下去，宋朝是反復興，明朝則是黑暗了。原因是我們的宋朝在當時的「國際社會」裡，很弱，而那個比我們強的民族，恰恰又是個文化落後的民族。弱者心裡是很不以為然的。所以，未免產生畸形思想。中國儒家兩個集大成者，都出生在「國際」上一個文化發達而統治衰落的國家裡，一個是魯，一個是宋。所以，他們的思想保守、畸形，就一點也不奇怪了。

第四，儒家歪曲歷史。儒教不同於其他宗教的一個最大特點是：他表面上是無神論。他的教徒、神，都不是虛構的，而是歷史人物。但這些歷史人物成了他們傳教的工具，他們是某種道德——其實說教義更精確——的化身，因此，必然要帶有神話色彩。所以，他們就篡改歷史。這一點，我前面說過了。他們沒有虛構人物姓名，卻虛構了人物事蹟。

## 為什麼正好選這十二個人

重評古人，但為什麼正好選這十二位？

其實可以更多，像但丁的《神曲》一樣，品評眾多的歷史人物。但是，中國歷史悠久，史籍浩繁，這樣做不僅工程太大，也是能力所不及的。便是司馬遷，也做不了這個工作。

所以，就開始精選。

標準有三條，第一，必須是中國文化史上最有影響的；第二，必須是最有代表性的；第三，必須有神話色彩，屬於前面講的儒學裡的「聖」或眾人心目中的「神」——當然還包括反面的「魔」。

但也有例外，原因很特別的例外，這就是王安石。歷史上除了有幾篇污蔑他但影響也不算大的文章外，似乎他既不神、聖，也不是妖魔。然而，在改革創新的今天，他的意義很大，而且一分析，你會發現，他的巨大的改革精神和動作裡，包含的被稱之為「改革」的東西，竟然是保守、倒退的政策，這真是開了一個歷史的大玩笑！當然，通過他，還可以反思一下中國歷史上幾次重大的改革。

其他人物，似乎順理成章：

黃帝是中國人的始祖，儒教、道教都在神化他。但我的用意是，要讓很多人看看，中國一開始，並沒有錯，什麼農耕文明啦、什麼內陸文明啦、什麼專制獨裁啦、什麼沒有科學創新的精神啦，統統不是當今一些所謂學問家說的那回事！

西施是中國最典型的美女。她的傳奇性很強。但孔子幾乎不論述女人，儒教裡也沒有女聖人，可百姓心目中有，而用的多數也是儒家的標準。而且，她有身兼三個身分：民間姑娘、后妃、職業間諜。中國關於后妃的史事很多，她也是一個代表吧，所以，研究西施是很有意義的。

孔子，是一個要大書特書的人。中國歷史，前二千五百年是他篡改的，後二千五百年是他影響的。他像秦始皇併六國、修長城一樣，訂六經、立儒學，為中國人心上修了一道長城。他本身是偉大的，但後來人們樹立他的思想，卻是給中國帶來大災難的東西。他真正的精神幾乎喪失殆盡。他原本是諸子之一子，如何又獨步千秋了呢？解透一個孔子，可以看到中國後來兩千多年歷史存在的百分之九十以上的問題！

魯班也是一個神，而且，作為中國科學技術方面的人，極具代表性。他的史料很少，因為他不是一個官，而且幾乎和官沒有關係。不過傳說很多，顯然是個民間人物。中國科學落後，所以，要讓他來說說話。

三國故事在中國歷史上流傳最廣，所以一下子選了三個人：智聖諸葛亮、武聖關羽、醫聖華佗。這都是公認的，沒有問題。其中諸葛亮是中國文人心目中最成功的人，生前、死後都是，但他卻是個有問題的人；中國人是不是一直很弱，才需要關羽呢？他的忠與義都值得反思；寫華佗，也是因為中醫的偉大。同時，寫醫的時候，順帶寫一寫生命問題。人的終極關懷和平常生活中，都有生死問題和靈魂與肉體的問題。

楊廣是中國最著名的暴君，但這與唐朝人的歪曲肯定大有關係。寫他還為了說說中國皇帝的事。中國皇帝，既做凱撒的事，又做上帝的事，所以，用今天的話講，他們對物質文明和精神文明興衰、都起重要的作用，他們的行為具有「重大的現實意義」和「悠久的歷史意義」。還有，隋朝關係對中國命運有重大影響的科舉制，雖然這是他老爸制定的政策，我也一併在這裡說說。

李白是文人的代表。才氣沖天，一輩子想得到功名、又想擺脫功名，但都沒成功的人。所以，很能就此反思一下中國文人的生存狀態。中國沒有真正意義上的職業文人。

中國是一個典型的二元結構的社會組織，非官即民。所以，官對中國人來說，內涵大、外延廣——雖然這樣說有點反邏輯，但也正證明這事兒是反邏輯的。包拯是中國最有名的官，是青天大老爺，神奇的傳說極多。然而，在那樣的體制下，真有百姓理想中的清官嗎？我以為是沒有的，也不可能有，否則，那個社會就不會叫「黑暗的封建社會」了。所以，我主要解剖清官問題。

最後一個是秦檜，跪在西湖邊上一直被人唾罵的人。現在很多人說他很冤，是中國歷史上最大的冤大頭。其實他和撒旦或該隱一樣，都是上帝造的，上帝不讓他做壞事，他會做嗎？但他為上帝做了壞事後，罵名一個人背了，這樣的人，還被說成是對上帝不忠。可見，什麼是忠，進而追問什麼是道德，一定是一本糊塗帳。

## 訪談錄的形式是爲了讓讀者感到閱讀方便

我用訪談錄的形式來寫歷史，並非為了一種新創意，而主要是為了讀者閱讀方便。因為我認為，不為讀者著想的作者，是自私的。

本來應該用長詩來寫，但這樣，估計沒幾個人願意讀。畢竟，我們已經不是中世紀讀詩的年代。其實，但丁的時代，長篇敘事詩，也是一種流行的體裁。

訪談錄主要是對話，口語化，很好理解。沒有任何閱讀上的文字障礙。

另外，既然是對話，就有問有答，這樣，就能把一個個問題梳理出來，列成小標題，讓讀者一下子把握住。行文也就不散了。

還有，我不是一個職業史學家，不可能寫出規規矩矩的史學論文來。

但我所有的內容，都是有史料根據的。不是信口開河，絕對不是「戲說」。當今戲說很風行，而我也用了很多今天的白話，也就是說，讓古人說了現代人的話。但這還是為了增強閱讀的親切感。

我這裡面的古人，還博古通今，通他死後的「古與今」，這樣做是不是「出格」了呢？我認為不是的。我是學理科出身的，喜歡邏輯思維。根據邏輯推理，如果他們在另一個世界裡，還能看到後來古今中外的事的話，他們一定會這麼說的。只是，他們要比我代他們說的更精彩。所以，不要認為他們在代我說話，不是我借他們的口說話，而是他們在借我的筆說他們的話！

## 我的才與識

首先我要聲明的是，我這是一本寫「思想」的書，而不是寫歷史的書。只是因為寫到歷史，唯其如此，有人會把它當歷史來讀的，甚至作為對個別歷史人物的翻案文章才來讀。為此，我不得不說說我的「史家四長」，當然，最重要的是「才」與「識」。

劉知幾說，治史者，要具備「史才、史學、史識」，章太炎又加了一條「史德」，被梁啟超統稱為史家的「四長」，我具備嗎？為什麼我能寫出這樣的文章？

我讀大學時，就認真讀完了《二十四史》及多種野史、筆記，以後又將自顧炎武到黃仁宇等中外名家關於中國傳統文化有影響的書都找來看，同時，讀了歐洲史。從這一點來說，雖比不了學院派專家，也是個業餘級專家，自認為「史學」還是具備了一些。

我最早是喜愛中國古典文學，詩詞歌賦、小說散文都創作過，還寫過大量的策劃書、上百篇項目「可行性研究報告」，所以，貫之於歷史文章的寫作，「史才」也還是有的。讀者如果注意點，就會發現，我十二篇「採訪錄」語言風格、專業名詞都是有區別的，如：李白說話就很飄逸，而魯班的語言就樸實，諸葛亮那篇像策劃書，而王安石那篇則像經濟策論，西施那篇像小女人散文，楊廣那篇則如律師辯護詞，等等。

我是學自然科學的，思維受過較嚴格的邏輯訓練，以後因為工作的關係，接觸廣泛，涉及學科知識非常多。交流對象包括大企業家、金融專家、兩院院士等各大社會主流人士。加上我喜歡思考，不斷探究，往往能將歷史、文學、藝術、經濟、生態、物理等融會貫通，從而多有獨到的見解。所以，「史識」應該是我的長項。

我不是一個治史專家，也從未想過在史學界有所作為、占一席之地，對歷史的學習、思考純粹出於愛好，出於一種使命感。多年來，也甘於寂寞，不求聞達，尤其是我以自然科學的精神來做學問，所以，心態良好、秉筆公正。我以為，這正是「史德」。

這本書，其實是我寫歷史的第一本書。中國有句俗話叫「初生牛犢不怕虎」。我以為，治學，除了嚴謹，就是勇敢，敢想敢為。生命的意義就在於創新。個體生命是這樣，學術生命也是這樣。

全書的完成，得益於四個人和四部著作的影響，這就是：

屈原的《天問》——追根求源的探索精神；

王充的《論衡》——懷疑神聖的才識和勇氣；

但丁的《神曲》——重構價值體系的博大精深；

莊周的《莊子》——行文的汪洋恣肆。

國家圖書館出版品預行編目資料

拷問歷史 / 周非作. -- 初版 . -- 臺北市 : 遠流，2009. 10

面；　公分. -- (實用歷史叢書)

ISBN 978-957-32-6536-8(平裝)

1. 傳記 2. 中國

782.1　　98017090